図解

# 日本をよくする101の政策提言

総合研究開発機構［編著］

日本経済評論社

# はしがき

アフガニスタン、イラクの戦争を経て、世界はますます混沌とした様相を強めている。経済、社会、安全保障などあらゆる分野で世界が運命共同体となる一方、文化・文明や民族をめぐる対立が深まりつつある。伝統的な国民国家の理念もまた揺らぎはじめた。こうした情勢は、日本にさまざまな挑戦をつきつける。国内に目を転ずると、経済再生へ向けた歩みは緩慢で、社会のひずみも拡大の一途をたどっている。

いまこそ日本は、こうした状況から目をそらさず、国際社会の一員として自らのあり方を問い直さなければならない。同時に、国民一人ひとりが、他者への依存を排して行動しつつ、手をつないで国家をつくるという、民主主義の原点に立ち返るときでもある。そのために必要な、政治、行政、社会のしくみを整えていくことが求められる。

総合研究開発機構（略称ＮＩＲＡ）は、このような問題意識から二一世紀にふさわしい「日本国家のかたち」を明らかにしようと、三つの目標を掲げて研究に取り組んできた。本書の章立てに示した「自立した市民の社会的連携」「わが国経済社会の持続可能な発展」「人類の共生と平和」である。これらの目標に向かって、何をどう変えていくべきかについての手掛かりを、比較的最近の研究報告書（委託・助成研究を含む）および月刊誌掲載論文のなかから選び、図を交えつつわかりやすく紹介したのが本書である。

手掛かりの多くは政策提言の形をとっているが、考え方の整理にとどまるものもある。全部で一〇一の項目をあげ、どこからでも気軽に読めるように、一部を除き各項目は独立した内容とした。限られた字数で、できるだけわかりやすく説明することに重点を置いたため、必ずしも個々の研究の内容を忠実に要約したものではない。もとになった研究の正確な内容を把握するためには、各項の「🡻」以下に示した出典を参照いただきたい。

本書の作成にあたり、報告書等の翻案について快諾いただいた原典の著者等関係者の皆様、貴重なご意見をいただいた中村克氏に感謝申し上げる。

ＮＩＲＡは、法律に基づき、民間の発意で国から設立を認められた認可法人であり、平和の理念に基づき、現代の経済社会および国民生活の諸問題の解明に寄与するため、自主的な立場から総合的な研究や研究助成を行っている。二〇〇四年三月に創立三〇周年を迎えることになるが、本書によってＮＩＲＡのこれまでの成果が幅広い層に理解され、「日本国家のかたち」をめぐる国民的な議論の一助となることを期待したい。

二〇〇三年九月

総合研究開発機構

目次

## 第II章　わが国経済社会の持続可能な発展……71

# 第Ⅰ章

# 自立した市民の社会的連携

「一身独立して、一国独立す」とは福澤諭吉の言葉だが、国民が自立しなければならないという考え方は明治時代以来の日本の宿題である。現代風にいえば、国や地方の政治に参加する意思を持ち、自らが選んだ結果に自ら責任をとる姿勢が必要である。一方で人と人とのつながりは、一人ひとりが自立的になるほど、欠かせないものになる。「自立した市民の社会的連携」は市民社会の基礎としての条件である。

本章では、まず、**市民が手をつなぐ**さまざまな形と、そうした連携を社会がどう支えるかについて考える。市民が手をつなげば、いろいろなことができる。身近なところでは、今後の**まちづくり・村おこしに取り組む**ことになろう。さらに市民によるガバナンス（統治）が求められるのが、水ぶくれし、全体像が見えなくなった行政の世界。**政府を市民の手に取り戻す**ときである。予算や規制などの暮らしに直結することがらは、もう一部の人々に任せていられない。その際、分権の時代に主役となる、**地方政府を立て直す**ことが急がれる。市民の目でムダをなくし、望ましい政策を選ぶだけでなく、現在の自治体のしくみそのものを見直したい。

# 1　市民が手をつなぐ

## 1　ＮＰＯにお金が回るしくみを考える

日本に非営利団体（ＮＰＯ）の考え方が入って間もないが、法人数はすでに一万を超えた。だが、ＮＰＯ活動を支える基盤は弱い。

### 本格的ＮＰＯは事業収入が柱

年収が三〇〇〇万円を超える（二名以上の専従職員を持てる）東京近郊の一〇〇団体を調べたところ、次の実態がわかった。

①収入を主に事業で賄う「事業型ＮＰＯ」が多い。特に「介護保険系」と「国際協力系」が目立つ。「国際協力系」が最も資金繰りにゆとりがあり、「介護保険系」がそれに次ぐ。

②全体では事業収入が四割を占め、二割あまりが寄付金、一五％が補助金や助成金、八％が会費や入会金。借入金がない団体が八割を超えるが、事業型ＮＰＯでは規模を問わず借入れが盛んだ。

### 寄付の受け皿となる中間支援組織

日本では寄付がなかなか集まらない。有名団体でなければなおさらだ。そこで頼りになるのが、寄付を集めＮＰＯに配る「中間支援組織」。

赤い羽根で知られる中央共同募金会は、約二二〇億円を集め一〇万件に配っている。だが、八割以上は社会福祉協議会を通じた市町村など関係団体向けだ。

そこで、福祉の中で新しいニーズに合わせた事業や、市民の「草の根」による新たな取り組みにもお金を回そうと、一九九八年から公募による助成を始めた。もっとも、資金全体に占める割合はまだ〇・六％に過ぎない。

海外援助では政府、企業、ＮＧＯが手を携え、「ジャパンプラットフォーム」（⇩206頁）ができた。企業から寄付を集め、非政府組織（ＮＧＯ）に配り大きな成果を上げている。

今後は、ここで紹介した以外の分野でも中間的な支援組織がつくられ、ＮＰＯの仕事ぶりが外から評価されつつ、お金がうまく回っていくしくみが求められる。

⬇ＮＩＲＡ『自立的市民社会の育成に資する資金循環システムの構築とその基盤整備の方策に関する研究』（仮題）

## ＮＰＯの収入源

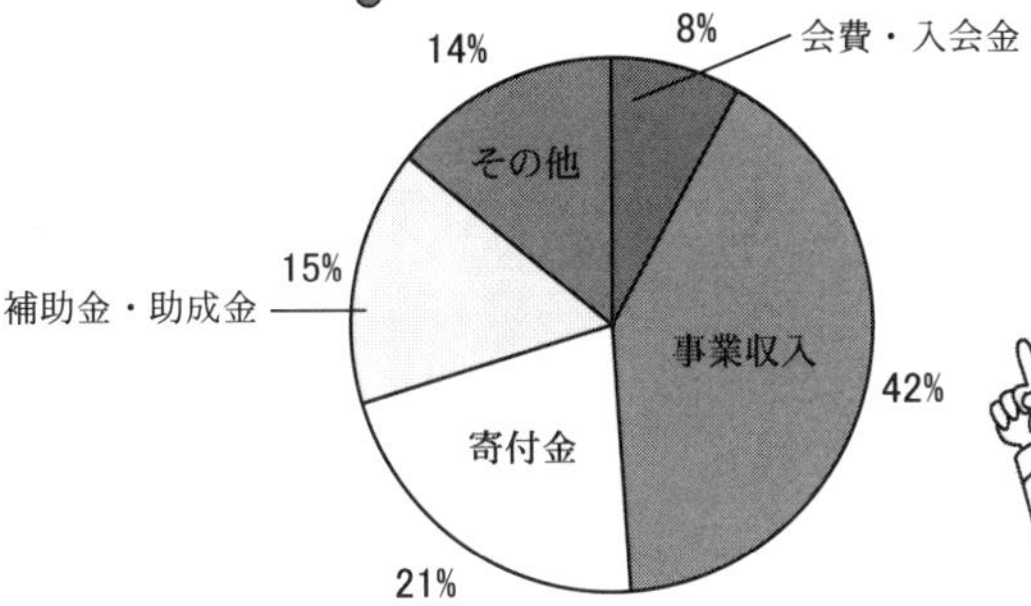

調査対象：年間収入 3000 万円以上。 内訳 内閣府認証団体で東京に主たる事務所：24 団体、
東京都認証団体：83 団体、埼玉県認証団体：5 団体

## 寄 付 金

### 寄付金額の日米比較

| | 日本 | 米国 |
|---|---|---|
| 寄付総額 | 5011 億円（国税庁調べ） | 2120 億ドル |
| 対ＧＤＰ比率 | 0.1％ | 約 2% |
| 個人寄付の比率（推計） | 43.4％ | 76% |
| 個人所得に占める寄付額 | 0.57％ | 3.1％ |

### 中間支援組織の例

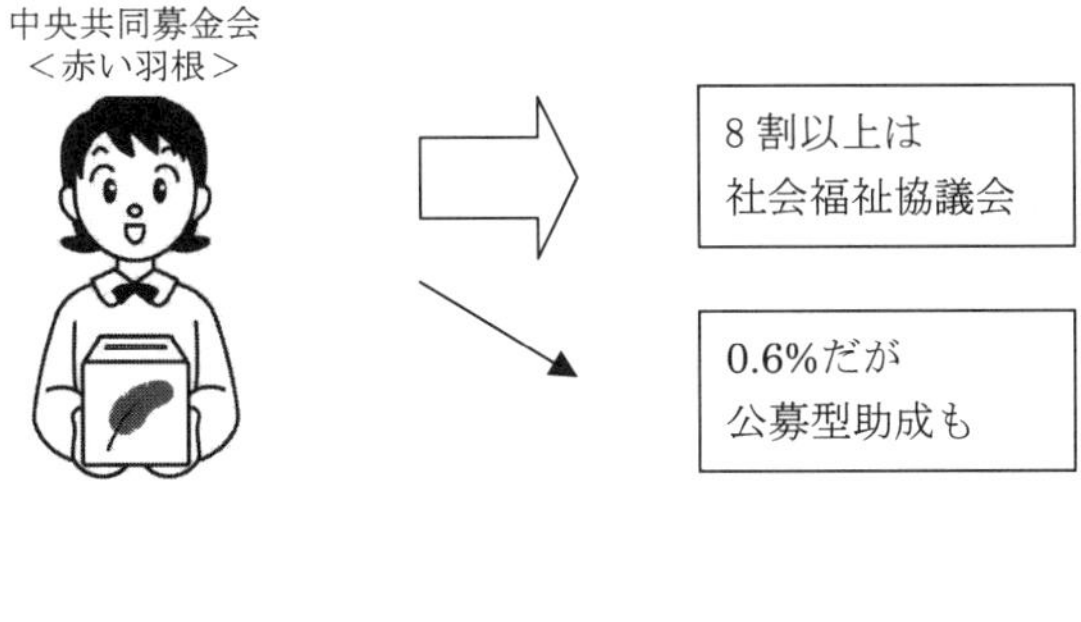

## 2 地域ファンドで市民活動を育てる

有力企業の少ない地方では、市民活動に必要なお金も自治体に頼らざるをえない。だが、直接「官」からお金が出ると、口も出されて大切な自発性が損なわれる。そこで注目されるのが「公益信託」を使った地域ファンドだ。

### 地域ファンドのしくみと方法

公益信託は、お金の出し手（委託者）が目的を決めた上で、信託銀行などにその管理・運用を託すしくみ。二〇〇二年度末で五七四件、残高は七三三億円。奨学金や研究助成のための基金が多いが、市民活動向けのも増えつつある。

行政が直接補助金を出す場合は、その時々の政策の都合から、金額が減らされたりすることが少なくない。それに比べ公益信託は長続きしやすい。基金は毎年取り崩していくことが多く、行政がその都度お金を補てんするものと、期限を決めて使い切るものがある。

地域ファンドは首長の公約や行政の働きかけでできるのがふつうだが、地域の条例や計画づくりに住民が加わったことがきっかけになったものもある。また、ＮＰＯの中間支援組織が呼び掛け、企業と手を組んで基金や人材を含む「資源提供システム」をつくった例もある。

### 対象分野を広げよう

地域ファンドの対象はＮＰＯの活動全般。だが、実質的には現場で汗を流すような仕事を支えるものとなっており、市民による政策の研究や提言は多くのファンドの視野に入っていない。

これは、「官」の行う政策の「計画・実行・評価」の流れに市民団体が関わるべきだという意識が薄いため。その点、青森県が「計画」「実行」「評価」にそれぞれ対応した基金や支援枠組みを設けており、興味深い事例といえる。

➡協同組合プランニングネットワーク東北『市民活動を支える地域ファンド設立へのアプローチ』

## 公益信託による地域ファンドのしくみ

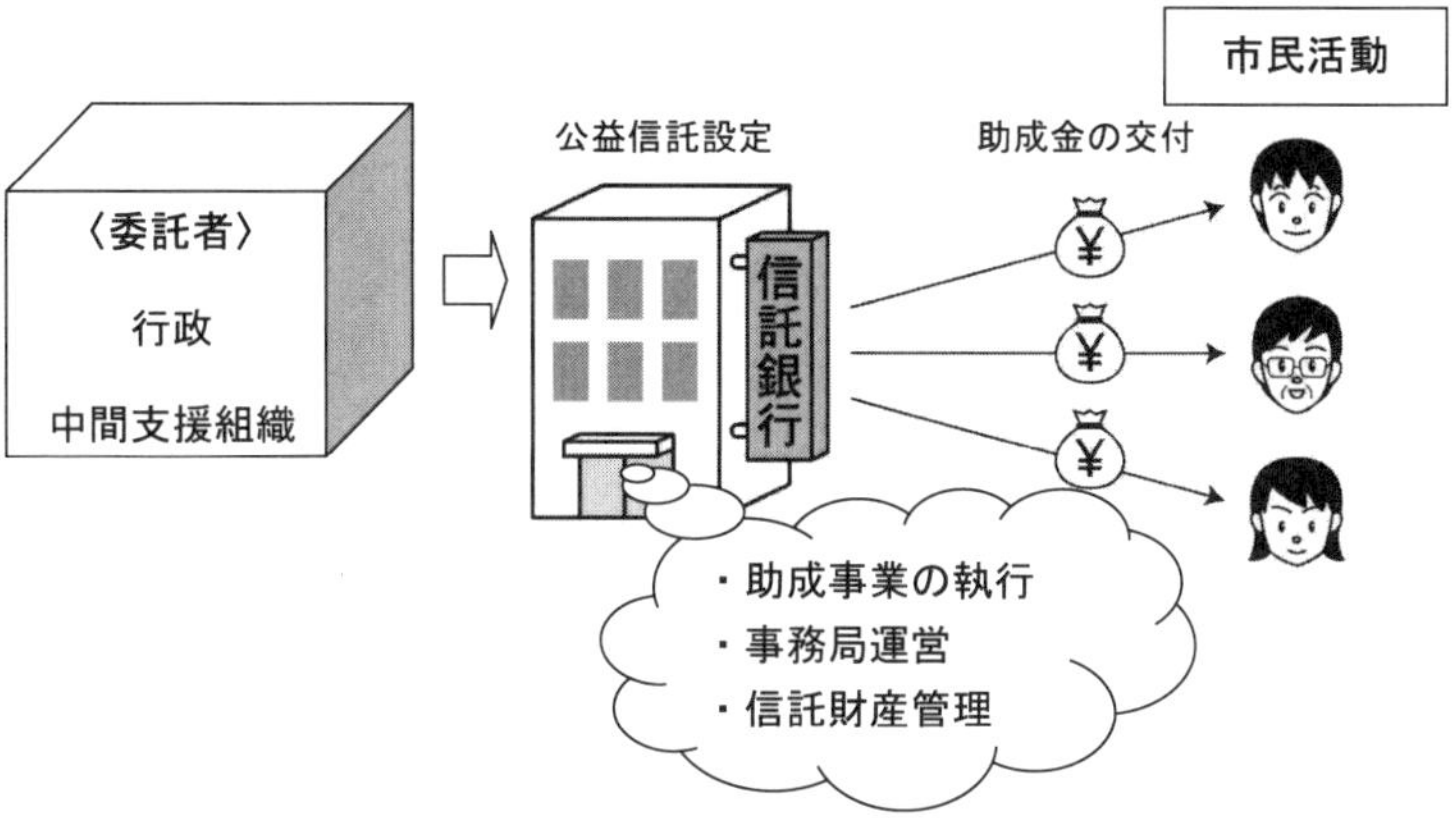


## さまざまな分野の活動を対象に

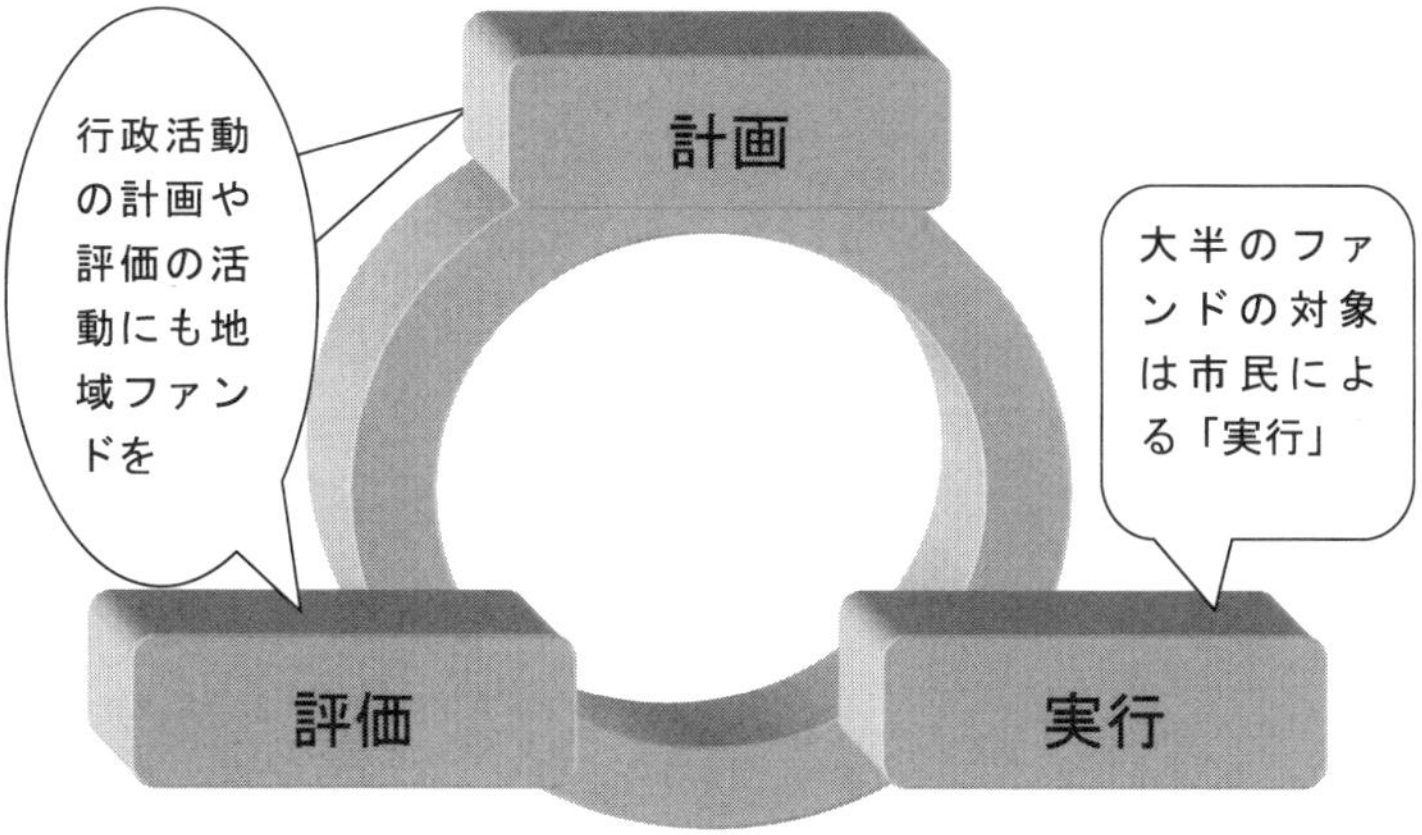

## 3　ソーシャル・エコノミーが担う社会サービス

市民が社会サービスを担う時代、注目されるのが、ソーシャル・エコノミー。主に会員向けに社会サービスを行う自発的な組織が担う領域だ。日本では生協など協同組合が代表的だが、特定非営利法人の形をとるものもある。

欧州で発達したもので、特に、フランスのアソシアシオンやスウェーデンの協同組合は、小回りが効いてムダのない仕事が定評。お年寄りや女性が働く機会を広げている。

**フランスのアソシアシオン**

フランスでは現在八〇万以上のアソシアシオンがあり、五人に一人が活動にかかわる。たとえばパリの南に隣接するイッシー・レ・ムリノー市では、アソシアシオンが文化、環境、スポーツ、社会福祉と多くの分野で活躍中。四〇〇団体のうち一三〇が市の助成を受け、一四は行政と特に密接な関係を結び、児童館・公民館やマルチメディア・アート館の運営などを請け負う。

**自治体サービスを市民の手で**

日本の自治体は欧米に比べ幅広いサービスを提供している。福祉など地域に密着した個人向けサービスは、かなりの部分をソーシャル・エコノミーに移せる。今後、いろいろな市民組織が育てば、行政ではできない、きめ細かく、ムダのない取り組みができるだろう。個性豊かなまちづくりなどに指導力を示すことが期待できる。

そのために神戸のシンクタンクが提案しているのが「期限つき行政機能代替サービスコンペ事業」。公園管理、道路管理、福祉など自治体が行っているサービスを一定期間、行政と民間の双方が同コストで並行して供給し、住民にどちらかを選んでもらう。行政が独占する分野を市民の力が取って代わる機会になるだろう。

➔大江純子「欧米における市民社会組織」、神戸都市問題研究所『地域を支え活性化するコミュニティ・ビジネスの課題と新たな方向性』

## ソーシャル・エコノミー

・福祉など社会サービス分野
・主に会員向け
・自発的な組織

＜組織の形態＞
協同組合
特定非営利法人

欧州で発達
地域の雇用
を創出

柔軟で迅速、ムダが少ない

## 自治体サービスを市民の手で

「期限付き行政機能代替サービスコンペ事業」のすすめ

公園管理、道路管理、福祉などの自治体サービス

分割

自治体　　市民組織

並列供給

ソーシャル・エコノミー

住民によるサービス主体の選択

## 4 コミュニティ・ビジネスの経営をどうする？

一般の企業にとって、もうけを度外視してまでお年寄りや体の不自由な方を雇うのは難しい。お役所が旗を振っても雇用が進まないわけだ。また環境を守るため、台所から出る油を捨てずにせっけんをつくってしまえばよいが、商業的には採算に合いにくい。

こうした課題は行政や企業だけでは対応しづらい。そこで、住民が中心となり地域の課題に取り組むコミュニティ・ビジネス（非営利とは限らない）に期待がかかる。

### サービス有料化などで工夫を

だが、現実は厳しい。コミュニティ・ビジネスを行う全国の団体へのアンケートで苦しい経営状況が浮き彫りとなった。黒字は一割程度、収支均衡がほぼ半数だが、無償ボランティアに本来払うべき賃金などを踏まえると、実質的には半数は赤字。

この種の団体はどうしても理念先行で、その結果、日々の資金繰りにも困るようになる。経営の安定化へ向けて、サービスを有料にしたり、エコマネー（ボランティア活動に対し支払われる地域通貨）を上手に使うなどの工夫が必要だ。

### 「市民バンク」を広めよう

もう一つ、安定的な資金繰りのために「市民バンク」を広めることが考えられる。たとえば、東京都内の信用組合が統一事業として行っている「東京市民バンク」。社会的に意義ある活動をしている団体に、有利な条件でお金を貸し付ける。

一般の金融機関も地域を支える一員として本格的な小口のコミュニティ・ビジネス向け貸付を始めてほしい。外国には、マイクロクレジットという貧困対策に端を発した低利・小口金融のしくみがある。借り手をグループ化して貸し倒れを防ぐ手法などが使われる。日本でも参考になるはずだ。

🡻神戸都市問題研究所『地域を支え活性化するコミュニティ・ビジネスの課題と新たな方向性』

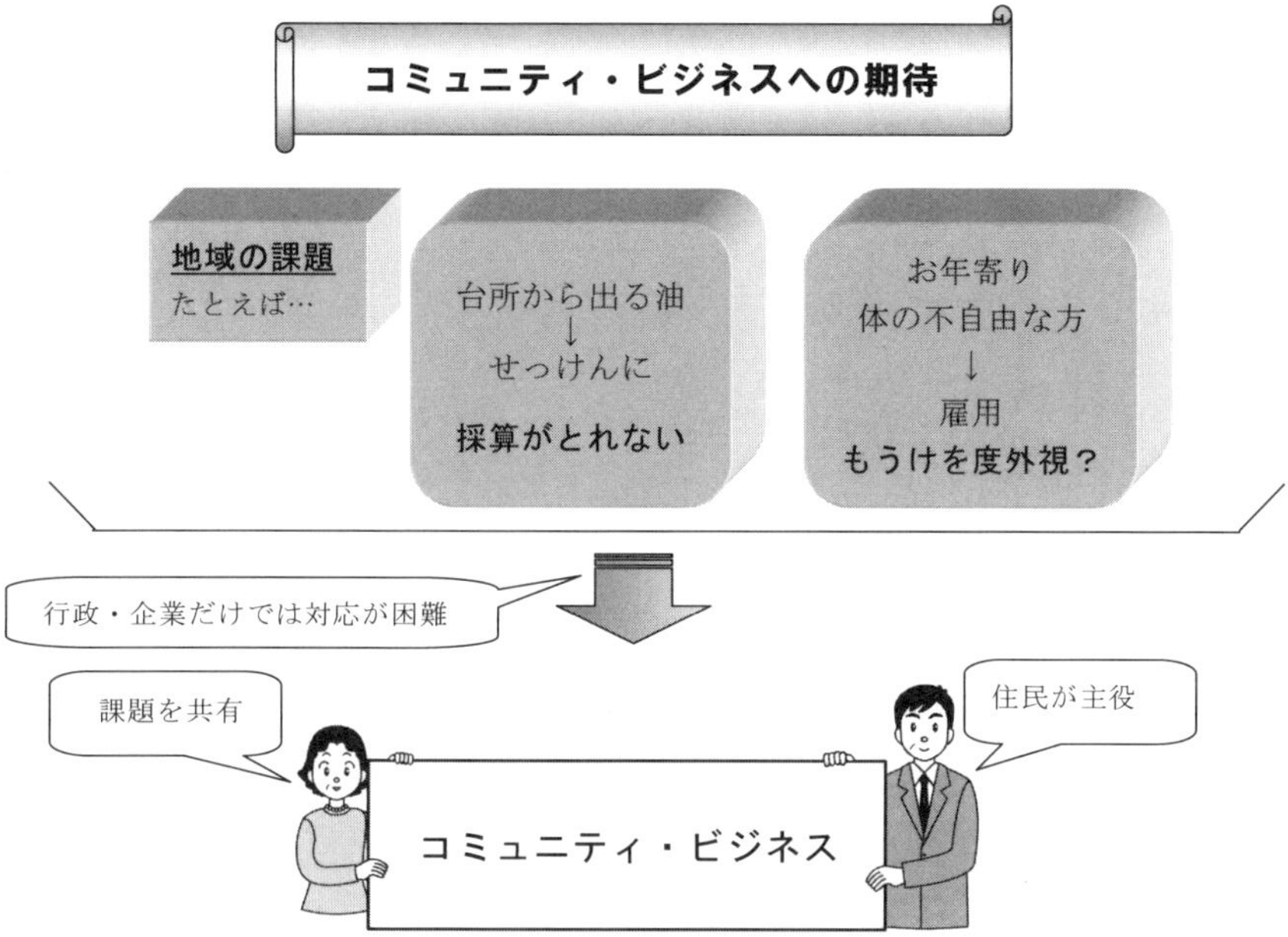

コミュニティ・ビジネスへの期待
地域の課題
たとえば…
台所から出る油
↓
せっけんに
採算がとれない
お年寄り
体の不自由な方
↓
雇用
もうけを度外視？
行政・企業だけでは対応が困難
課題を共有
住民が主役
コミュニティ・ビジネス


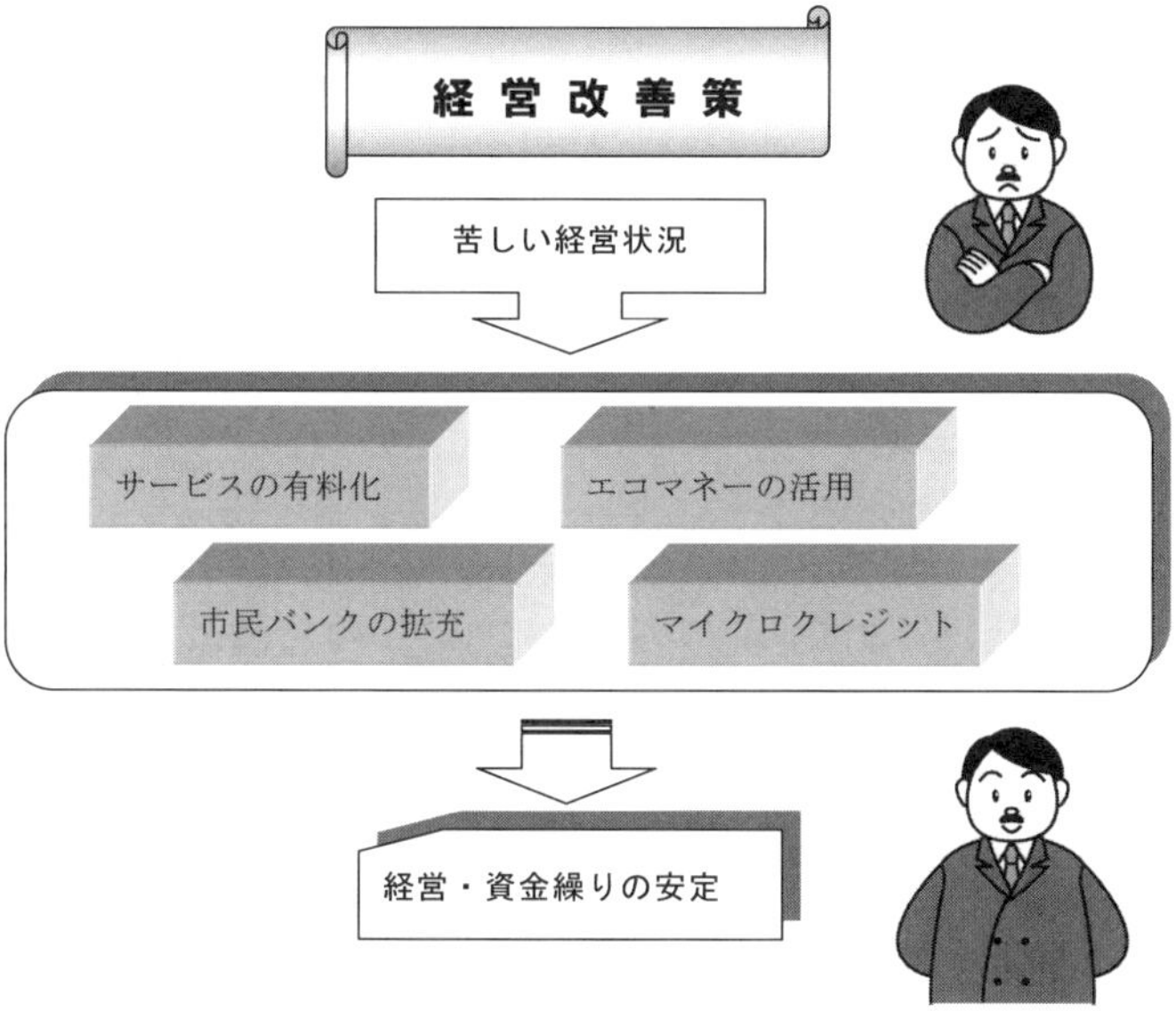

経営改善策
苦しい経営状況
サービスの有料化
エコマネーの活用
市民バンクの拡充
マイクロクレジット
経営・資金繰りの安定

## 5 「地縁」を見直そう

社会サービスの担い手として、自主性を重んずるＮＰＯも結構だが、近所に住む人全員が力を合わせて課題に取り組むため「地縁的組織」、すなわち地域コミュニティを忘れてはならない。

だが、数年前に約三〇万ともいわれた昔ながらの自治会・町内会は、都市でも農村でも力を失っている。地域社会を支えるため、全員参加型で住民の「総意」をまとめられる近隣自治組織の立て直しが重要だ。

**近隣自治組織をめぐる試み**

中国山地の山村、広島県作木《さくき》村では、伝統的な自治組織「常会」が、過疎化・高齢化で崩壊しつつあった。そこで、八〇余りの常会を一二の行政区につくり変え、村の助成で各区ごとに青空市場、農産物出荷工場をつくった。清掃・伝統行事などで競い合うことで、再び活気を取り戻すことができた。

政令指定都市としては最も高齢化が進む北九州市は、小学校区ごとに「市民福祉センター」を設けることにした。社会福祉協議会、自治会、婦人会、老人クラブ、民政委員などを束にしたまちづくり協議会を軸に、市の末端まで行政サービスを担うとともに、市民の思いを汲み上げることをねらっている。

**参加民主主義の社会的実験を**

地域コミュニティを本気でよみがえらせたいなら、社会実験を行ってみてはどうか。各自治体の条例で小さな実験区に自治体の働きの一部を委ねる。結果が良ければ正式のしくみにする。

市町村から移される権限は、たとえば、施設の管理・運営、都市計画の審議など。必要な時は、実験区の代表が議会で発言する。

そのほか、政令市の行政区に自治権を与えること（行政区が「特別地方公共団体」となる）、あるいは、中核市、特例市や合併市で近隣自治機構（行政区）を設けることなども一考に値する。

➔ＮＩＲＡ『市民社会のガバナンス―ソーシャル・ガバナンスの構図』（仮題）

## 地域社会の担い手

地域社会の重要な担い手

地縁的組織
（地域コミュニティ）
・自治会等

→ 崩壊、弱体化

知縁的組織
（市民社会組織）
・NPO 等

→ 急増、活発化

## 地域コミュニティの活性化方策

実験区を設け、参加民主主義に関する各種の社会実験を!!

実験区の設置

市町村議会で、
実験区代表が発言

市町村行政の一部に
ついて、権限を付与

↓

制度化

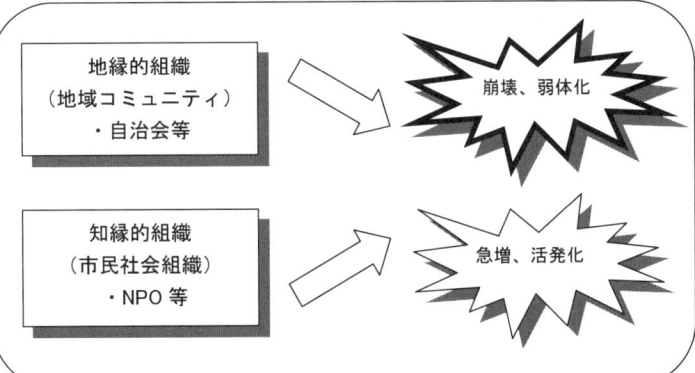

# 2 まちづくり・村おこしに取り組む

## 6 「私地公景」のまちづくり

一九八九年、土地基本法ができた。「公共の福祉」を優先する原則を高らかに掲げ、計画に従って正しく土地を使うべきとして、理念上、投機のための売買を禁じた。

この法律で、美しい国土を守り、つくり出していく下地《したじ》ができたはずだった。だが十数年の歳月を経て、日本の国土からは古きよき風景が失われ、調和のとれた新しいまちなみも生み出されてはいない。

**あいまいだった「公共性」の考え方**

土地基本法が役に立たなかったのは強制力のある規定が十分に整えられなかったためだ。

もう一つ、「公共性」という考え方が人々の意識を変えるだけの説得力を持たなかったこともある。この言葉は行政が課税などの実務で使うが、意味があいまいだ。

今日では公共事業に対する不信感が高まり、「官」への信頼が衰えつつある。そこで、「公共性」についてのこれまでの理解に代わる、新しい考え方が必要となっている。

**市民が計画づくりに参加する**

それが、「私地公景」。これは、市民が積極的にまちづくりに加わることで、自らの土地（私地）の使い方に一定の制限を受け入れ、調和のとれたまちなみ（公景）を生み出す考え方だ。

市民は、土地利用の計画や制度づくりに参加し、そこで決まったことを受け入れることが求められる。

行政の役割は、市民が手をつなぎあう場を設けること、市民とともに計画づくりのしくみをつくることだ。このときはじめて、さまざまな価値観に基づく小さな単位でのまちの計画やルールづくりが可能になる。

市民のなかから生まれた「公共性」によって「私」の土地が風景のなかに位置づけられたとき、調和のとれたまちづくりが実現する。

➔伏屋譲次「私地公景の国土づくり」

## 無秩序なまちなみの広がり

お上の規制では土地利用は変わらない（公共性の限界）

市民の意識改革が必要
（自立した市民が必要）

## 私地公景のまちづくり

市民参加のしくみづくり

行　政 → まちづくり

協　働
一体感が生まれる

主体的に参加
制限の受け入れ

自立した市民

市民の中から公共性が生まれる

⇩

**私地公景のまちづくり**

・自立した市民から生まれた公共性による、「私地」の風景の中への位置づけ
・調和のとれたまちづくりの実現

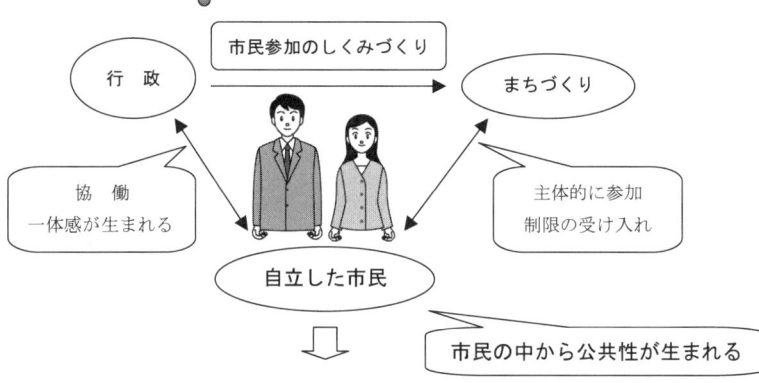

## 7 住まいの政策も市民が担う時代

画一的な住宅政策の分野にも、NPOが加わる動きが見られる。

**NPOハウジングとは**

日本にはハウジングに関わるNPO法人（「住宅NPO」）が三〇〇近くある。目的ではコーポラティブハウジング（組合方式での集合住宅の建設）や、マンション管理など「住まい・まちづくり」を掲げる団体と、お年寄り、ホームレス対策など福祉の視点から取り組む団体に分けられる。活動内容では改修など「ハード」と、普及・啓発など「ソフト」を担う団体に分けられる。住まい・まちづくり型が多く、なかでもソフト型がやや優勢だ。

**指導者への頼りすぎは禁物**

こうした住宅NPOの活動は、お値打ちモノの住まいを増やす、手助けがいる人たちを自立に向かわせるなど、注目すべき成果をあげつつある。しかし、まだその数は少なく、いろいろな課題がある。

資金力の弱さ、参加者を集めるのが難しいこと、組織の信用力の足りなさがよくあげられる。指導者の個人的な資質に頼りすぎると、安定して事業を続けるのが難しくなりがちだ。

**行政との協働をめざして**

市民の手によるきめ細かい住まいづくりへのニーズは高まっており、行政がこれらの団体とどう手を携えるかが問われている。

行政が住宅を新築する際に、計画づくり、入居者募集、管理などの一部をNPOに委託することは従来から行われているが、今後も重要だ。

さらに、行政が持つ土地などの情報を教える、融資のしくみをつくる、公的住宅の建て替え時にNPOに加わってもらう、設計面で手助けをするなどの支援が考えられる。行政とNPOが目的を共有し、土地や建物を協働で生かすという関係があってもよい。

➔関西総合研究所『NPOハウジングを通じた21世紀型住宅供給・更新施策の展望』

## 住宅ＮＰＯの種類

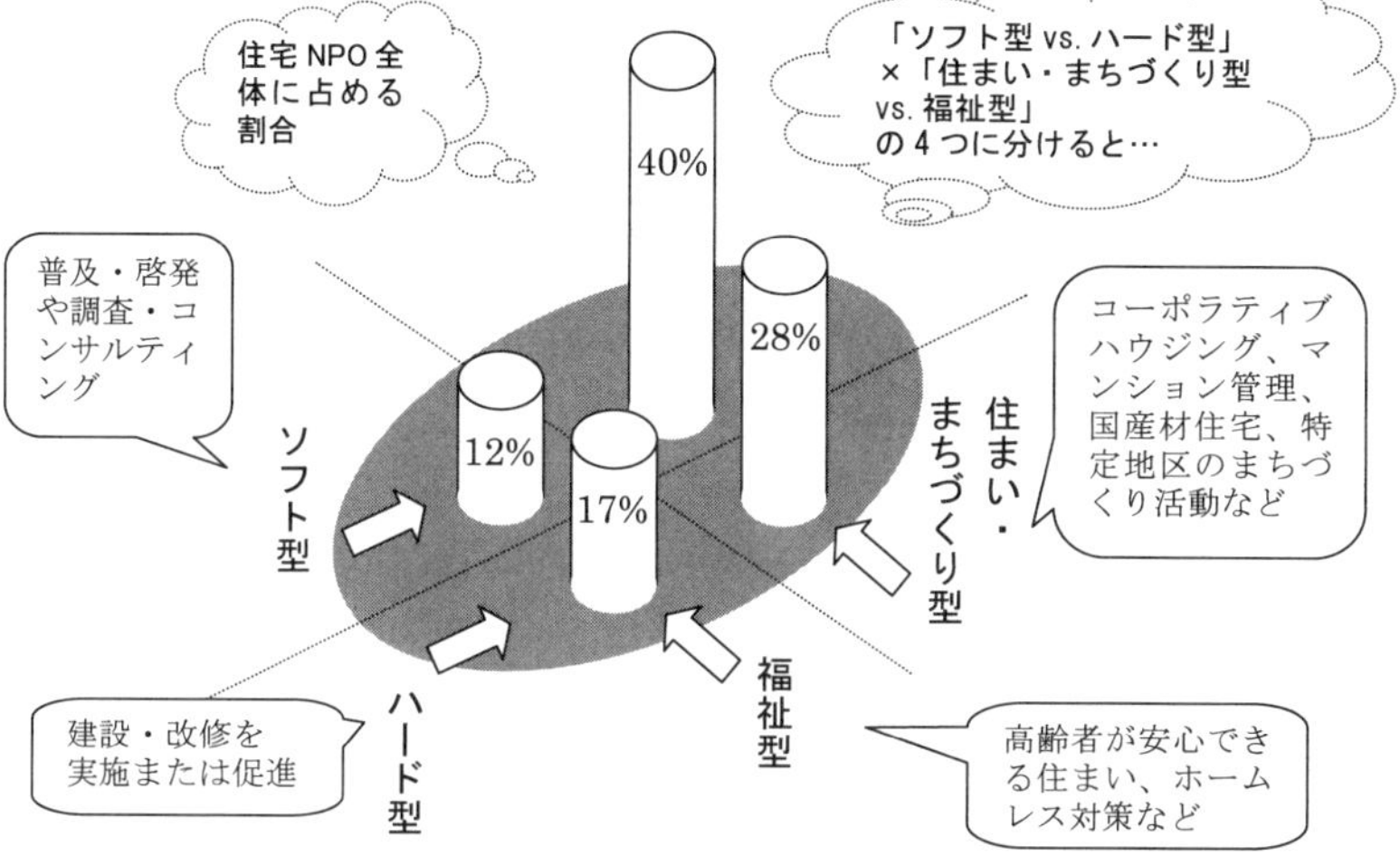


（備考）関西総合研究所のアンケート調査結果より作成。合計が100にならないのは、住まい・まちづくり型、福祉型以外の活動類型があるため。

## ＮＰＯを生かした住まいづくり施策

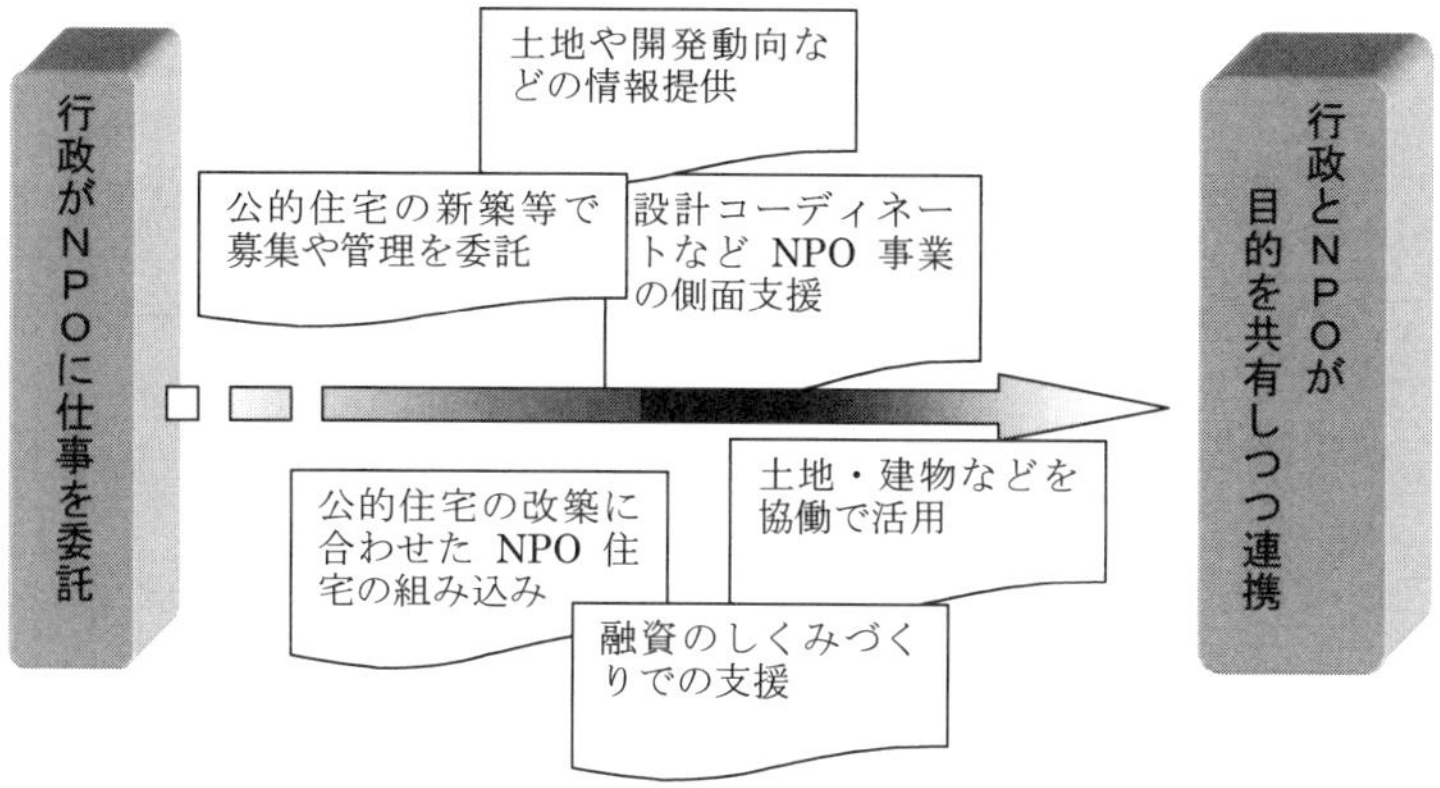

## 8 国内版ワーキングホリデーをもっと使いやすく

全国の山あいの地域（中山間地域）では、急速な過疎化・高齢化を受け、農業の担い手が不足し、農耕地の荒廃が進んでいる。こうした事態を改善するための一つの試みに、国内版ワーキングホリデーシステムがある。

本来の「ワーキングホリデー」は、長期の海外旅行・滞在を望む青少年が資金を補えるよう現地で仕事をすることを認めるしくみ。

これに対し、国内版ワーキングホリデーは、余暇に山村に滞在し、農業などを手伝い、その報酬で滞在費をまかなうとともに、地域の自然・社会とふれあうしくみだ。参加者は青少年に限らない。

### 村営施設も稼働率アップ

宮崎県西米良《にしめら》村では、季節的に労働力が不足する花の苗の鉢上げ・手入れ・出荷、ユズの選別・加工などの作業の参加者に時給六一〇円、一日七時間で四二七〇円を支払う。参加者は一泊三〇〇〇円で村営コテージに滞在し住民との交流や山里での休暇を楽しむ。

報酬は滞在費として地元に還元され、村営コテージの稼働率アップにもつながるうまい仕掛けだ。

### 職業紹介などの規制緩和を

こうした形の都会と農村の交流を促すには、制度面の壁を低くすることが重要だ。

たとえば農業の職業紹介を一般向けに行うことは有料では禁止、職業安定所以外は無料でも許可が必要だ。今後、国内版ワーキングホリデーシステムを広げていく上では、農協や地方自治体などによる紹介・あっせんを届出だけで可能にするなどの規制緩和が望まれる。

また、コテージのような施設ではなく農家を民宿として使うことも考えたい。その際、（構造改革特区の指定地域を除くと）消防設備の基準などが厳しく、この点でも改善が求められる。

🡻シンクタンク宮崎『成熟社会の地域間交流―国内版ワーキングホリデーの導入に向けて』

## ワーキングホリデーシステムの促進

**国内の現状**

中山間地域

・過疎化・高齢化による人手不足、農耕地の荒廃

都市部

・充実した余暇活動へのニーズの増大

導入

**国内版ワーキングホリデーシステムとは？**

○ 任意の期間、回数で仕事を手伝いながら、地域の事前・コミュニティと触れ合う休暇を楽しむ
○ 地域作業への意欲と交流への理解があれば、年齢、同伴者は不問
○ 現地での労働に見合う賃金で滞在費を賄う

**国内版ワーキングホリデーシステム**

**（労働力の移動）**

中山間地域：受入地

地域振興
・季節的な人手不足の解消
・交流による住民の意識改革
・準定住人口の確保
・地域資源の再評価

都市部：参加者

充実した余暇活動
・地域住民との交流
・自然の中での余暇活動
・文化体験
・滞在費の軽減

**国内版ワーキングホリデーシステムの促進には・・**
**○農協、地方公共団体による職業紹介・斡旋を許可制から届出制に・・・**

## 9　地域をまるごと博物館にしよう

猫も杓子《しゃくし》も「特色ある地域づくりが必要」という時代。大胆な発想で取り組まなければ成功はおぼつかない。そこで注目されるのが、自然、歴史、文化、産業、生活など地域をまるごと展示する新しい形の博物館＝エコミュージアムだ。

**日本でも一〇〇近くの実例**

従来の博物館は建物をつくってその中にモノを集めてきたのに対し、住宅や工場を含む街並みを全体として一つの博物館にする。街並み全体の「大きな博物館」の中では、民家や商店が店先の一角に「小さな博物館」を開き、ふつうの住民が館長になる。

エコミュージアムは根強い中央集権制度の下で過疎化に悩むフランスで一九六〇年代に生まれた。まちづくり・村おこしを目的とし、住民が参加する運営が原則だ。

日本でも「伊勢まちかど博物館」「墨田小さな博物館運動」をはじめ、構想・計画を含めると一〇〇近くのエコミュージアムがある。

「墨田小さな博物館運動」では、町工場の多い雑然とした下町が、「小さな博物館」のショーウィンドーを通して文化の香りをかもし出すようになった。あちこちで館長と見学者の会話が盛り上がり、人間的な温もりが感じられる。

**楽しくなければ長続きしない**

行政が音頭をとる場合、カネや権限の強みはあるが、住民が自ら考え工夫するよう促すには限界がある。理念を共有しつつも、厳しい目標達成はめざさず、かなりの程度まで自由を尊重する、住民のネットワーク型の組織が望ましい。

問題は、運動をいかに無理なく長続きさせるかだ。住民一人ひとりが技能や特技を生かし、興味ある活動に参加し、楽しむことが鍵になる。多くの住民が「小さな博物館」の館長になって、現場を取り仕切る。責任者になれば、自然と地域全体のことを考えるようになり、まちが活性化する。

➡静岡総合研究機構「市民の手による「みなとまるごと博物館」運動の展開」

## 地域や街並み全体を博物館に

従来の博物館

立派な建物に各地から物を集めて保存・展示

⇒

地域の**あるがまま**の
自然・歴史・文化・産業・生活を
現地でそのまま保存・展示

・運営は**住民参加**
・個人の住宅や民間工場の一角を使って
「**小さな博物館**」を運営

地域まるごと博物館
(エコミュージアム)

## 住民参加のしくみ

**館長と見学者のコミュニケーションで人間的な温もり**

やさい博物館
まちづくりに自然に参加できるね
昔は雑然とした下町だったけど「小さな博物館」のショーウィンドーでおしゃれになったわ

## 10 民俗芸能で地域を生かせ

青森県下北半島には、地理的・歴史的な特性から、独特の信仰や民俗芸能、祭りなどが保たれている。津軽海峡と太平洋に面する東通《ひがしどおり》村では、一四の集落がそれぞれ異なる「能舞《のうまい》」を伝承してきた。

「能舞」は修験道《しゅげんどう》の行法《ぎょうほう》や田楽《でんらく》などから一四世紀に基本の形ができた。国の重要無形民俗文化財となっている。

伝承の担い手は若者組。小さな集落では、新入会員がなく平均年齢が高い、人数が少なく組の維持が限界に近いという声が聞かれる。会員資格が漁協関係者に限られ、漁業がすたれるとともに伝承者が減っている集落もある。

衣装や道具も、かなり値が張り買い替えが難しい。つくれる人がいない、誰に頼めばよいかわからないという問題まで生じている。

### ファンクラブで需要掘り起こし

そこで、次のような手を打ったらどうだろう。まず、地元での公演の機会を増やし、助成金に頼らないしくみとしてファンクラブを立ち上げる。公演のビデオや教科書をつくって技を伝える。

さらに、下北文化圏の民俗芸能に関する博物館を開いて、ここを根城に、各団体間あるいは全国の民俗芸能団体との交流につなげる。衣装や道具は、地元企業に声をかけ、福祉施設や老人クラブでつくって、福祉と民俗芸能を融合する。

### 民俗芸能で地域を生かす

以上の提言は、従来の発想を変えよと迫っている点に注目してほしい。これまで民俗芸能は民俗学の目で評価され、文化財として守るための対策がとられてきた。しかし、地域社会を持続、発展させていく観点から見直し、広域的な交流、生涯学習や産業おこしの手段ととらえることも必要だ。

その意味で、「能舞」を巡るこれらの提言は、特色ある地域づくりの姿として全国でも参考になる。

➜協同組合プランニングネットワーク東北「遊び伝承による過疎コミュニティ再建—能舞と福浦歌舞伎に学ぶ」

## 下北半島の民俗芸能「能舞」

## 地域おこしの目で

ファンクラブ

ビデオによって技能を継承

下北文化圏民俗芸能博物館を設置→全国の民俗芸能と交流

地元企業や福祉施設・老人クラブで衣装・道具づくり

民俗学の目

文化財保護行政による「保存」

→

・広域交流

・生涯学習

・産業おこし

## 11 まちはアートを許せるか？

全国で二〇〇を超える自治体で「彫刻のあるまちづくり事業」が行われている。アートであふれるまち。広場や歩道の彫刻は、住民や通行人の目に無理やり飛び込んでくる。その点が、見たい人がわざわざ足を運ぶ美術館とは違う。何を表現しているのかさっぱり分からない作品を前に、「誰がなぜこんな彫刻を置いたのか」と思ったことはないだろうか。

**なんでハダカばかり？**

大阪市内の「御堂筋《みどうすじ》彫刻ストリート」は、沿道の企業が市に贈った彫刻で、人々に親しまれる都市景観をめざす。「彫刻の小径《こみち》」は八体の現代アートを置き、二年ごとに入れ替える。「阿倍野《あべの》ＳＯＨＯ」は若手アーチストを中心に遊休地での作品展示とフリーマーケットを組み合わせた参加型まちづくり。

これらについて街頭で聞くと好印象を持つ人が比較的多かったが、問題点も浮かび上がった。

目立つのは裸婦像への批判。「ジックリ見たくても目のやり場に困る」（男）、「なんでハダカの女性像ばっかしやねん」（女）。街並みと合わないとの声も。「昔ながらの雰囲気を壊した」（男）、「気取ったデザイン。大阪らしくない」（女）など。

**「送り手」と「受け手」をつなぐ**

こうした意見を踏まえ、アートの「送り手」は「受け手」をしっかりと意識することが求められる。まず、あえてまちかどに彫刻を置く目的、その街の歴史や特性を理解する。近景・遠景や大人と子どもの視点の違いなど周辺空間を視野に入れた街並みの中でのアートの見え方を調べることも重要だ。

「受け手」の意向が「送り手」に正しく伝わるには、公募や意識調査だけでは不十分。両者の「つなぎ手」がほしい。地元シンクタンクは学校の美術教師などによるアートＮＰＯの育成とアート評価《アセスメント》を提言している。

↓関西総合研究所「公共的空間における「あそび」の検証―まちはアートを許せるか」

## 街の中にアート

## 「送り手」と「受け手」の「つなぎ手」を

## 12 芸術と社会の出会いをアレンジする

二〇〇一年の文化芸術振興基本法に基づき、国や自治体は、「国民の文化芸術活動の充実」と「文化施設の充実」に努めている。その際、文化施設という箱物をつくる以上に大切なのは、その運営というソフト。箱物のハードと運営というソフトを矛盾なく発展させる技法として注目されるのが「アートマネジメント」だ。

### 文化施設を生かすために

アートマネジメントとは、「芸術と社会の出会いをアレンジする」ための経営技法。自治体でいうと、地域文化への貢献に向け、非営利を前提に文化会館等をどう運営するかという課題に取り組むための道具。いまや文化政策も「マネジメント」の時代になっている。

公立の文化施設は行政の論理に基づく運営がなされ、施設にふさわしくない使われ方をされている例もある。行政が文化施設の概念を見直すとともに、潜在的な利用者に対して施設の側から積極的に働きかけるべきだろう。

### プロの養成と科学的手法の導入を

問題は、人材の不足。日本のアートマネジメント担当者は、芸術イベントなどに直接携わるなかで現場で育てられてきた。国や自治体の研修とそのネットワーク化も進められているが、芸術と社会をうまくつないでいくには、官民双方で見識を持った専門職を育てることが重要だ。そのためには、芸術系大学院などに「アートマネージャーコース」を置くことが課題となっている。

また、並行して、学問としてのアートマネジメントを深めるため、科学的手法を取り込むことが求められる。これまでアートマネジメントは、関係する団体や市民の意向への配慮や担当者の勘などに頼ってきた。今後は目標を数字で示したり、文化政策の決まり方が外からよく見えるようなわかりやすいしくみをめざすことが必要だ。

↓NIRA『アートマネジメントと文化政策―我が国の文化政策の将来構想に関する研究』

## アートマネジメントの課題

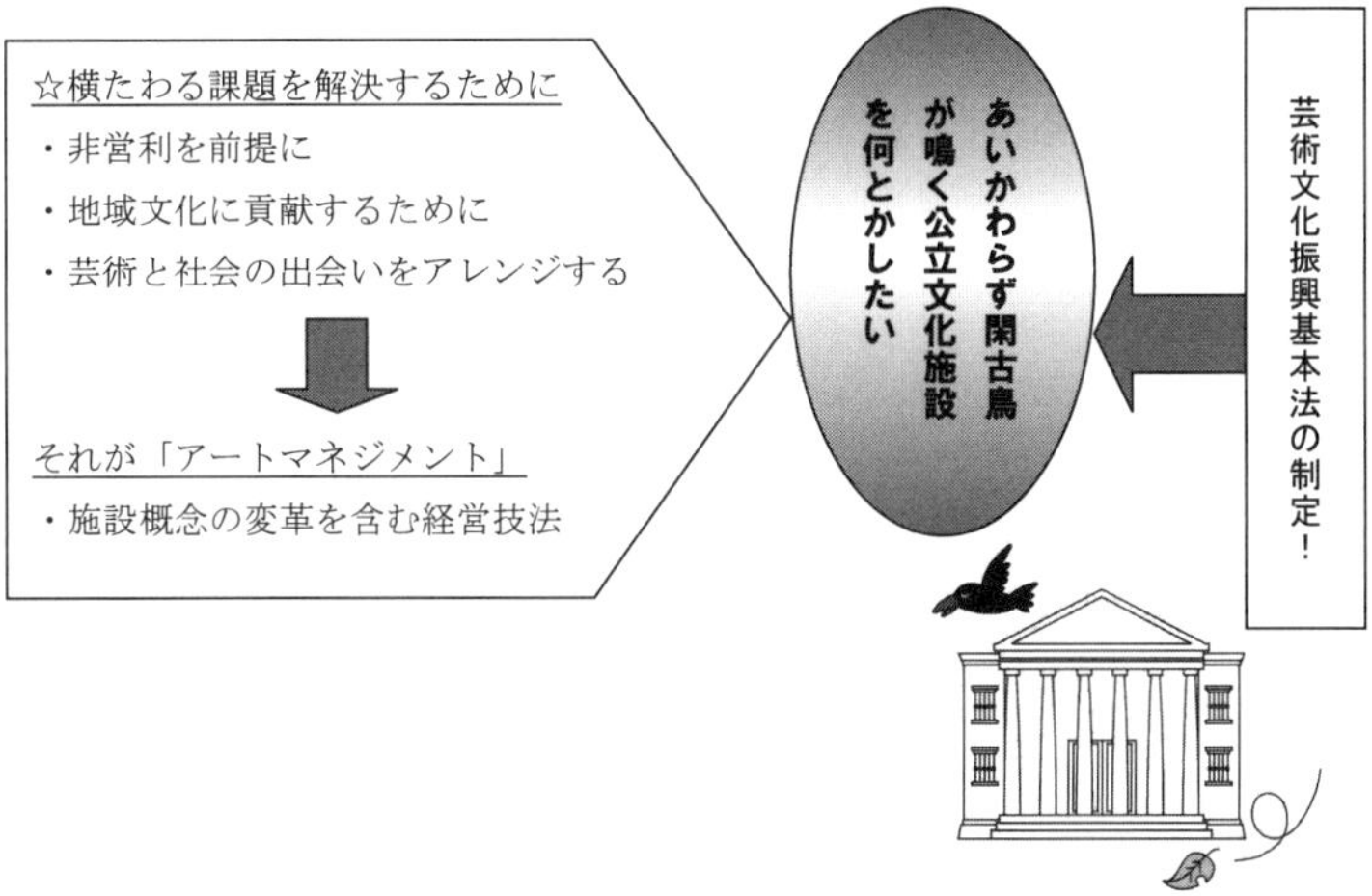
☆横たわる課題を解決するために
・非営利を前提に
・地域文化に貢献するために
・芸術と社会の出会いをアレンジする
それが「アートマネジメント」
・施設概念の変革を含む経営技法
あいかわらず閑古鳥が鳴く公立文化施設を何とかしたい
芸術文化振興基本法の制定！

## アートマネジメント振興策

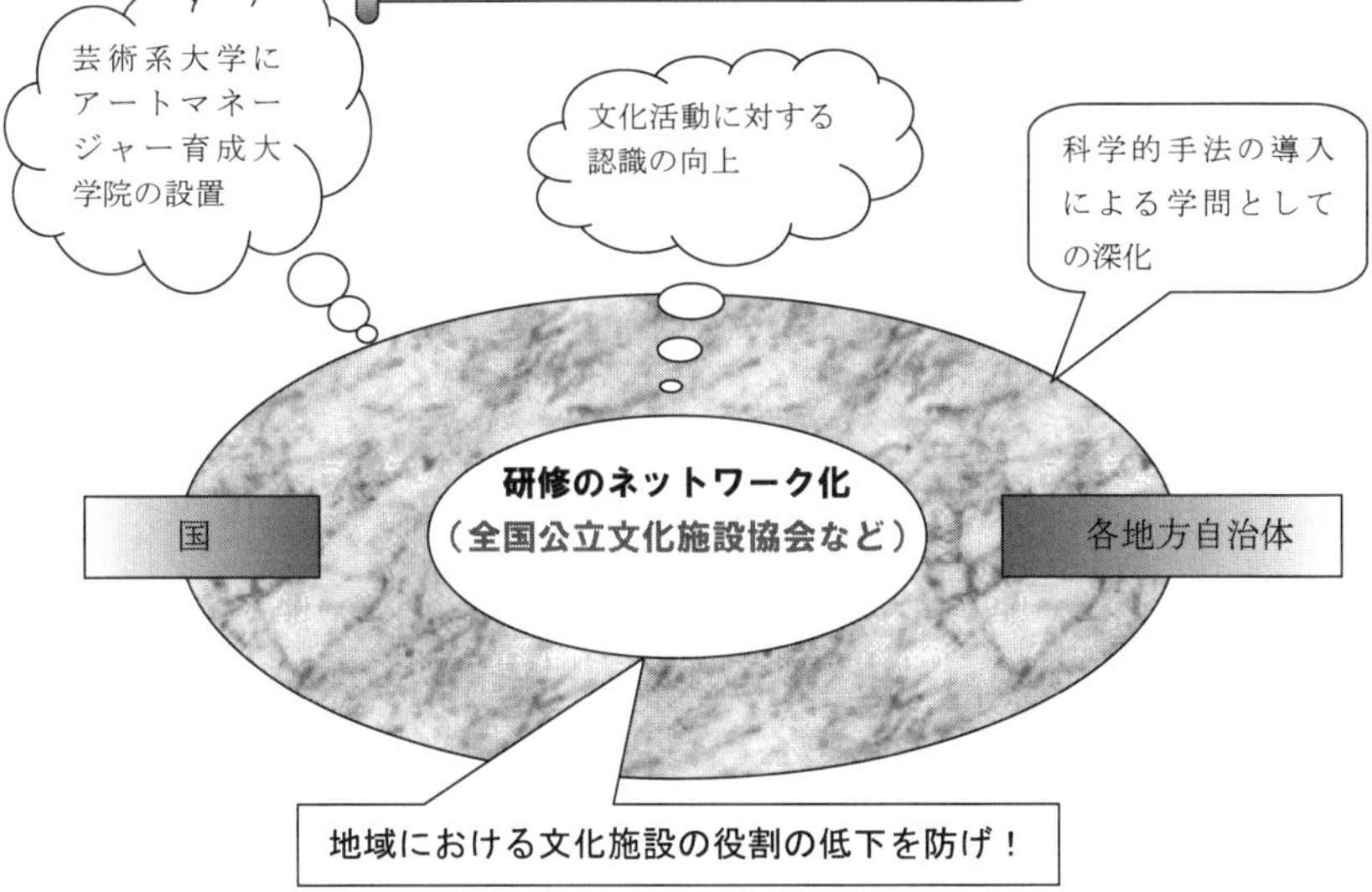
芸術系大学にアートマネージャー育成大学院の設置
文化活動に対する認識の向上
科学的手法の導入による学問としての深化
研修のネットワーク化
（全国公立文化施設協会など）
国
各地方自治体
地域における文化施設の役割の低下を防げ！

# 3　政府を市民の手に取り戻す

## 13　予算制度の「ガバナンス」を高めよ

国の予算には、公共投資、農業や中小企業への補助金、政府開発援助など、「不公平、ムダが多い」「本当に必要か」という批判が目立つ歳出項目が少なくない。だが、既得権化した予算は削るのが難しく、財政赤字が膨らむ原因となっている。

こうした構造の根源は、受益と負担の乖離《かい》にある。既得権を持つ側は、負担とは無関係に受益の維持、拡大を求める。いわゆる「ただ乗り」がはびこることになる。

**税の使いみちは納税者が直接選べ**

受益と負担の一致はどうすれば実現できるか。国民が公共サービスの受益者負担の原則をもっとも実感できるのは納税だ。自らの納税額に応じて、政府の歳出の使いみちをある程度選べるようにすることは、実務上も可能だし、納税意欲の向上にも役立つだろう。

たとえば、納税額の三分の一の使いみちについて、省庁別の予算（あるいは目的別の大まかな区分）の配分を指定できるようにする。源泉徴収で納税手続きを終える多くのサラリーマンは、確定申告の時期に、郵送などで納税額の一部の使いみちを指定する。

**形式的な民主主義を補う**

民主主義の基本は有権者一人一票。そこを、あえて納税額一円一票の考え方で補うという提案だ。

納税者が納税額に比例して、ある程度歳出の配分を監視できれば、実際に予算を使う各省庁や地方自治体にとっても、歳出がどのように役立っているかを評価し、実態を積極的に情報公開しようという意欲が高まる。すなわち、予算制度の「ガバナンス」（公的資金の責任ある管理）が向上する。

それだけではない。結果として、より公平でムダのない歳出内容へと、予算を見直す圧力として働くはずだ。少なくとも、大きな問題を抱えた歳出項目は、整理に追い込まれるだろう。

🅥井堀利宏「望ましいガバナンスへの移行戦略―予算システム」

## 予算システムに対する批判

○ **不公平・非効率な歳入・歳出**
- 公共投資
- 農林水産業や中小企業への補助金
- 政府開発援助

○ **乖離した受益と負担**
- ただ乗り

○ **財政赤字の累積的拡大**
- 補正予算の安易なバラマキ

## 予算システムのガバナンス改革

（例）納税額の 1/3 について、各省庁別予算への配分を指定

⇩

**期待される効果**

○ 極端に不公平で非効率な予算項目は削減
○ 各省庁が歳出の有効性を十分に評価し情報公開
○ 異なる歳出項目間での政策の公開競争が進展

⇩

納税者の圧力が、効率的で公平な歳出内容へと歳出構造を見直す圧力として機能

## 14　日本にも議会予算局を

財政の立て直しには「各論」で激しい反対が出る。どの国でもそうだが、日本では予算をつくる際の分析不足が特に問題だ。こうした状況を踏まえ、米国のシンクタンクが日本の国会にも「予算局」を置いてはという提案をしている。

**米国議会予算局のしくみ**

米国では議会予算局に二三二人の職員がいて、予算委員会はじめ様々な委員会を支えている。

予算局は、大統領の予算案から今後一〇年間に予想される歳入と歳出の額を独自に推計して委員会に出す。政策の提案はしないが、税や支出に関するいくつかの案について、それらの長所・短所を報告する。これらの仕事のために、連邦省庁がつくったすべてのデータとその根拠を求めることができる。

局長は上下両院の予算委員会からの推せんに基づき、両院の議長が任命する。任期は四年。議会は局長を辞めさせることはできるが、現実には難しく、政党からの独立性は保たれている。

**日本への提案**

日本への提案は、幅広い視点から分析ができる、独立した機関を置くこと。民間委託や各省庁の政策評価を生かすことで職員数は三二名に抑える。日本の経済や社会の問題を明らかにし、予算で何を優先すべきか、政治家や国民の議論を導くのがねらいだ。

具体的な仕事は、予算の中身や、その前提となる経済や財政に関する予測などの分析。予算に関する情報を国会だけでなく、国民向けにわかりやすく伝える役割も担う。

現在、日本では経済財政諮問会議を通じて、予算について少しは分析的な目で議論されるようになった。だが、依然として財務省が予算をまとめる際には、数字合わせのための調整に多くの力をついやしている。もっと腰を据えて理論的に予算を考えるしくみが必要だ。

🔽上野真城子、R・ペナー「日本のための予算政策分析機関モデル」

## 日本版議会予算局の姿

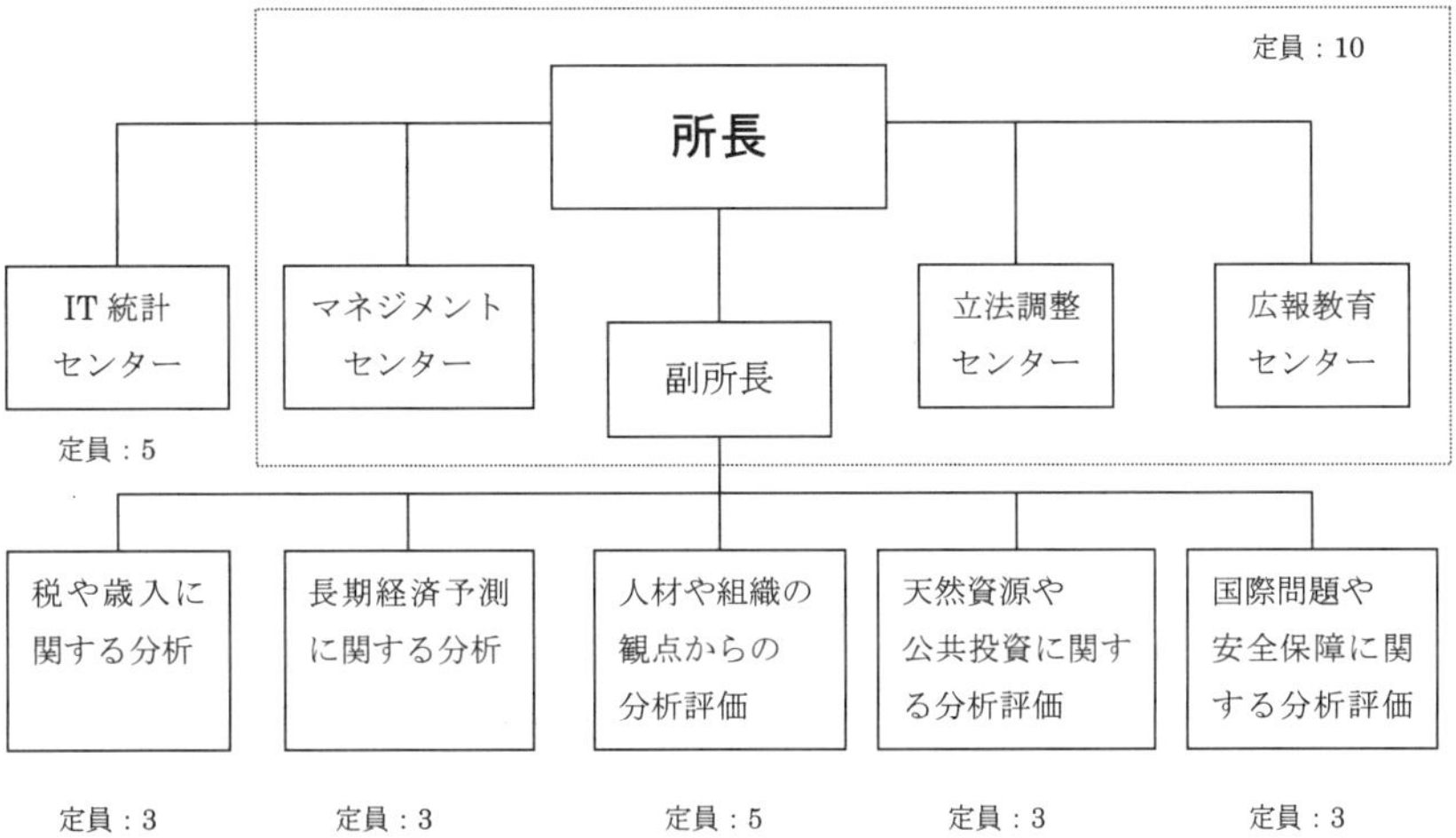


| 税に関する分析 | 経済分析 | 政策に関する分析評価 | | |
|---|---|---|---|---|
| 税制度の分析<br>課税構造分析<br>税収の予測 | 経済全体の分析<br>財政状況の分析<br>予測 | 人材や組織などに関する分析 | 政策分野別の政策評価 | 国内外の安全保障政策の分析<br>外交援助政策 |
| | 長期短期の経済予測<br><br>人口の予測<br><br>経済モデル開発<br><br>社会保障・年金制度予測 | 保健医療<br>雇用・労働<br>教育<br>労働力推計<br>家族・介護<br>女性・青少年<br>移民政策<br>政府・公共機関<br>地方自治体<br>ＮＰＯ<br>裁判所 | 公共事業<br>国土開発<br>住宅都市開発<br>地域開発<br>農林・水産<br>天然資源<br>環境エネルギー | 防衛・安全保障<br><br>国際開発援助 |

## 15 米国議会予算局の役割

米国議会予算局（⇩34頁）の働きについて、健康保険改革を例に、上院予算委補佐官を一〇年ほど勤めた経済産業研究所の中林氏が紹介している。

### クリントン政権の国民皆保険案

一九九三年に生まれたクリントン政権は、当時GDPの一四・三％もの費用がかかっていた健康保険の改革に力を入れ、ヒラリー夫人に国民皆保険制度の法案をつくらせた。大統領の案は二〇〇〇年までに財政の赤字減らしに効くようになると説明され、当初は世論の高い支持（支持率五七％）を得た。

ところが、九カ月後に不支持率（四九％）が支持率（三七％）を上回り、改革案はつぶれる。背景には議会予算局の証言があった。

### 議会予算局の証言

当時の議会予算局長は民主党系のエコノミスト。だが、中立の立場で大統領案の試算に甘さがあることを明らかにし（九四年二月）、全国の新聞はそれを一面トップで伝えた。

それによれば大統領案の推計は中小企業や所得の低い人への補助金を一五％低く見積もっていた。改革で財政赤字が減るのは予測より一〇年先。二〇〇四年には歳出が二三％増え、健康保険料は一五％の引き上げになる。雇い主の負担は大統領案の三三〇億ドルより二五〇億ドル多い。誰でも保険に入れるなら、一％の人が働くのをやめる可能性がある（健康保険に入れるというだけの理由で働く人がいるため）。さらに、国民皆保険は新しい「義務的支出」（政府の約束として毎年支払われる予算の項目）の分野をつくることであり、国民はそれをよく知るべきだとの意見も添えられた。

同時に、長期的には一人が健康保険にかけるコストは七％減るという改革案の効果も認めはした。

大統領を支える行政管理予算局とは別に、議会予算局が違う結果を出したことが議論に大きな影響を与えたのである。

⇩中林美恵子「米国の公共政策決定における会計情報のインパクト―クリントン国民皆保険制度案を例に」

## 健康保険制度改革への世論

| 世論調査日 | 支持率（%） | 不支持率（%） | 分らない（%） |
|---|---|---|---|
| 1993年9月23日 | 57 | 31 | 12 |
| 1993年10月28日 | 43 | 36 | 21 |
| 1994年1月17-18日 | 50 | 33 | 17 |
| 1994年2月10日 | 43 | 42 | 15 |
| 1994年3月2-3日 | 41 | 45 | 14 |
| 1994年4月6-7日 | 48 | 39 | 13 |
| 1994年6月15-16日 | 40 | 43 | 17 |
| 1994年7月20-21日 | 37 | 49 | 14 |

（備考）Laham, Nicholas. A Lost Case. Wetport, CT:Praeger Publishers 1996 より。

## 議会予算局の証言

① 長期的には費用減少するが、6年で740億ドルの財政赤字増加

② 2004年には5660億ドル（23%）の歳出増加。保険料15%引上げ

③ 雇用主の保険料支払い

ホワイトハウス推計　330億ドル

議会予算局推計　580億ドル

250億ドルの差

④ 新規義務的支出分野の創出という認識を国民に知らせるべき

⑤ 労働者の1%（130万人）が仕事を辞める可能性

⑥ 財政赤字減少時期はホワイトハウスの推計よりも10年先に

⑦ さらに長期的には2004年に、健康保険改革によるコスト減は7%

16

# 規制インパクト分析を急げ

規制緩和には「総論賛成」の雰囲気があるが、何か事件が起こると「政府はしっかり取り締まれ」という声が上がり、あっという間に新たな規制ができる。安全、環境などの社会的な分野は要注意である。

新たな規制を入れたほうが社会全体として望ましいか、冷静に考えるべきだろう。また、同じ目的の規制でもやり方はいろいろあり、最も「質」の高いものを選びたい。

そうした判断の前提となるのが「規制インパクト分析（ＲＩＡ）」。公共投資を決める前と同様に、規制をしたときの費用と便益・効果を調べ、その対比で導入に値する規制かどうかを見極める。

## 取組みが遅れるわが国

その際、規制の影響を広く捉える一方、効果が生ずる確からしさも念頭に置かなければならない。

規制の費用はお役人の給料だけではない。規制を受ける会社の社員は、許認可申請のため面倒な手続きに忙殺される。また、「風が吹けば桶屋が儲かる」と因果関係の薄い効果を無理やり入れては信頼を失う。

欧米ではこうした分析がかなり行われ、方法の改善も進んできたが、残念ながらわが国では一部の例外を除いて取組みが遅れている。

政策評価を所管する総務省では、規制についても可能なものから順次評価に取り組むよう求めているが、義務づけがなく普及が進まない。

## 「数字の独り歩き」は怖くない

日本でも、ＲＩＡを早期に導入したい。手法の開発を待つのではなく、試行を繰り返して改善していけばよい。

特に、結果をコトバだけでなく数値で示してほしい。日本のお役所は、「数字の独り歩き」を恐れて数字を出したがらない。ならば、分析に必要な資料をすべて公開すればよい。外部の人がそれを使って計算ができれば、多面的な議論も可能になる。

政策評価全般についても、「お手盛り」を防ぐには、政府の外部による分析を促すことが第一であろう。

🅙大山耕輔「望ましいガバナンスへの移行戦略—規制システム」

## 規制インパクト分析

費用・・・行政、事業、消費者等

↕ 対比

使途・・・健康改善、事故減少等

⇒ 規制新設の可否
規制の質向上

確からしさ（リスク）を考慮

## 日本における課題

**規制インパクト分析の早期導入を！** ⇒

＜ポイント＞

**✓ 数値で示す。**

→ 一目でわかる。

**✓ 基礎データを公開する。**

→ 多面的な議論ができる。

**✓ 外部による分析を促す。**

→ 「お手盛り」を防ぐ。

# 17　社会政策も実験で評価せよ

日本でも政策評価が行われるようになったが、それが政策づくりの現場で本当に生きているかは疑問が残る。「この政策は、目先の効果を追い求めたものではない」という担当者の反発もあるのだろう。

それでも、公共投資など経済的な分野では、費用効果分析などの手法がそれなりに定着してきた。問題は、犯罪予防や教育、福祉など社会的分野。「厳密な評価が難しい」との言い訳がまかり通りやすい。

## 「実験」によるプログラム評価

社会的分野では、対象者にお金やサービスを与えるプログラムが多い。その有効性は「実験」で明らかにできる。ニューヨーク市でかつて試行された、薬物乱用者向けプログラムを例にとってみよう。

まず、乱用歴のある同じ境遇の人たちをランダムに二つの集団に分ける。第一の集団では、何人かずつでチームを組ませ、市がオフィス事務、ビル掃除などの仕事の機会を与える。仲間どうしで励ましあい、効果的に職業訓練を積ませるのだ。

第二の集団には何らサービスを与えず、ふつうの生活をさせる。二つの集団でその後の逮捕率と就職率を比べたところ、このプログラムは「効果あり」という結果が出た。

## 予想外の「効果なし」も

興味深いのは、「効果なし」とされる場合もあること。複数の州で試みられた、少年の刑務所見学ツアーがこれに当たる。

このプログラムでは、非行少年をランダムに二つの集団に分けて、片方の集団を刑務所に連れて行き、犯罪者が非常に高い代償を払わされていることを説明する。これで少年たちは深く反省し、悪事から足を洗うというのがねらいである。だが実験の結果は、見学に参加した少年のほうが犯罪に走りやすいというものであった。

日本でも、社会政策を「聖域」とせず実験による評価を繰り返し、効果のないプログラムはやめる勇気が必要だ。

🔽佐々木亮「プログラム評価の実践例」

## 実験に基づく政策評価

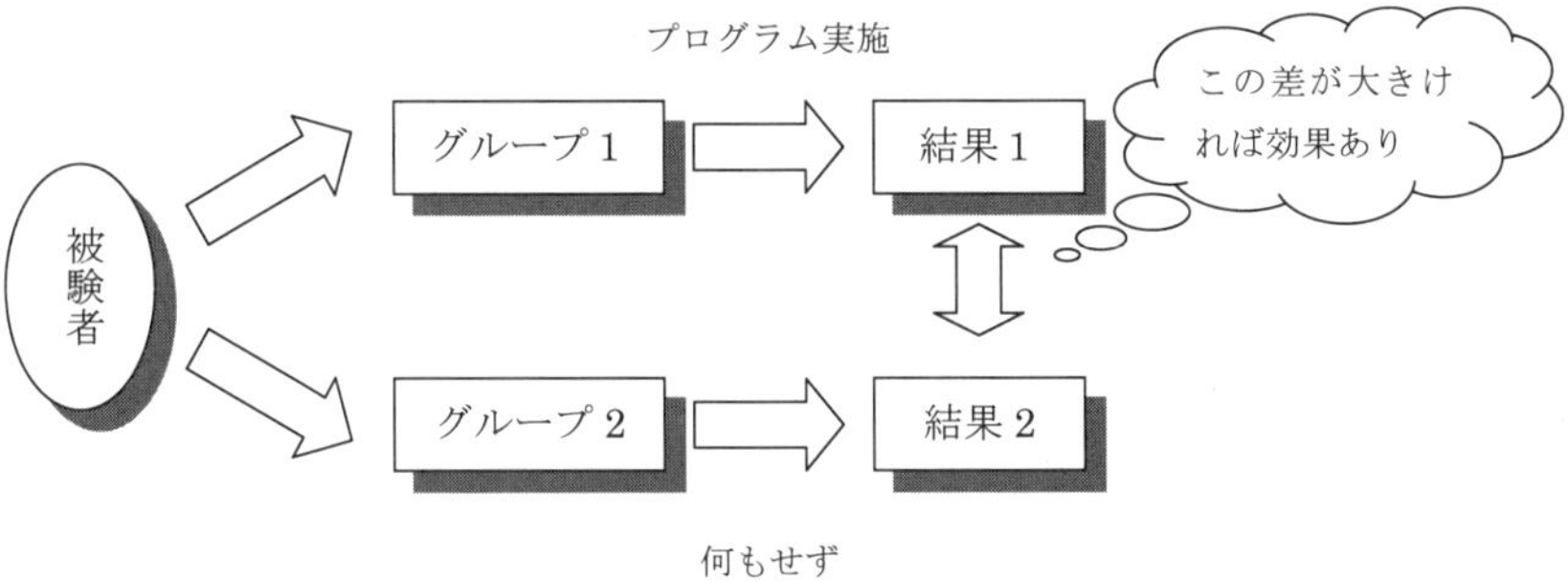


## 社会的な分野でも政策評価の強化を

[評価可能な範囲の広がり（米国での試み）]

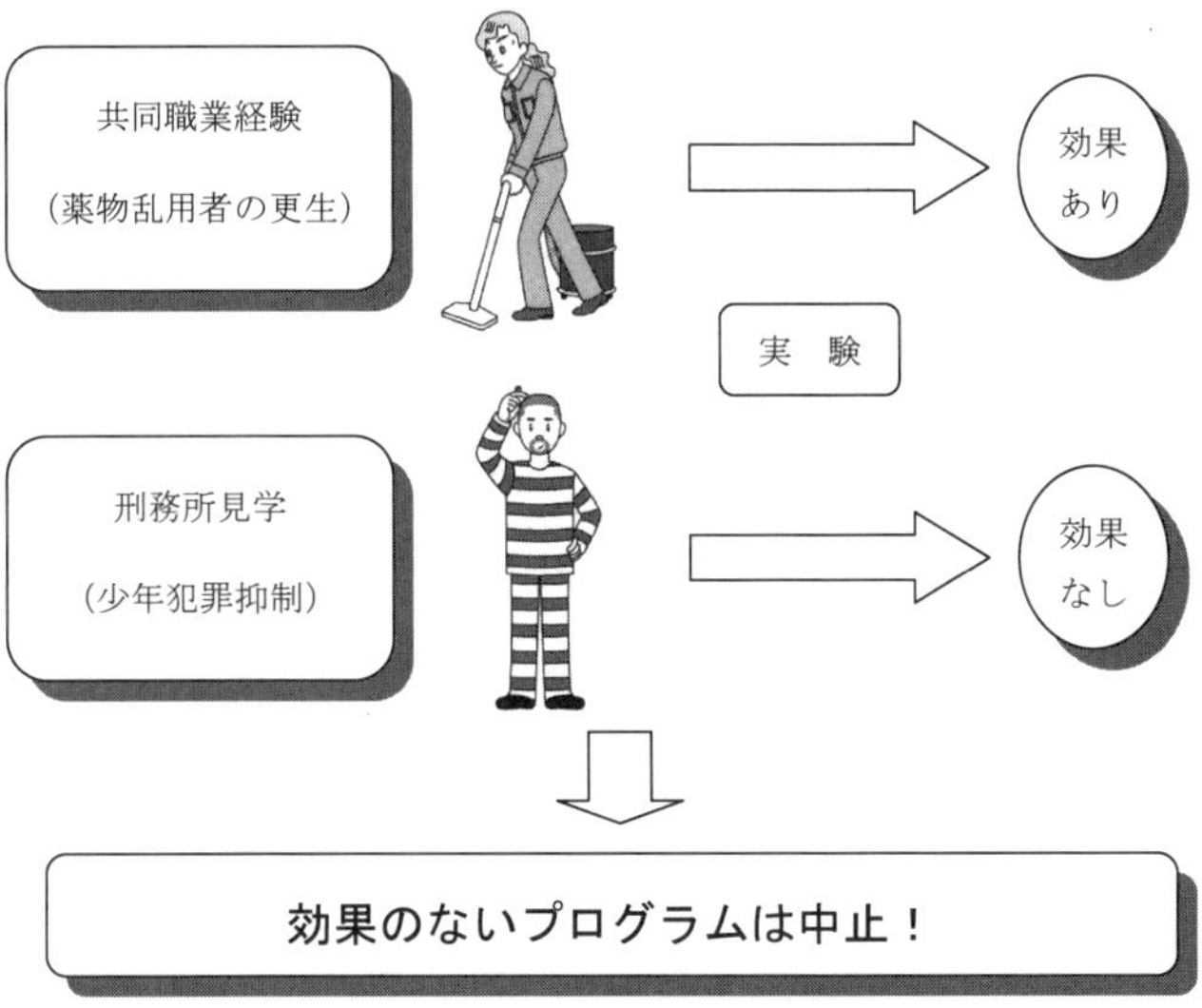

## 18　社会資本整備に第三者の目を

日本は、「均衡ある国土の発展」を実現するために、道路やダム、公園などの社会資本を懸命に作ってきた。そのお陰で、多くの人々が暮らしの豊かさを実感してきたことは否定できない。

しかし、低成長が続く世の中となり、コストが割高など、これまでの社会資本整備のしくみが時代の変化に合わないとの声が高まり、「公共投資批判」にもつながっている。

### 「二者構造」から「三者構造」へ

ではどこが問題か。実は、わが国の社会資本整備と国際的な建設市場のしくみを比べると、事業の進め方（執行形態）が違っている。わが国は、現在、国などの発注者とゼネコンなどの受注者が信義に従って誠実に仕事を進めるという「二者構造執行形態」をとっている。これに対し海外では、発注者、受注者に、専門技術者集団（エンジニア、コンサルタント）が対等な関係で進める「三者構造執行形態」だ。

すでに、わが国の技術者集団も、海外事業に進出する場合はこうした役割を経験している。特に、政府開発援助（ＯＤＡ）では、日本政府がお金を出す場合でも、コンサルタントが専門的な業務すべてに登場する「三者構造」が採用されている。

### 「三者構造」でコスト削減

専門技術者集団が介在すると具体的にはどんな利点があるのか。

これまでの公共工事は、とにかく途中経過が分かりにくかった。三者構造では、発注者と受注者だけで管理していた情報を「外部に見せる」しくみができる。透明性が高まれば、国民に対する説明責任も果たしやすい。工事に先立つ調査や設計の段階で正確でムダのない準備が整う。結果として、コストも節約できる。

建設産業の抜本的な体質改善を図るためにも、わが国において、現在の「二者構造執行形態」から、「三者構造執行形態」への移行が早急に進められるべきだ。

➔ＮＩＲＡ『社会資本整備の透明性・効率性向上を目的とした三者構造執行形態導入の必要性に関する研究』

## 二者構造執行形態

【現在の発注者と受注者を主体とした形態】

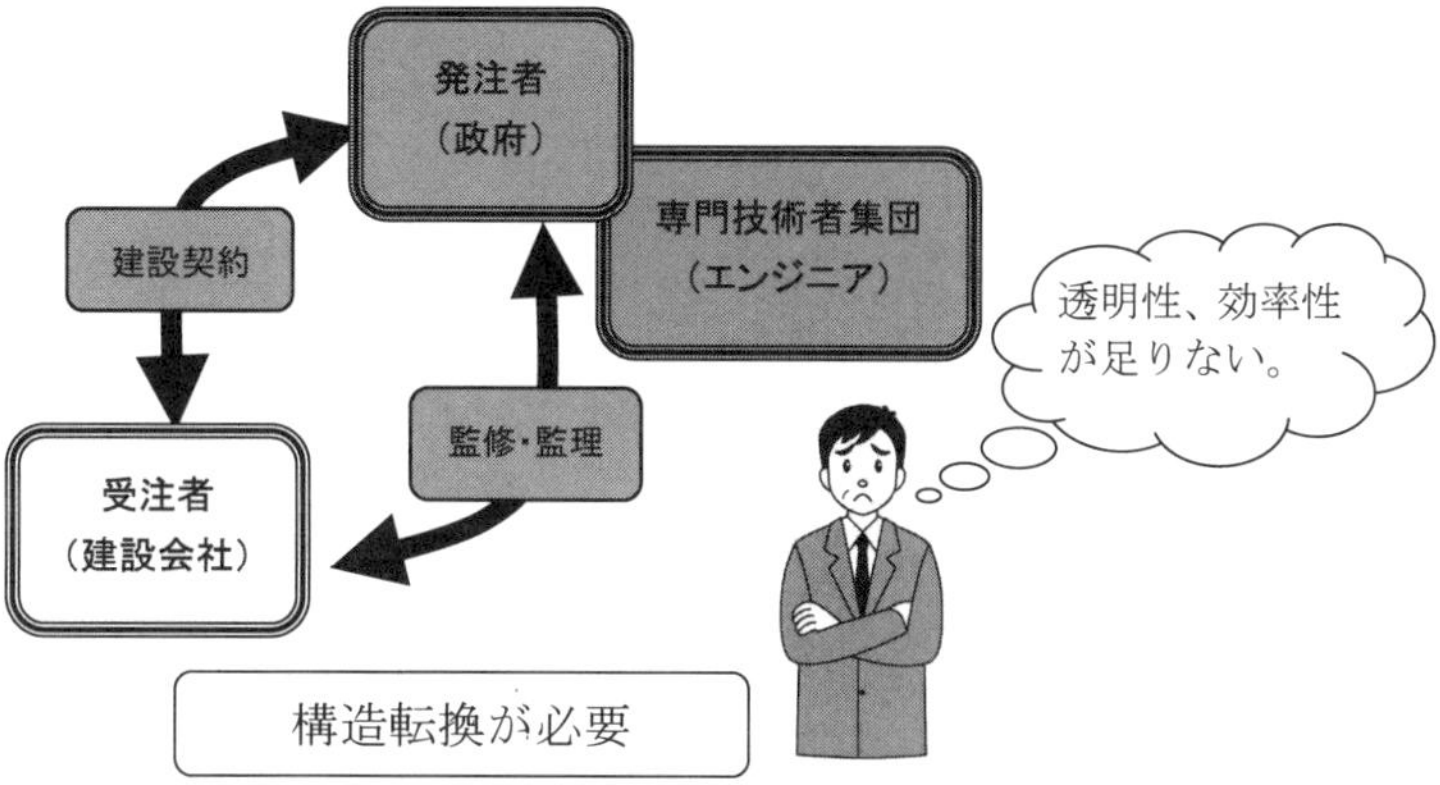


## 三者構造執行形態

【発注者と受注者に専門技術者集団を加えた形態】
（透明性、効率性を目的）

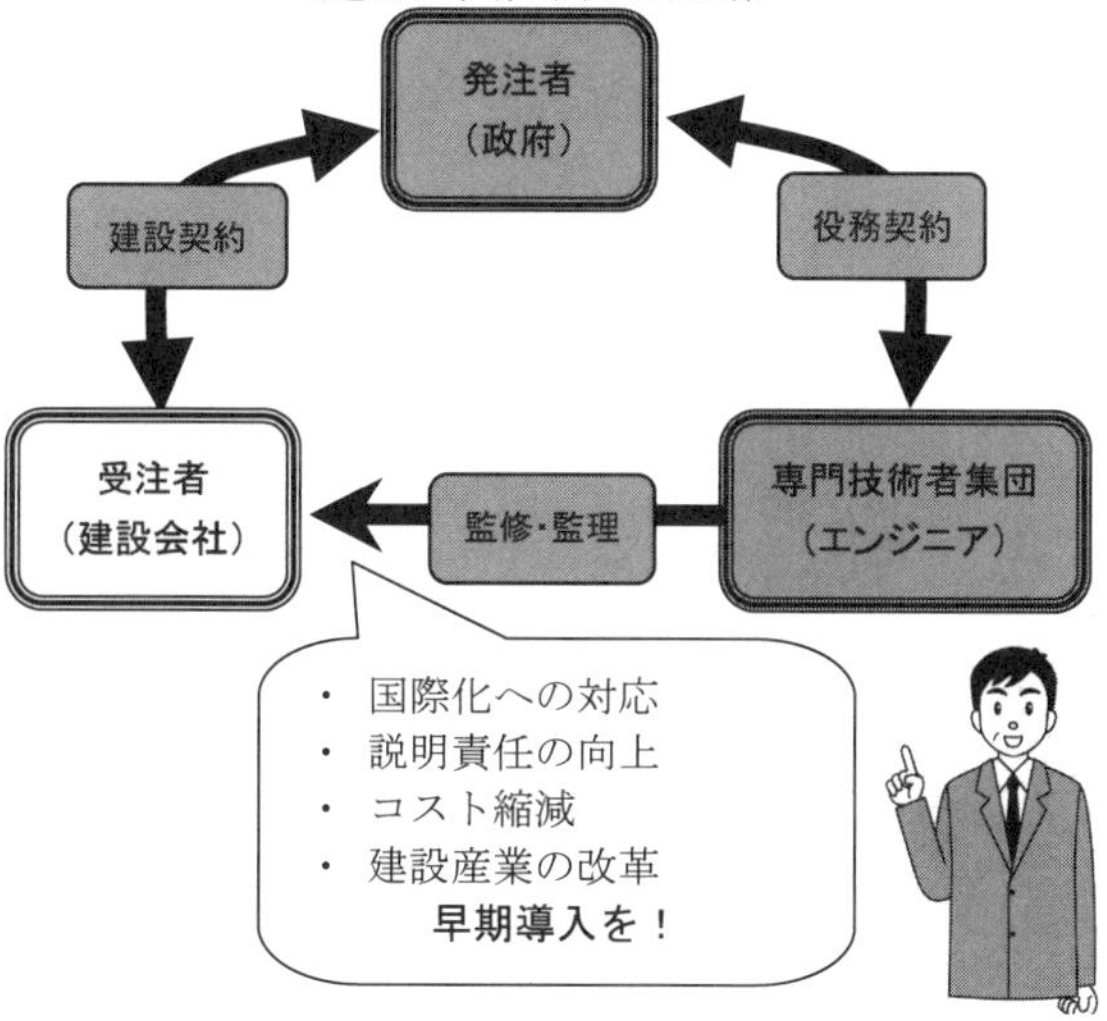

## 19 多様な人材による政策論議

日本の政策は霞が関がほぼ独占的につくってきたが、今後は複数の選択肢に基づく議論が求められる。問題はどう知恵を出すかだ。

### 政策研究の人材育成

政策を生み出せる人材が、霞が関の外に育たねばならない。中心は、大学の先生やシンクタンクの研究員だが、それだけではない。研究の計画を立て、進行を管理する調整役も必要だ。政治家の政策担当秘書、政策の影響を受ける側にいる民間の実務家なども含まれる。

政策研究では、理論のみならずデータの見方や実務経験など、さまざまな知識が求められる。社会人向け大学院の「公共政策」コースや、シンクタンクなどのセミナーもこうした需要に応えようと努めている。

### 受託研究の問題点

ただ、シンクタンク自身による政策研究の力は弱い。日本では、その多くが政府から研究を受託し、そこからの収入に依存する経営となっている。優秀な研究員がいても、ほとんどの時間を受託研究に費やさざるをえないのが現実だ。

こうした受託研究では、政府があらかじめ取り組むべき課題を決める。結論がはじめから決まっていることもある。結局、政府にとって都合のよい材料集めに終始しがちだ。

### 独立した研究と人材の流動化を

したがって、シンクタンクが独立した研究をできるような工夫がいる。政府を含め、外部から資金面の支援を受けること自体はやむをえない。重要なのは、能力のある人に研究費がわたり、個人の立場と責任で政策提言ができるしくみづくりだ。

さらに長期的には、組織の間で人材が盛んに行き来するようにしたい。回転ドアのように官僚が霞が関から出て自由な発想で提案を行う一方、外部から霞が関に入った人材が新機軸を打ち出していく。

競い合いの中で政策が生まれれば、民主主義が成熟していくだろう。

➡中村円「公共政策研究―人材育成の視点から」、松井孝治「政治行政と政策研究」

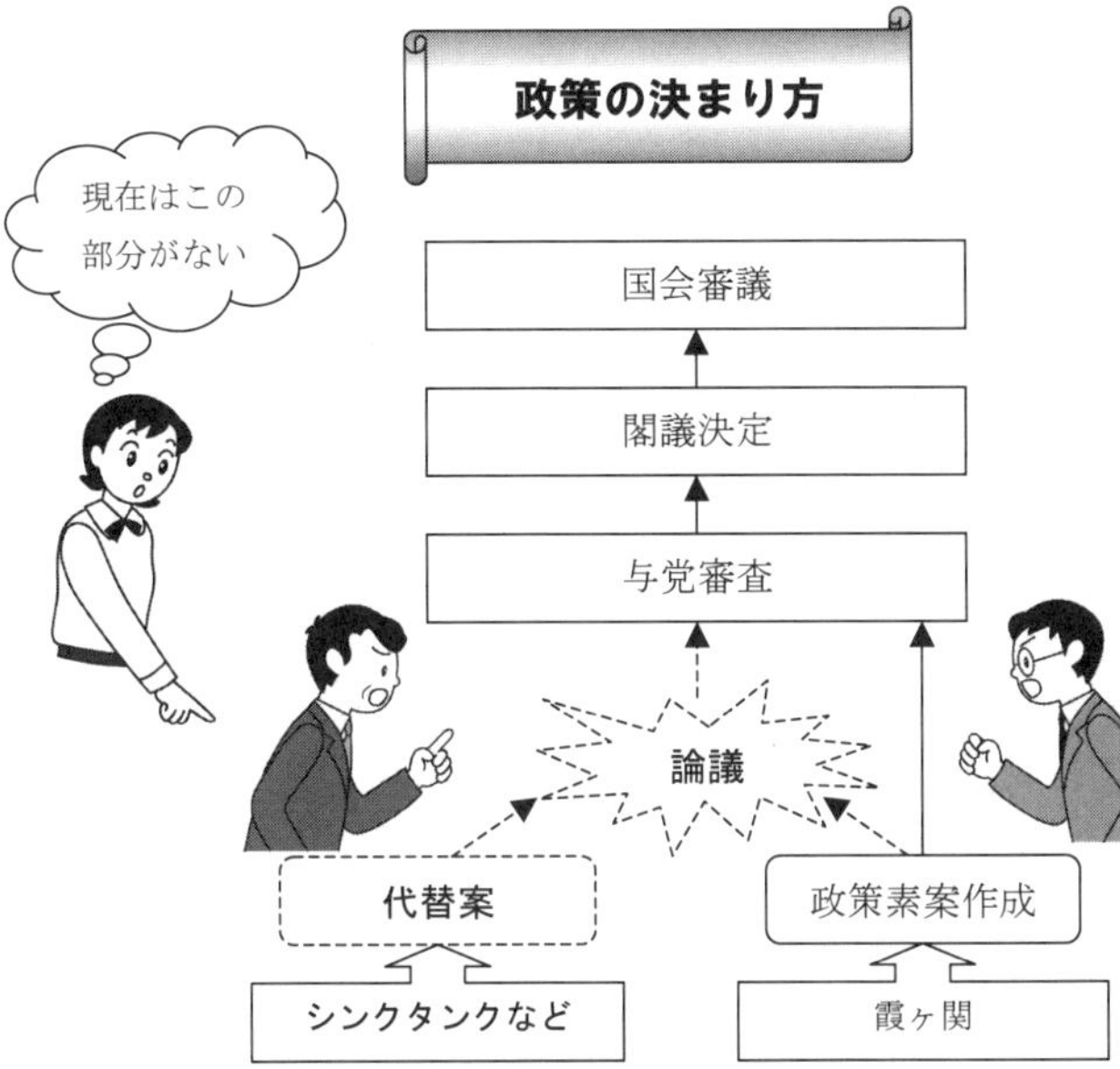
政策の決まり方
現在はこの部分がない
国会審議
閣議決定
与党審査
論議
代替案
政策素案作成
シンクタンクなど
霞ヶ関

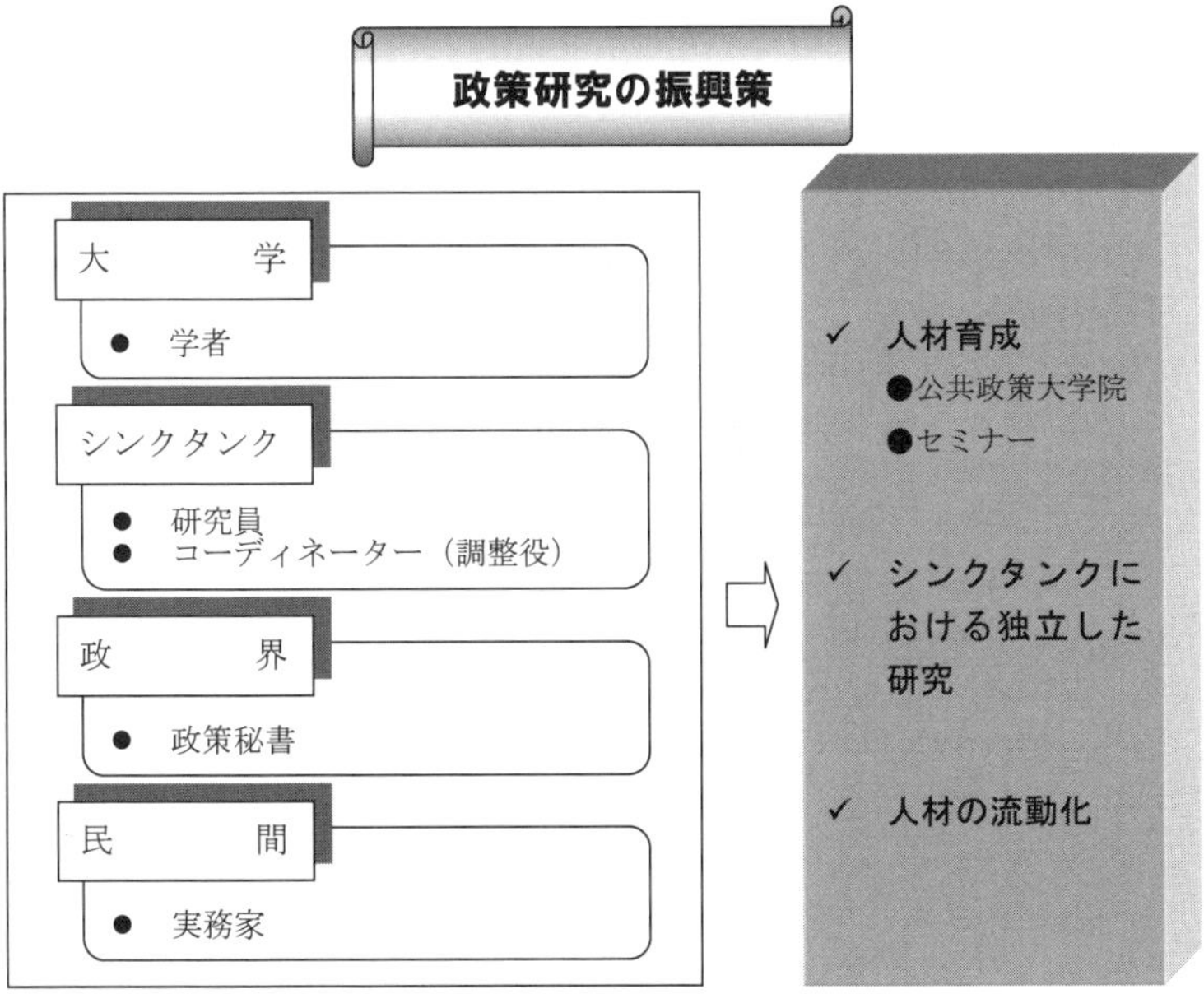
政策研究の振興策
大　学
● 学者
シンクタンク
● 研究員
● コーディネーター（調整役）
政　界
● 政策秘書
民　間
● 実務家
✓ 人材育成
●公共政策大学院
●セミナー
✓ シンクタンクにおける独立した研究
✓ 人材の流動化

## 20 「政策産業」に期待する

国や自治体の政策は、最も典型的な「公共財」。優れた政策をつくるには、政策評価を含めた十分な研究が必要だ。ただ、この作業は政府が独占すべきものではない。では誰がどう進めるべきか。

### 政府の評価担当部局の役割

政策評価において何を問うべきかを決めるのは、国では各省庁の評価担当部局の仕事だ。政策評価が成功するかはまさにこの「問い」のつくり方、建て方にかかっている。現在の政策と行政の働き、予算を明らかにし、問題の所在と問うべき課題をはっきりさせ、「評価事業」として位置づける。

政策評価には、どんな場合にも当てはまる基準や手法はない。予算をつくるとき、どの政策を優先させるべきかの判断に役立つ情報が得られたら、成果があったといえる。省庁内にありながら、評価担当部局は、幅広い政策領域の中での優先度を判断する力と、強い独立性を保たなければならない。

### 評価を受注する「政策産業」

政府の外にも政策評価の仕事を受注する組織が求められる。特に政府から独立し、営利を目的としないシンクタンクの存在が重要だ。非営利部門は、単に政府や市場がうまくできないことを補うだけでなく、さらに積極的に「公共ビジネス部門」として政策評価という「公共財」の生産を担う。

政策評価事業が政府の外に出回ることで、「政策産業」が生まれる。この「産業」では、政策研究者や分析者、研究経営者などさまざまな知的な専門家が雇われる。情報技術や統計に携わる人たちも欠かせない。

米国では、このような形で、営利・非営利あわせて強力な民間の政策評価組織が生まれている。数多くの中小民間シンクタンクが政策評価の受注を競っている。日本もこの経験に学び、政策産業を二一世紀の中枢産業としたい。

➡上野真城子「政策研究―コーディネーションとマネジメント」

**政策評価を21世紀の中枢産業に**

【省庁内】

何を政策評価プロジェクトで問うか？ ⇨ 評価担当部局の中心的役割

・担当政策を選択評価
・担当政策領域内の優先性を示す判断力
・強固な独立性

↓

【政策産業】

数多くの中小シンクタンクが競い合いながらプロジェクトを受注

多様な知的労働と専門家の雇用を創出

・政策研究者
・政策アナリスト
・研究経営者

## 21 「知」のネットワーク運営八つのカギ

知識を生み出すシンクタンク。そのシンクタンクも、ネットワークで互いの強みを生かしあう時代だ。

ネットワークを組めば、新しいアイデアをすばやく伝えあい、政策に関する分析やコメントを交換できる。幅広い専門知識を吸収することで、自らが行う研究の質を高めることにつながる。

### ネットワークの三つの型

世界で急増中のシンクタンク・ネットワークは四つの基準（主な目的、参加の動機、参加の条件、結束力の度合い）で三種類に分けられる。

参加を制限しないのが①「開放型」。柔軟だが結束力が弱い。参加を限定したしくみでは、政府などからの財源中心で動く②「公的支援型」と、一つのシンクタンクが中核となる③「単独組織主導型」が典型的。どちらも結束力が強いが、後者は基盤が不安定になりやすい。

### 運営成功への課題

運営には、次のような課題がある。

① 立ち上げと運営——ネットワークのビジョンの明確化など。

② 十分な協議と目標達成のバランス——協議の長期化で「単なるおしゃべりの場」に陥らないよう。

③ 十分な資金の確保——資金の出し手が納得できる活動内容の説明を。

④ 組織の非公式性の維持——堅苦しい手続きや上下関係はナシ。

⑤ 参加機関の選抜——ネットワーク活動への貢献度も一つの目安。

⑥ 現状に適した議題《アジェンダ》設定——行動計画は定期的につくろう。

⑦ 活動参加への動機づけ——ホームページの内容と使いやすさが鍵。

⑧ 結束の強化——シンポジウムや共同研究など。

特に注意すべきは、ネットワークの会員と資金の出し手の間で、動機にずれが生じやすいこと。この点に目配りし均衡を保てば、成功への道が開ける。

分権時代の日本では地方シンクタンク（⇩70頁）が注目株。ネットワークで実力アップが期待される。

↓レイモンド・ストライク「国境を超えたシンクタンク・ネットワーク」

## 運営成功への８つのカギ

| 管理上の課題（＝カギ） | 該当するネットワークのタイプ |
|---|---|
| 1. ネットワークの立ち上げと運営 | ・・・・・①②③ |
| 2. 十分な協議とネットワークの目標達成のバランス | ・・・・・①②③ |
| 3. ネットワーク活動に対する十分な資金の確保 | ・・・・・①②③ |
| 4.「組織としての非公式性」を保つ | ・・・・・①②③ |
| 5. 参加機関の選抜 | ・・・・・②③ |
| 6. 現状に適したアジェンダ設定 | ・・・・・②③ |
| 7. 活動参加に対する動機付け | ・・・・・①②③ |
| 知識の共有 | ・・・・・①②③ |
| セミナーの開催 | ・・・・・②③ |
| プロジェクトの実施 | ・・・・・③ |
| 8. ネットワークの結束の強化 | ・・・・・①②③ |

ネットワークのタイプ：①開放型(参加制限なし)、②公的支援型（メンバー限定、公的財源が主）、
③単独組織主導型(メンバー限定、単独シンクタンク主導)

## バランスも大切に

# 4　地方政府を立て直す

## 22 ニュー・パブリック・マネジメントは役に立つ？

ニュー・パブリック・マネジメント（NPM）とは、簡単にいえば民間のやり方を国や自治体の運営に取り入れること。具体的には、行政評価、企業会計的手法、PFI、民営化、顧客志向の実践などがある。

これらはどの程度行われ、役に立っているのだろうか。

### 意識改革のための行政評価？

市区レベルの自治体に対するアンケート調査※（二〇〇一年一一月）によると、行政評価、企業会計的手法については、四割近い自治体が「導入済み」か「試行中」としており、かなりの程度浸透してきた。ただし、民営化は二割強、顧客志向の実践、PFIは一割に満たない。

それでは、NPMの実際の効果はどうか。導入している自治体が非常に少ないPFIを除いた四つの手法について見てみよう。

ここで意外なのは、行政評価。行政評価の目的は、通常、「行政運営の効率化」や「アカウンタビリティ」（説明責任）が重要と思われるところが実際には、「職員の意識改革」が最も多い結果になっている。このことから、何を改革しようとしているのか、目的意識が必ずしもはっきりしていないことが懸念される。

これに対し、企業会計的手法、民営化、顧客志向の実践については、予想どおりの結果となった。

### ノウハウ習熟へ向け交流を

次に、NPMの効果が上がらない理由、効果を阻む理由を調べた。それによれば、行政評価、企業会計的手法、顧客志向の実践いずれも「手法・制度の未完成・未成熟」という回答が最も多かった。

今後、NPMが成果を生むためには、使い方のノウハウを学ぶことが鍵となる。こうしたノウハウの交換・交流は、たとえばアメリカでは、学会や自治体間で盛んに行われている。日本でも一部で取組みが見られるが、さらに関係者の知的なつながりを深めていく必要がある。

※NIRAにより、六七一市・東京二三区を含む六九四の自治体に対して行われた。

🡇NIRA『NPM（ニュー・パブリック・マネジメント）手法の地方自治体への導入』

## NPM導入の実際の効果

NPM 手法の導入による効果の具体的内容（上位３つ）

| | 1 位 | 2 位 | 3 位 |
|---|---|---|---|
| 行政評価 | 職員の意識改革<br>35.3% | 行政運営の効率化<br>16.7% | アカウンタビリティ<br>7.8% |
| 企業会計的手法 | アカウンタビリティ<br>40.2% | 行政運営の効率化<br>13.4% | 職員の意識改革<br>8.2% |
| 民営化 | 行政運営の効率化<br>83.6% | 予算圧縮、財政再建<br>45.9% | 住民サービス向上<br>27.9% |
| 顧客志向の実践 | 住民サービス向上<br>50.0% | 職員の意識改革<br>33.3% | 顧客志向への転換<br>16.7% |

（備考）選択肢から２つ以内を選んだ結果である。



## 効果が上がらない理由等

NPM 手法の導入による効果が上がらない理由等（上位３つ）

| | 1 位 | 2 位 | 3 位 |
|---|---|---|---|
| 行政評価 | 手法・制度の未完成・未成熟<br>41.2% | 政策形成や予算等との連携不足<br>24.5% | 職員の反対や理解不足<br>17.6% |
| 企業会計的手法 | 手法・制度の未完成・未成熟<br>69.1% | その他<br>10.3% | 政策形成や予算等との連携不足<br>9.3% |
| 民営化 | 特になし<br>24.6% | 職員の反対や理解不足<br>16.4% | 住民の理解・協力の不足<br>6.6% |
| 顧客志向の実践 | 手法・制度の未完成・未成熟<br>38.9% | 職員の反対や理解不足<br>27.8% | その他<br>11.1% |

（備考）選択肢から２つ以内を選んだ結果である。

## 23 成功例から学ぶ自治体の業務改善

政府は、民間と違い競争原理が働かず、毎年同じ業務を繰り返すパターンに陥ることは否めない。

しかし、地方自治体には国内の他の自治体から学ぶという方法がある。いわゆるベンチマーキングだ。

事業のコストや成果を比べれば、自らの置かれた状況を客観的につかみ、問題点を明らかにする糸口ができる。手本となる自治体を選ぶことで、目標を簡単に定められる。

### 比較のための三条件

しかし、実際には、多くの自治体はベンチマーキングに関心はあっても、導入できていない。また、独自の方法でコストや成果を数字にしたとしても、他の自治体から学ぶのは難しい。自治体がベンチマーキングに取り組み、他の自治体と比べる土台をつくるには、少なくとも①サービスの規格・定義、②指標（結果・成果・コスト）、③会計基準の三つの要件を満たさねばならない。

### NIRA型ベンチマーク・モデル

そこで、比較基準の統一を試みたのが、NIRA型ベンチマーク・モデル。このモデルでは基本政策―政策―施策―事務・事業という行政体系を考え、事務・事業レベルに注目する。業績測定の基本となる事務・事業ごとに、適切と思われる四つの指標、すなわち基本指標・結果指標・成果指標・コスト指標を計算する。

たとえば、救急搬送サービス事業では、基本指標は一消防署あたり市域面積、成果指標は救急車平均到達時間、コスト指標は市民一人あたりコストとした。こうした指標がわかれば、救急車の到達時間を短縮するのに何分くらいを目標とすべきか、あるいは、コストをあと何円下げるよう努力すべきか、といった議論が進めやすい。

このベンチマーク・モデルはまだ改良の余地も多いが、普及を急ぐ必要がある。また、モデルに沿ってデータを持ち寄り、自治体どうしで情報交換を行える場もほしい。

➔NIRA『ベンチマーキング手法の地方自治体への導入』

## 評価対象のレベル

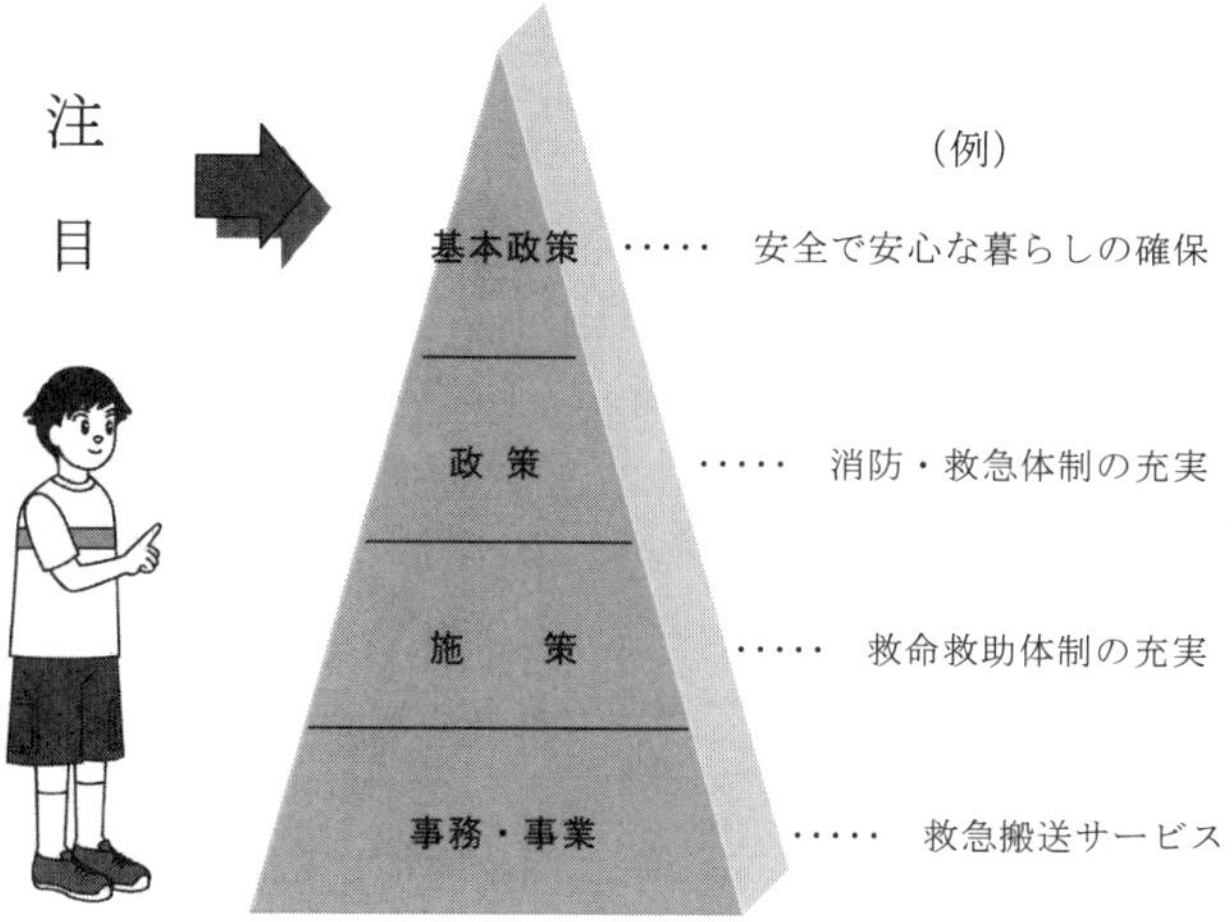


## NIRA型ベンチマーク・モデル

「救急搬送サービス」の場合

| | 基本指標 | 結果指標 | 成果指標 | コスト指標 |
|---|---|---|---|---|
| | 一署あたり市域面積 ($km^2$) | 人口千人あたり年間救急車出動回数 (回) | 救急車平均到達時間 (分) | 市民一人あたりコスト (円) |
| A市 | 150 | 32 | 6.5 | 2,100 |
| B市 | 10 | 42 | 4.3 | 1,500 |
| C市 | 100 | 20 | 5.5 | 2,800 |

## 24 行政コストはこうして比べよう

自治体が優れた行政運営の方法をお互いに学ぶ（ベンチマーキング⇩54頁）にあたって、最も重要な資料の一つが事務・事業にかかったコスト。ただ、予算書の数字は、必ずしも真のコストを反映していない。

そこで、数字の修正が必要となるが、これが面倒だ。特に中小の自治体にとっては、作業負担が重くのしかかる。

**コスト算定の考え方**

第一に、予算上の「歳出」を実際に使われた「行政資源」のコストに直す必要がある。たとえば、設備を使う事業では、予算書にはない減価償却費を加える。こうして出てくる数字が「発生主義コスト」だ。

公営住宅事業の場合、土地や建物がコストの中心。だが、予算上の「歳出」は、実際に現金を支払った年度にしか計上されない。そこで、これらの「資本コスト」を加えた「フルコスト」という見方も役に立つ。

第二に、予算書では、人件費や情報処理費などは個別の事業費とは別に計上されている。何人の職員がどんな事業に携わっているかを調べ、それをもとに人件費を割り振らなければならない。

**簡便な方法を見つけよう**

では、すべての事業でこの作業が必要かといえば、そうではない。

学校給食やゴミ収集では、人件費や物件費がコストの大部分を占め、歳出コストと発生主義コストの差は小さい。よって、これらの分野では、時間と労力をかけて発生主義コストを計算せずとも、歳出コストの数値で十分といえる。

ところが、公営住宅では、資本的支出の割合が圧倒的で、歳出コストを比べるだけでは不十分だ。他方、フルコストで見ると人件費の比率はわずかであり、その精緻な割り振りは不要だ。

このように、簡便で効果的な方法を工夫しつつ、コストを比べてみてはどうだろう。

⬇神戸都市問題研究所「目標管理型コスト分析に基づく行政経営の戦略的ガイドライン創出」

## 比較に必要なコスト

**●小学校給食事業　（一食あたりコスト）**

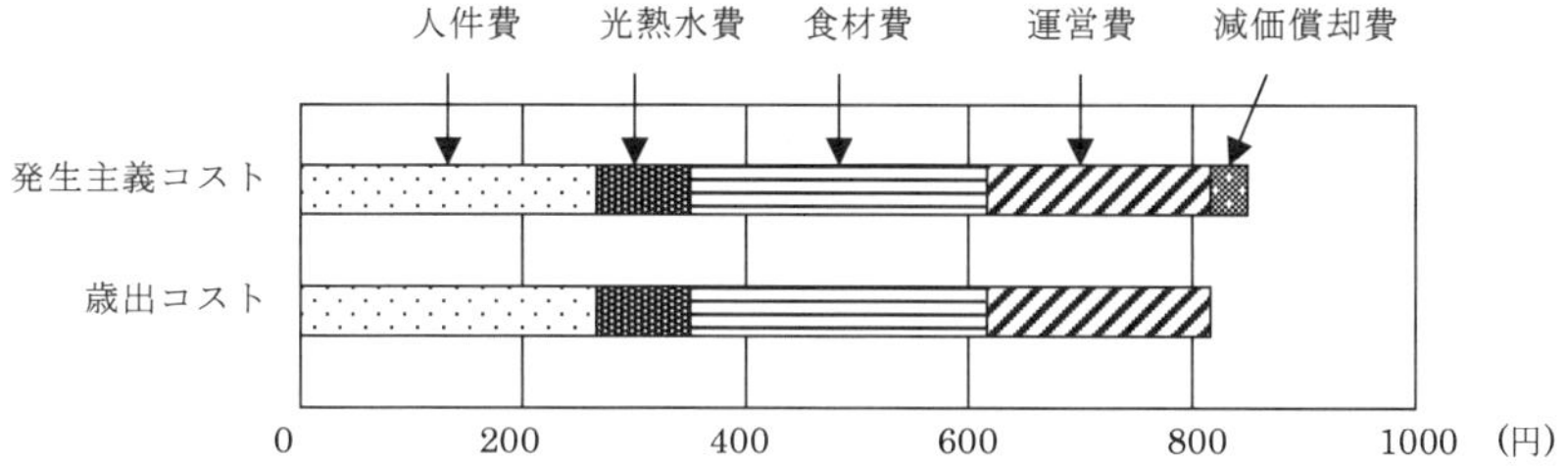


**●家庭系ごみ収集・運搬事業**

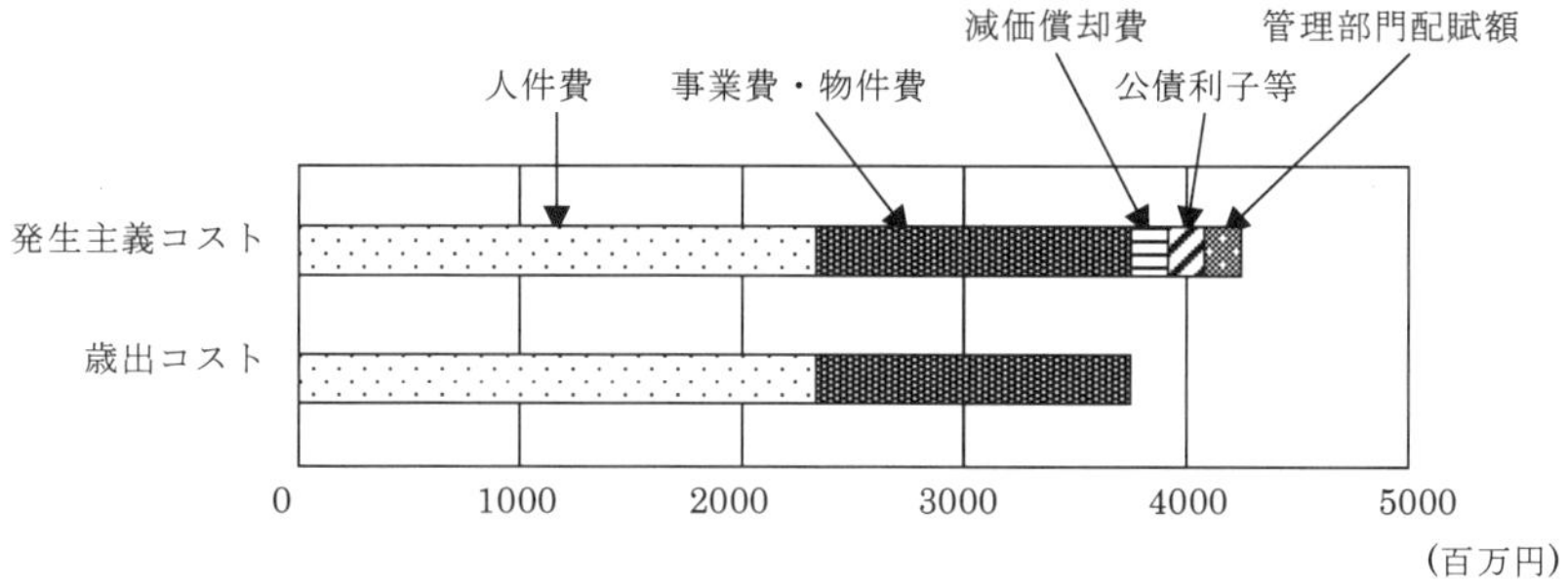


**●公営住宅事業**

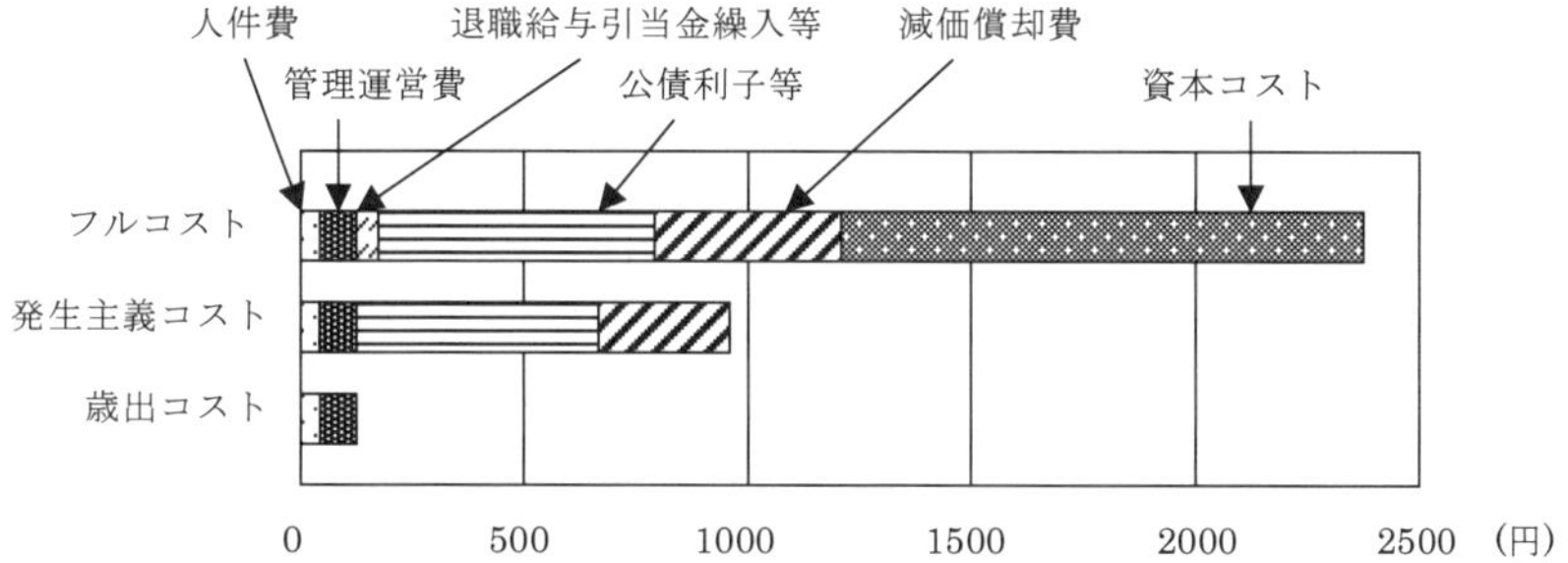


（備考）神戸都市問題研究所の図表をもとに作成。

## 25　ＰＦＩ先進国に学ぶ自治体支援のしくみ

ＰＦＩは、公共事業の分野で民間のお金や経営力を生かし、ムダをなくそうと鳴り物入りで登場した。だが、ＰＦＩ法施行から三年を経てもまだまだ動きが鈍い。実績がほとんど見られない分野も少なくない。

その背景には制度上の問題もあるが、公共事業の多くを担う地方自治体に必要なノウハウがない面もある。特に、中小規模の自治体では、担当者が少なくＰＦＩに関する情報も不足しがちだ。

ではどうすべきか。ＰＦＩ先進国の英国にヒントを求めよう。英国では、地方でのＰＦＩの取組みを助ける「４P's」という組織がある。

### 英国の４P's

４P's（パブリック・プライベート・パートナーシップ・プログラム）は、地方政府のＰＦＩを助け、中央政府に働きかけて資金面の支援を引き出すため、地方政府協会によってつくられた。

４P'sの特徴は、地方政府の立場で交渉する行動力にある。案件を直接大蔵省に持ち込み、ＰＦＩ補助金の話をまとめたりする。もちろん、情報提供の役割も負う。通常の範囲内の相談は原則無料で受ける。講義やセミナーは有料だ。

最近では、ＰＦＩ案件が複雑化したので、新たな仕事も出てきた。第一は、複数の自治体に関わるプロジェクトの調整。公営住宅の広域連携が実現した。第二は、契約書類などの標準化。これで、地方政府はプロジェクトを早く進められる。

### 日本も４P'sに学べ

日本にも、自治体の手助けをするしくみがないわけではない。地域総合整備財団が「自治体ＰＦＩセンター」を置き、研修会やアドバイザーの派遣などを行っている。ただ、それで不十分なことはプロジェクトの実績が物語っている。

英国の４P'sのようにＰＦＩを助ける働きを強め、契約書類のひな型をつくるほか、プロジェクト・ファイナンスなどのノウハウを伝えていくことが重要だ。

🅅ＮＩＲＡ『ＮＰＭ（ニュー・パブリック・マネジメント）手法の地方自治体への導入』

## 日本のＰＦＩの状況

・自治体向けの助言機能が弱い。
・特に中小規模の自治体では、担当者配置体制やＰＦＩ関連の知識・情報の入手が必ずしも十分でない

ＰＦＩによる整備の動きが見られない公共施設も少なくない。

## 英国の4P'sとは？

4P's

基本的な役割
・　交渉～地方政府の立場で国と折衝
・　相談や助言～通常の範囲内の相談は原則無料
・　研修～講義やセミナーは有料

新たな役割
・複数の地方政府にまたがるプロジェクトを調整
・地方政府のための契約書類等を標準化

日本も学べ

・日本でも、ＰＦＩ支援機能の拡充
・契約書類等のひな型の整備・標準化等のノウハウの提供

## 26　地方自治体の財務に民間のノウハウを

地方の借金である地方債の残高は一三〇兆円に達する。だが多くの自治体にとって、この巨額の借金の意味を真に経営の観点で理解するのはこれからの課題だ。

### 地方自治体の巨大な借金残高

一方、地方行財政を取り巻く枠組みは確実に変わってきた。この新しい変化は、市場化の波と合流し遠からず大きな潮流になる。

たとえば、自治体が地方債を発行するには国の許可が必要。この制度は、地方債の信用力が国と同じであるという「全面的信用補完」の根拠となってきた。二〇〇六年から許可が不要となるが、これは自治体護送船団が解かれ、本来の自律的な分権の始まりを意味する。

市場は、こうした流れを先取りする。すでに地方債には信用力の差が映し出され、「自治体ビッグバン」は現実のものとなっている。

### ヒントは民間企業に聞け

自治体は、今後三年間で財政規律を回復し、市場原理に対応するという難しい課題に迫られている。その上で、主体的に経営・財務管理ができる体制をつくる必要がある。国から税源が移されれば問題は解決、とはいかない。

では、自治体はどうこれに立ち向かうべきか。一つの答は、企業会計的手法や政策評価などのNPM（ニュー・パブリック・マネジメント）。自治体の多くは、総務省の指針の下、複式簿記に取り組んでいる。まずは自らの姿を鏡に映すことだ。進んだ自治体は行政をサービス業としてとらえ、品質管理の考え方を取り入れムダを省くよう努めている。

自治体が自らの責任で市場から資金を調達・運用すること、さらにそのための投資家向け広報活動（IR）もこれから始まる。自治体は、初めてのことでヒントがほしいところ。だが、銀行に聞いてもわからないだろう。それは、民間企業が金融資本市場で長年培《つちか》ってきた「企業財務管理」のノウハウの中にある。

➡犬飼重仁「戦略的な地方債市場改革への提言」

## 自治体の新しい財務活動とその基礎となる金融資本市場の変化

【(1) 自己責任原則の徹底】

- ■ 取引相手の金融機関、金融商品・サービスの選択肢は広がるが、様々なリスクも高まる
- ■ 金融機関情報と金融商品情報を理解することが重要となる
- ■ リスクとリターンを判断する能力が問われるようになる
- ■ より信用の高い金融機関への期待が高まる

【(2) 金融機関との従来からの取引関係の形骸化と見直し】

- ■ 縁故債の引受けなど従来型の銀行の機能が陳腐化する
- ■ 歴史的な取引関係の比重は低下し銀行序列は意味をなさなくなる

【(3) 金融資本市場の機能の発展、資金調達/運用手段の多様化の進展】

- ■ 銀行中心の護送船団方式が衰退する
- ■ ファンド/投資信託など集団投資スキームが発達する
- ■ 市場で取引される各種の債券類・証券が増加する
- ■ 証券化を利用した新商品が生まれる
- ■ ＣＰ、社債、地方債等証券類が完全に電子化される
- ■ ＣＰは当日決済、社債は翌日決済、決済期間が短縮化される
- ■ 電子ＣＰとキャッシュマネジメントの発達で日々の資金繰りが効率化
- ■ 証券と資金の決済リスクが低減される
- ■ 仲介者リスクなども厳密な管理が可能となる

【(4) 自治体が金融機関に期待する金融サービス】

- ■ ほとんどの自治体の信用力は民間金融機関より上であり、資本市場が利用できれば、単純な借り入れは意味がない
- ■ 流動性確保のための、当座貸越や、ＣＰの枠設定の提供は意味がある
- ■ キャッシュマネジメント・サービスの提供

## 27 戦略的な地方債市場改革を

二〇〇三年春、東京を除く二七の大規模自治体が、市場公募での地方債共同発行を実現した。総務省の主導で可能となったものだが、単独発行より条件が良い。法律によって共同発行の場合は各自治体が連帯して元利金の支払いの責任を負うので、リスクが小さくなるからだ。

**市場原理に基づく市場に**

地方債は、これまで地方の金融機関が縁故債（特定少数の者が買える債券）として大量に引き受けてきた。だがそれらが投売りされ、円滑な流通市場ができなくなっている。小さな自治体が多く、発行単位も小額だ。

二〇〇三年度末で一九九兆円の地方の借入のうち地方債は一三八兆円に達すると見込まれる。しかし直接市場に出された公募債は二〇兆円程度にすぎない。あとは銀行などが買った縁故債や郵貯などを原資とする政府資金が占める。

もはや縁故債や政府資金に頼るのは得策ではない。地方分権に対応するには古い制度と別れ、戦略的に資本市場の新しいインフラをつくり、市場原理に基づく地方債改革を進める必要がある。

ただ、ビジョンなく古い制度を壊せば取り返しのつかない結果を招く。市場原理を信頼し、市場との対話を通じ民間資金を広く効率的に集められるしくみを整えるべきだ。

**統合的発行スキームの構築を**

今後の資金調達は地方の責任で行うことが原則。地方債市場改革は全国三〇〇〇を超える自治体に同時にメリットが行き渡り、かつ合併にも対応できることが必要だ。

そこで、地方債の発行を、たとえば専門家が運営するブロック単位の統合財務機構に集約してはどうか。先進的な金融技術を使えば、自治体間の財政力の差を封じ込め、いろいろなリスクを減らせる。

国の保証に頼らず地方債に高い信用と流動性を与え、今回共同発行をした二七団体にとどまらず、すべての自治体が得をするアイデアだ。

🡻犬飼重仁「戦略的な地方債市場改革への提言」

## 地方債統合発行スキームの概念図

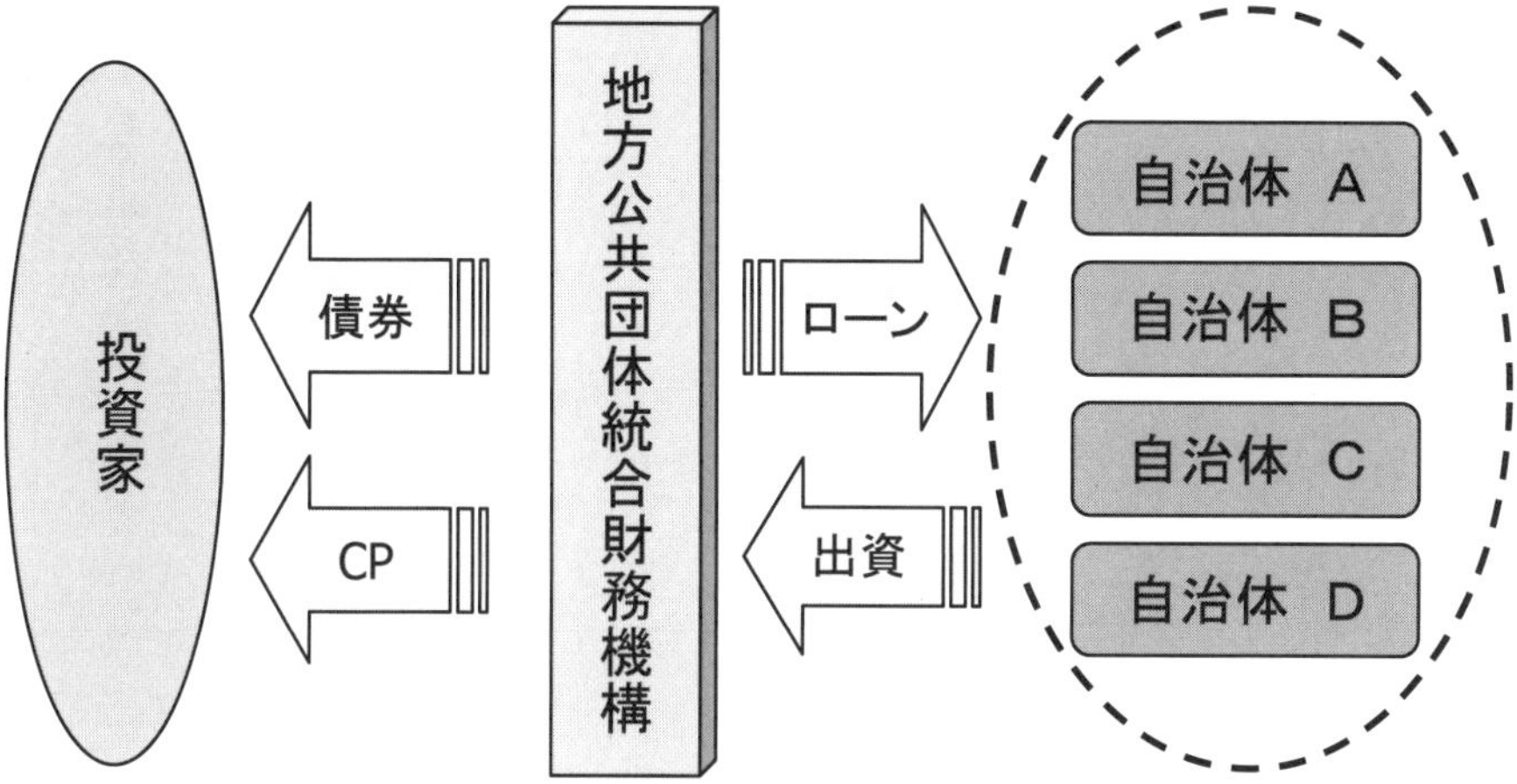


## 現在の共同発行スキームとの相違点

| | |
|---|---|
| ■ | 単純型共同発行の制約を受けずに、すべての自治体にメリットの及ぶ発行を可能とする。 |
| ■ | 規模の経済、統一化された信用力に基づく低コストでの調達を可能とする。すなわち信用力のベースとして背後に存在する地方公共団体の格付とは直接リンクしない独立した発行体による発行とすることができる。 |
| ■ | 自治体間の連帯保証と、従来からの政府による保証に依存せず、高格付の取得維持を可能とする構造を持つ。 |
| ■ | 指定金融機関のデフォルトリスク連鎖からの隔離が可能となる。すなわち地方公共団体の指定金融機関との信用連鎖に由来する信用劣化から完全に隔離される構造を持つ。 |
| ■ | 発行体として様々な調達手段（債券、ＣＰ、銀行借入など）の利用が可能となる。 |
| ■ | 資金調達にとどまらず、資金の運用を含む地方公共団体の財務マネジメントサービス提供までを視野に入れた、将来への発展性のある統合財務スキームの構築が可能となる。 |

## 28 パッケージソフトで地方行革

地方自治体のシステム調達は入札が基本。だが多くの場合、競争原理は働かない。個別注文のため適正価格の見積もりが難しく、業者に重複してお金が投下されてきた。

こうして繰り返されるソフト開発はIT企業を一時的に潤すが、長い目で見れば創造性を失わせる。自治体の効率的な運営にもつながらない。日本全体としてムダだ。

**パッケージソフトの利点**

企業が利用する統合基幹ソフトなどパッケージ型業務ソフトには、市場競争の結果、最も優れた仕事のやり方とされる「標準的業務手順」が組み込まれている。これを使えば、経営のムダを省き、組織を変えた場合にも柔軟に対応できる。

こうしたソフトを入れるには、従来の仕事のやり方をもとにつくられた大型コンピュータ中心のシステムの大部分を捨てる覚悟がいる。ソフトとハードの調達も一から見直すことになり、業者とのしがらみを乗り越えるのは簡単でない。

またパッケージソフトを入れても、過去を引きずった折衷案的な使い方により、本来得られるはずの効果が現れないことも多い。

**市町村合併も楽々**

自治体も基本は同じ。組織と仕事を抜本的に変えたいと思うなら、オープン・アーキテクチャ（開かれた設計思想）をもとに標準化されたパッケージソフトを取り入れることが必要だ。

新たなシステムを入れる際の単位あたりコストを削るには、組織と仕事の標準化、コード体系の統一も欠かせない。それが可能となれば、仕事の外部委託や市町村合併の場合にもばく大なシステム経費はいらず、保安上の問題も減る。

地図情報システムや公開入札システムで横須賀市が成功するなど、自治体で個別に優れたソフトをつくった例は多い。それらを洗練して汎用型パッケージソフトに仕立てる横断的なしくみが必要となろう。

➔ＮＩＲＡ『「信頼と自立の社会」への提言』

## ＩＴシステムの政府調達の問題点

- 一部業者による当初安値落札と、それ以降の高値随意契約の横行
- 大手業者（“IT ゼネコン”）依存による重複開発を許す構造
- 政府は“おいしいユーザー” → “ITゼネコン”の弊害の発生
  - ・ 中央官庁（府省）が約 1.1 兆円・地方公共団体が約 0.7 兆円
  - ・ IT システムに関する政府調達は、情報サービス市場全体の約 2 割
  - ・ IT 業者は、例えば政府システムを請け負うことで、自治体の関連システムや、政府とやりとりする民間企業のシステムも連動して受注できる場合が多い
- 省庁や自治体間で横の情報のつながりがない
- 中央も地方も、IT に詳しい人材がいない
  IT ソフトの価値の評価ができない
- 業者は同じシステムを、複数の部署や自治体に、同時に個別に高値で納入可能

⇩

大量のムダの発生

## 問題解決のための施策

- 大手業者への依存構造の是正
- 調達管理体制の強化
- オープンアーキテクチャーをベースとするソフト開発
- 自治体間横断的な組織と基幹業務のベストプラクティスの追及と標準化
- コード体系の統一
- 汎用型パッケージソフト開発の自治体主導による推進
- 中央政府による自治体主導汎用パッケージソフト開発・導入支援体制の整備

## 29 国連に学ぶ地域連携

市町村の連携というと、一部事務組合や広域連合のように具体的な仕事を共同で行う枠組みか、姉妹都市などの緩やかな交流が思い浮かぶ。ここでは、国連を参考にした新たな連携のあり方を紹介しよう。

### 国連と加盟国の関係

国連は独立して意思決定を行う主権国家の集まりだ。各国単独では扱いにくい問題について、加盟国から与えられた役割だけを行う。

各国は他の国々と協力する形で主権を行使する。国連は必要な協定や条約を示し、締約国にそれを守るよう義務づける。各国が自発的に約束するのは、それが自分の利益になると感じるからだ。また、国連はグローバルな問題の解決に向け、NGO、経済界、労働組合、職業団体などと定期的に協議を持っている。

### 「連携制度」の提案

この関係から市町村の間の連携を考えよう。「連携」は事業協定によって発効し、各市町村は協定内容を守る義務を負う。市町村の議会には協定を「批准」（協定に縛られるという正式の意思表示）する権利があり、その際に必要な条例を定める。

市町村は互いの自治権を尊重し、協力する形で自らの権利を行使する。さらに一定条件を満たすNPO、市民団体、経済団体、労働団体も参加できるようにしてはどうか。

市町村の独立性を重視し、一部事務組合や広域連合と違って、新たな組織や管理者、議会は設けない。

### さらに「都市圏」へ

この「連携制度」をさらに進めると行き着くのが「都市圏」。住民が日々の生活で動く範囲をもとにして地域を定め、地方分権と地域づくりの統合的な主体をめざす。「連携」をこうした「都市圏」とするには、少なくとも特例市（人口二〇万以上）に準じた大きさと権限が必要だ。合併や広域連合がなかなか進まない中で、より緩やかな枠組みとしての「連携制度」の意義は大きい。

🅥（特非）ＮＰＯぐんま「自治体「外交」としての地域連携―制度定着のためのシステム設計」

## 国連にみる連携

## 国連を参考にした地域連携

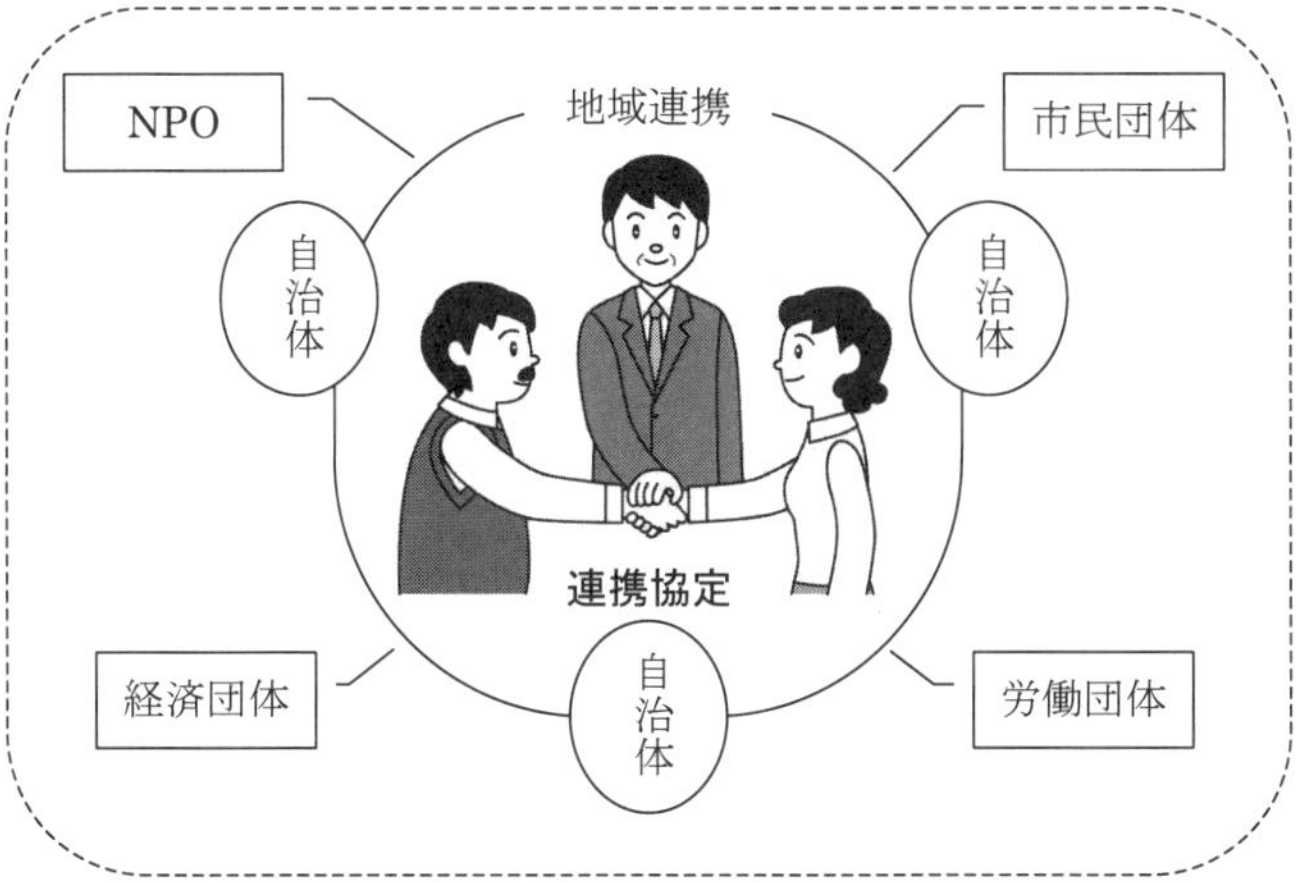

## 30 地方分権時代の協働条例

地方分権の流れの中で、県と市町村は形の上では対等な関係になった。県条例にあった「市町村の責務規定」は、地方分権一括法により削られるか、改められた。県条例が市町村についてあれこれ定めるのは問題があるということだ。

だが、そもそも、一つの権限につき「県か市町村か」という考えは絶対的だろうか。「一権限・一行政庁」の発想を見直すべきではないか。

### 「一権限・一行政庁」を見直せ

自治体行政への新たな提案として考えられるのが、一権限を市町村と県が協働して行使するしくみ。

たとえば、現在の県の環境影響評価条例では市町村長の意見を聞くことになっているが、手続きを進めるのはもっぱら県。審議会も県に置かれる。だが、県条例の対象となる規模の事業は、市町村にはもっと大きな影響を及ぼすはず。そこで、県の審議会が審査を行う際に、市町村の環境関係の計画を踏まえるように義務づけることが考えられる。

こうした県と市町村の協力関係を条例に書くにあたっては、工夫が必要だ。両者が対等なことを前提にすると、「条約」のようなものを結ぶのが自然。それに基づいて、県条例の中に市町村が条例で定める手続きなどをはめ込めばよい。

### 「政策法務」の重要性

地方分権は、地域の実情に合った行政を進める機会を広げる。問題は、自治体側が古いやり方にとらわれず、庁内外の「トラブル」を乗り越える気概と能力を持つかだ。

そこで注目されるのが、望ましい政策を行うために条例を作り、法令を使いこなしていく「政策法務」。だがこれは自治体にとって未知の分野ゆえ、研究者や他の自治体との議論が欠かせない。

地方自治法に定められた新たなルールを背景に、いかに地域の特性に合った政策を実現できるかは、「政策法務」に関わる基礎的な研究が十分かどうかにかかっている。

🡇北村喜宣「地方分権時代におけるまちづくり条例」

## 権限の協働行使の発想

地方分権一括法

県 ＝ 市町村

対等な関係

⇩

「市町村の責務規定」の改廃＝県条例の中で市町村について規定しない考え方

⇧

**「県か市町村か」という考え方を見直すべきでは？**

協働で行ってこそうまくいく！

⇩

「一権限・一政庁」から市町村と県による**「一権限の協働行使」**のしくみへ

## 欠かせない「政策法務」研究

【協働条例の発想】

（例）県の環境影響評価条例

[現状]
- 市町村の意見聴取
- 手続き実施は県
- 審議会も県に設置

⇨

[協働の発想]
- 審議会審査時に市町村の環境計画順守の義務付け

⇩

条例に県と市町村の協力関係を書くには工夫が必要

受身の姿勢で捉えるのではなく、積極的に！

⇧

政策実現のため、条例を作り法律を使いこなす
**「政策法務」研究**の充実を

## 休憩室　地方の時代の「知」を担う

分権の時代に「知」の担い手として期待されるのが，地域を対象とした研究を行う「地方シンクタンク」です。地方シンクタンクは公益法人あり，株式会社あり，また，母体も自治体，銀行や電力会社などの地元企業とさまざまです。全国約120のこうした団体は，交流を進めるために地方シンクタンク協議会（代表幹事・金井萬造㈱地域計画建築研究所代表取締役社長）をつくっています。

☆☆☆

地方分権が進むと，地域が独自に政策を考えていかなければなりません。そのためには，それぞれの地域でシンクタンクを立ち上げ，さらにその中身をしっかりしたものにする必要があります。「構造改革特区」が設けられたことは，これに拍車をかけることになりました。

最近では，「改革派」とされる知事や市長を中心に，国では思いつかなかったような新たな発想で住民の要望に応えようとする動きがあります。ただ，こうした動きは，ともすれば指導者による上からの改革になりやすいともいえます。

いろいろなニーズを持つ住民がいる現在，知事や市長の想いの枠外にも宝の山があるはずです。地方シンクタンクがそうした知恵を出すことで，より望ましい政策へ向けた議論が始まるのではないでしょうか。

☆☆☆

ところで，地域を対象とした研究をしていても，その影響は地域だけにとどまらない可能性があります。同じような題材を追っている多くの地方シンクタンクが手をつなぐことで，その分野における国の政策のあり方を方向づけることもあるでしょう。地域による差がどうして生じているかを考えることで，いろいろな場合に役立つ一般的な処方せんが見つかるかも知れません。

➔ http://www.nira.go.jp/newsj/arikata/3/3_shiryou 3.pdf
及び http://www.nira.go.jp/newsj/arikata/4/4_shiryou 1.pdf

# 第II章

# わが国経済社会の持続可能な発展

あらゆる政策において、今ほど「持続可能性」という考え方が求められる時代はない。世界的な環境の制約はいうまでもないが、それだけではない。経済や社会のしくみがこのままでは、誰もが安心して暮らすことができない事態に陥っている。将来を見据えず、その場しのぎの手を打ち続けるのは避けたい。

その代表が日本経済。**グローバル経済を生き抜く**鍵は、金融市場やＩＴなどのしっかりしたインフラを備えることにある。不況の原因を中国に押し付けるようでは先へ進めない。これと表裏の関係にあるのが、**少子高齢化に立ち向かう**ための処方せんである。公的年金など国がやることも多いが、地域でどれだけ知恵が出せるかが重要である。

環境、エネルギー、食料などの**資源を上手に使う**にも、身近なところで工夫をする必要がある。もちろん、国境を越えて取り組むべき課題も多い。複雑になった社会で、万全のしくみをつくっておくべき分野もある。一つは、テロや地震など**リスクに備える**ことである。また、進歩する**科学技術と向きあう**ため、新たな社会のあり方を考える必要もあろう。

# 1　グローバル経済を生き抜く

## 31　サッカーに学ぶ日本再生の要件

経済社会の再生へ向けさまざまな提言が出ているが、実現にはなかなか至らない。情報の受け手の個々人も新しい時代の基礎とすべき本質的な価値の見極めがつかず、日本を根本から変えることにつながる太い流れはまだ現れない。

**安心保障型社会を見直せ**

日本社会のしくみは古くなり、このままではうまく働かない。「安心保障型の社会の枠組み」や「コンセンサス重視と事前調整型の経営意思決定手法」は見直すべきだ。

しかし、現実には、依然として上意下達、縦割りでしか物事が進まない。個々人が持ち場でがんばった結果、全体としては失敗するという罠に陥っている。

新しい日本に似合う姿は、一言でいうと「レベルの高いサッカー型ゲームに強い社会」。攻めと守りが順序良く入れ替わり監督の指示で直接動く野球と違い、サッカーはいつどこから球がくるか分からない。選手個人の技と速さと体力、瞬間の情報交換がものをいう。

監督の選手配置とチーム育成の戦略と指導力、明確なルール、A級審判員《レフェリー》、競技場にあたるソフトインフラ。これらが揃うことが、新しい日本の担い手がサッカー型ゲームを勝ち抜くための要件だ。

**変化への対応力の高い社会へ**

サッカーチームは一人一人の自己責任による情報交換に基づく水平的な組織。それをモデルとした社会は、各チームに知恵が蓄えられ、持久力と瞬発力を兼ね備えた「変化への対応力の高い社会」だ。真の実力と専門性を備えたチームが現れれば、社会の革新が続くだろう。

政府はサッカー型ゲームを戦える経済社会をめざし、①裁量行政から統合された市場ルールづくりへ、②業界をとりまとめ、管理する役から市場のA級審判員《レフェリー》へ、③縦割り行政から横断的なソフトインフラづくりへ、と思い切って変わってほしい。

↓NIRA『「信頼と自立の社会」への提言』

## 日本経済社会のイノベーションに必要な６つの要素

| サッカー | 日本の経済社会の要素 |
|---|---|
| 1. ルール | 法制度とルール（ソフトインフラ） |
| 2. レフェリー | 政府・規制組織（ソフトインフラ） |
| 3. 監督 | 会社や国のリーダー |
| 4. 競技場などのインフラ | 市場インフラ（ソフトインフラ） |
| 5. 選手 | 企業者・勤労者（社会の主体） |
| 6. 応援団と観客 | 国民全員 |

## サッカー型ゲームの要素に対応する日本経済社会の問題点

| サッカーの要素 | 日本の経済社会の問題 |
|---|---|
| 1. 共通のルール | 行政指導、業界慣行 |
| 2. フェアなA級レフェリー | 官庁・業界団体組織 |
| 3. リーダーたる監督 | 業界団体ボスと社長 |
| 4. 設備の完備した競技場と関連インフラ | 縦割りの閉じた取引，取引慣行と取引所など |
| 5. プロの選手などのチームメンバー | 業界団体、業者など |
| 6. 応援団と観客 | （安心保障型の）顧客 |

## 32　アジア諸国とつくる債券市場インフラ

二〇〇三年一月、塩川財務相はマレーシアのマハティール首相とアジア地域の債券市場を育てることが重要であり、今後「ASEAN＋3（日中韓）」の議題として考えていくことで合意した。

こうしたなか、各国とも成長する公的年金のお金の投資先として、自国通貨建て債券市場を育てることを国家的目標に掲げている。どの国も物価の安定やデフレで金利は低く、株式市場が不振なことからも、必要に迫られている。

### 日本への期待

ASEAN各国は地域の債券市場づくりに関し、日本が指導力を示すことに期待している。日本の市場は国債が圧倒的に多く、民間債・地方債などの割合は小さいが、そのことを割り引いても他のアジア諸国と比べはるかに大きいからだ。韓国はそこそこだが、それ以外の国では、国債を含めても小規模だ。

### アジア金融危機に学ぶ

これらの国々は一九九七～九八年のアジア金融危機の洗礼を受けた。以来、国の指導者や当局の若い担当者の自発的な志と情熱のもと、大胆かつすばやく市場を支えるインフラの改革を進めてきた。

その結果、韓国、香港、シンガポール、マレーシアなどは、小さな市場だが、先進的なしくみを統一的に整えた。債券を発行する者の負担が少なく機動的な開示制度や、リスクから守られた債券決済システム、簡素で利用者本位の税制などだ。

### 「井の中の蛙」から脱却を

これらアジアの国々は、なんともうらやましい。われわれは現状を反省し、速やかにアジアに学ぶ姿勢を持つべきだ。

日本は、使い勝手がよく、開かれた債券市場をつくり、アジアの中核市場の役割を担うことが求められている。そうすることで、アジア地域が全体として発展を続けていくための基礎ができるだろう。

➔犬飼重仁「アジアに学ぶわが国「債券市場のインフラ」構築」

# アジアに学ぶ日本の債券資本市場　改革への提言

1. 債券発行にかかる法制度改革への提言

　a．発行申請手続き・開示書類の簡素化および申請書類の電子化

　b．開示要件の適用除外範囲拡大・適格投資家の範囲拡大

　c．発行停止期間にかかる規制の廃止

　d．利子源泉徴収等税制の改正

　e．非居住者等に関する各種報告義務の緩和

2. 債券決済システム改革への提言

　a．ペーパーレス社債振替システムの早期実現

　b．商品横断で整合的な口座管理体系の設計

　c．事務効率化のためのカストディ（証券預託関連）サービス提供

　d．アジア中核市場としての取組強化

## 33 金融資本市場の電子化を加速せよ

市場・通貨統合が進む欧州では、証券の「完全無券面化」が金融資本市場の新たな合言葉。だが日本では券面不要の証券決済制度や税制、金融慣行など市場の基盤が十分整ったとはいいがたい。

### 諸外国の経験に学べ

米国では、一九七〇年代から企業が商業銀行から離れ始め、その後は伝統的銀行業の衰退が目立ってきた。

これらと表裏一体で成長したのがＣＰ（コマーシャルペーパー、企業が短期の資金調達をするために振り出す手形）市場。さらに九〇年代初頭のＣＰ無券面化をきっかけに、数々の革新が生まれ、米国のＣＰ市場は飛躍的に伸びた。

欧州でも動きは激しい。ある米系企業は、数年前にパリに財務統括センターを置いた。無券面化した「フレンチＣＰ」を使いこなしお金を集め、ムダのない財務を行っている。

フランスでは証券決済機構と中央銀行が二人三脚で、最終的なお金の受け渡しまで組み込んだ当日決済の電子ＣＰ・ＣＤ（譲渡性預金）市場を立ち上げた。

英シティーのオハコである「ユーロＣＰ」も押され気味。だが、英国でも、ポンド建てＣＰを含む短期金融商品にフランスと同じような商品性をつける新システムと法規制をつくっている。

### インフラとしての電子化

ＣＰに始まった電子化は社債から株式へと広がり、すべての市場参加者に大きなメリットをもたらす。企業も財務のムダを省き、取引の単位あたりコストを減らせ、証券の安全性を高めることができる。これこそ二一世紀にふさわしい金融資本市場のインフラだ。

現在、世界中でどの「制度」が優れ、生き残れるかを巡る国家間や地域グループ間の激しい競争が起こっている。日本とアジアも最先端のルールとシステムをとり入れ、得意の技術で欧米に追いつき追い越そう。

↓犬飼重仁「アジアに学ぶわが国「債券市場のインフラ」構築」

## 証券電子化で金融資本市場インフラの大改革

### グローバルな証券決済ニーズ

1. 市場間競争の激化
2. 決済リスク軽減（T＋1）
3. グローバル運用資産の増大

### 日本の決済制度改革のポイント

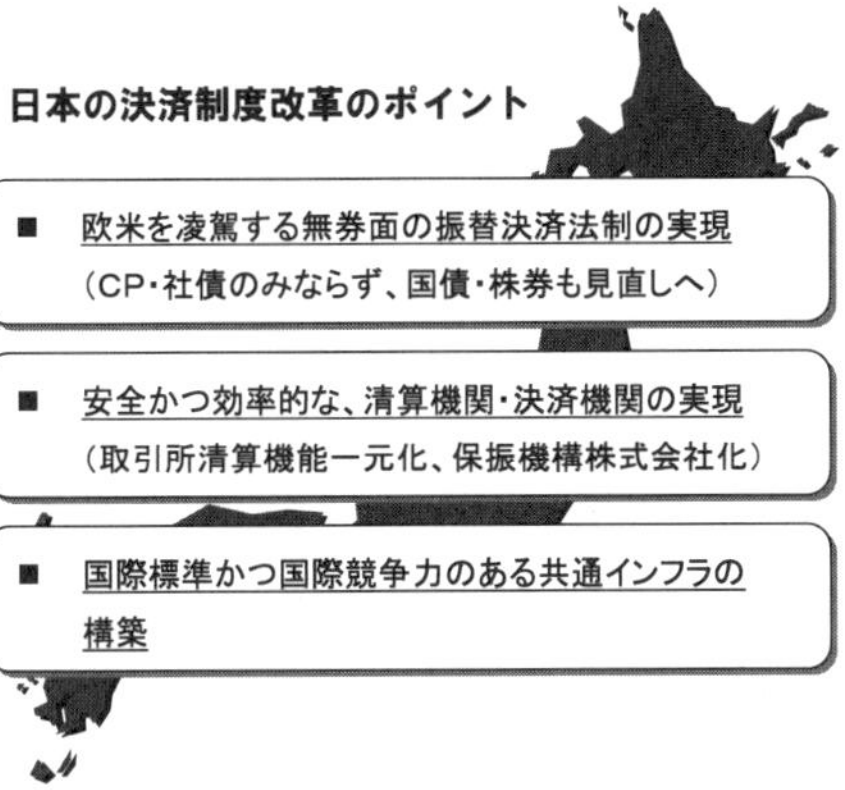

- 欧米を凌駕する無券面の振替決済法制の実現
  （CP・社債のみならず、国債・株券も見直しへ）
- 安全かつ効率的な、清算機関・決済機関の実現
  （取引所清算機能一元化、保振機構株式会社化）
- 国際標準かつ国際競争力のある共通インフラの構築

## 関連の法制度改革

■ 取引の電子化を促進する制度改革

- IT書面一括法(2001/4)
- 電子署名法(2001/4)
- 公証法改正

■ 効率的証券決済を実現するための制度改革

- **電子CP法**（短期社債等振替法）(2002年4月施行)
- 保振法（株券の保管及び振替に関する法律）改正(2002年4月施行)
- 社債等振替法（包括的証券振替決済法制）(2003年1月施行)
  （CP・社債・地方債・国債・株・投資信託・・・）
- 社債等登録法の廃止(2008年)
- 商法改正　株式制度見直し・株券不発行制度

## 34　企業のITシステムは新しい考え方で

二〇〇二年四月に生まれたみずほ銀行が、その幕開けと同時にシステム障害に見舞われたことは記憶に新しい。なぜこのような事件が起きたのか。報道では各行の主導権争いが強調されていたが、最大の問題はシステムそのものにあった。

**大型システムの時代**

コンピュータが使われだした頃のソフト開発は、ハードの制約から、記憶のための場所をいかに節約するかが腕の見せどころだった。その後、状況は改善したが、金融機関が「第〇次オンライン化」と称して繰り返した大規模開発は、古い考え方をひきずった。この方法では、ソフトの一部を変えると全体に影響が及ぶ。大型システムほど、わずかな修正にも大掛かりな作業が必要だ。「西暦二〇〇〇年問題」は、まさにその象徴だった。

**部品の独立性が高いシステム**

ところが最近は、記憶できるデータ量が飛躍的に増え、「オブジェクト指向の分散プログラミング」と呼ばれる手法が発達してきた。従来のソフトが情報を処理する手順を軸にした考え方だったのに対し、「普通預金口座」など実在するモノに対応した部品でつくられる。

各部品（モジュール）は独立性が高く、情報をやりとりしながら動く。別のコンピュータで動かすこともでき、簡単に取り外し、追加できる。実在の支店や事業部に対応しており、企業の合併や分割に都合が良い。

**システムの切り替えが鍵**

社会の動きが激しい現在、企業の組織もすばやく変わることを求められる。みずほ銀行の事件は、古い考え方を引きずるソフトが時代に合わないことを世間に知らしめた。

ソフト技術は進歩したが、日本はまだ大型システムで競い合った時代の遺産が多く残される。新しい考え方のシステムにいかに早く切り替えるかが、今後の経営を左右する。

➔永田守男「社会の柔軟な変化をもたらす情報システム技術」

# 2000年問題に見るソフトウェアの差

## 将来のソフトウエア

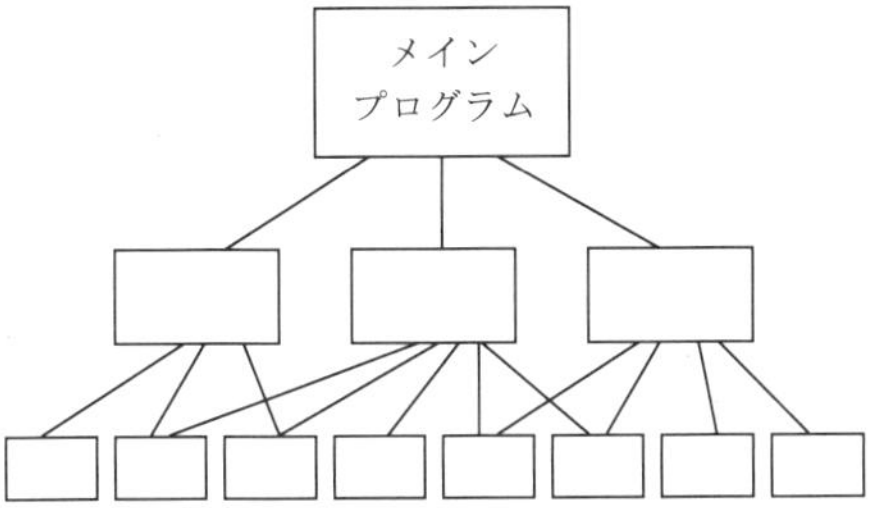


＜特徴＞
○ メモリー、ハードディスクの制約下のシステム。
○ 階層構造となっている。
（例）銀行の第○次オンラインシステム

## オブジェクト指向の分散プログラミング

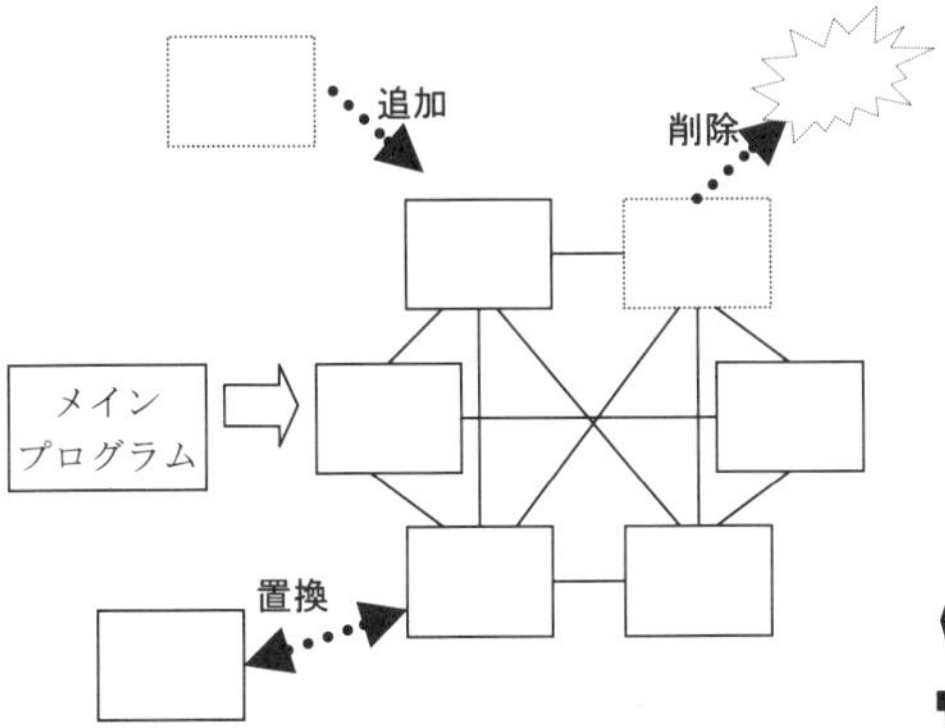


＜特徴＞
○ 個別の機能単位にカプセル化されている。
○ モジュールが相互にメッセージ交換により協働
→モジュール単位で変更できる

年号を2桁→4桁へ変更

・プログラム内全てを探し、変更。
・不備があると全てのシステムに影響大

**旧来プログラミングの限界**

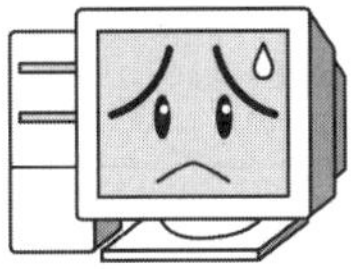

新事業の追加に伴うシステム変更

・モジュール単位でのプログラム変更、置換えにより対処

**迅速・柔軟な対応可能**

## 35　空洞化の原因は国内問題

一九八〇年代から賃金の安いアジアに生産拠点が移り始め、いわゆる「空洞化」が心配されてきた。最近は、これまで国内でしかできないとされたハイテク製品の工場や、技術開発の拠点までもが海外に出て行くようになり、日本のモノづくりの将来に危機感が持たれている。

しかし、低賃金を求めて海外に向かう企業の流れを止めれば、空洞化問題は解決するのだろうか？

**本当に問題なのは？**

実は、製造業の空洞化を生む原因に国内の事情がある。旧態依然の税制や規制、機能不全に陥っている金融システム、バブル崩壊後も割高な大都市の地価、そして長引く景気の低迷が前向きの経営を難しくする。

合理的な経営を追求した結果が海外移転であれば、それは企業にとっては攻めの戦略。問題なのは、やる気のある企業を後押しし、日本の製造業が時代に合った姿へと進化するために必要な、国内の環境が整っていないことだ。

**開業支援と高コスト是正を**

日本の製造業の課題は、新たな企業、新たな市場を生み出すこと。「新陳代謝」を良くすることだ。

そのためには、まずお金。金融システムの再生が先だ。また、これからは小規模ですばやい起業が重要となるので、ベンチャーキャピタルのしくみを充実させたい。大学と力を合わせた研究開発も促すべきだ。

製造業の高コスト体質も、国内の制度的な問題がかかわる。デフレにもかかわらず、エネルギー、運輸などの料金には割高なものが少なくない。これらは規制下に置かれ、欧米と比べて改革に遅れが目立つ分野が多い。また、東京一極集中の緩和も求められる。

モノづくりは、今後とも日本経済の屋台骨として発展が期待されている。空洞化の責任をグローバル化に押し付け、本来取り組むべき国内問題を先送りにすることにこそ危機感を持つべきだ。

🡻深川由起子「日本からみた北東アジア地域協力」

## 製造業空洞化の原因は国内にある！

税制（事業所税など）や
規制（都市計画法や建築基準など）

都市の地価、流通コストの高さ

製造業空洞化

産業構造の変化→海外進出

金融システム機能不全、不況

## 製造業空洞化問題に必要な対策

| | |
|---|---|
| 新規参入・開業の支援 | ○ 金融システムの再生<br>○ ベンチャーキャピタル制度の充実<br>○ 産学共同の研究開発の充実 |
| 高コスト体質改善 | ○ 都市集中の緩和<br>○ 港湾・鉄道などの効率的運営<br>○ 税制・規制の見直し |

## 36 緊急輸入制限《セーフガード》は危ない手段

かつて貿易摩擦は日米欧の間が中心だったが、最近は日本・中国・韓国の間でしばしば生じる。

その象徴が緊急輸入制限《セーフガード》。韓国が中国産ニンニクに発動したほか（二〇〇〇年）、日本がネギ、生シイタケ、畳表《たたみおもて》に暫定措置を行った（二〇〇一年、確定に至らず）。日本では、中国からの輸入が増えた他の分野でも、発動を求める動きがある。※

### 国際ルールで認められるが…

緊急輸入制限《セーフガード》は、輸入が急に増え国内産業が打撃を受けたとき、国際的なルール（協定）で認められる。自由貿易に反することが許されるのは、期間が限られ（四年間、八年まで延長可）、その間に自由貿易に向けての産業の調整をする建前だからだ。

ということは、あるモノにこの制限をかけるためには、それをつくる国内産業が競争力を回復するか、または別の産業に生まれ変わるという見通しが前提となる。

### 乏しい展望と大きな副作用

だが、今回はその前提が不十分だった。政府見解では国内農業の建て直しが目標とされたが、高齢化と後継者不足に悩む農業の現状からは、期間中に競争力が中国を上回ることは予想しにくい。

その上、緊急輸入制限《セーフガード》には大きな副作用が伴う。まず、相手国からの報復。なるほど、期間中のネギと生シイタケの輸入は大幅減となり、日本の生産農家は一息ついた。しかし、中国の報復で特別関税を課された自動車、移動電話、エアコンの輸出も減った。こちらの市場規模が大きく、結局、日本全体として損をした。

もう一つの問題は、相手国との相互不信。日中間でも、国民の健康を守るための検疫が、互いに報復として使われていると報道された。

このように、将来見通しの難しさ、副作用の大きさを考えると、緊急輸入制限《セーフガード》は安易に頼るべきでない、危ない手段であることがわかる。

※なお、最近、牛肉・豚肉に関税による特別緊急輸入制限が発動されたが、これは中国産に限定されたものではない。

➡阿部一知「日中韓貿易の概観」

## セーフガード措置の利得と損失（農産物の例）

## セーフガード措置を発動するために必要な条件とは？

**対象産業は…**

対象産業に潜在的な競争力がある
（短期間で国際的な競争力がつくこと）

他産業への転換などの産業調整への見通しがあること

＋
さらに

**経済全体では…**

将来の利得が、現在の損失よりも大きい
（セーフガード解除後の経済全体の利益上昇が見込めること）

# 37　対中進出企業の後押しせよ

中国の世界貿易機関（ＷＴＯ）加盟後、その経済環境が「世界標準」に近づく期待から、日本企業の対中直接投資額は二桁台で伸びている。

こうした動きは、一般論では、進出した日本企業の生産コストを下げ、中国側も資金や技術が手に入るメリットがある。だが、双方にとって利益を生む流れとなるには、安定したビジネス関係が前提となる。

**対中進出企業にとっての障壁とは？**

中国へ投資を行う日本企業へのアンケート調査（二〇〇二年四月）によると、ＷＴＯ加盟後、中国での投資環境には改善がみられるが、依然としてリスクがある。

たとえば、企業をつくるときの手続きや税制が複雑な上、突如として変わる。技術取引に対する認識の違いから争いも生ずる。

こうした壁を崩すには、何が必要か。ＷＴＯ加盟国にふさわしく、中国自身がビジネス体質の国際化を急ぐべきことはもちろんだ。だが、日本企業の海外進出を後押しする環境づくりも欠かせない。

特に、今回の対中投資ブームは中小企業が主流。これらの企業の多くは経験が足りず、それゆえ情報収集、契約交渉などの力が弱いことが、自らリスクを高める原因となっている。

**リスク軽減の環境づくりを**

そこで日本政府は、中国がＷＴＯ協定に沿ってビジネス体質を改善するのを待つのではなく、中国進出を行う企業と連携して直接投資の後押しをすることが求められる。

情報不足に対しては、中国の会社法や税制などについてのデータベースをつくり、最新の状況をつかめるようにする。交渉力不足に対しては、取引や労務問題の争いを扱う協議機関、あるいは苦情処理のための相談室を置くことが考えられる。

また、対中国に限らないが、海外投資に関する日本国内の許認可手続きを円滑にすることも有効だ。

🅽ＮＩＲＡ他「日中韓共同研究　中国・日本・韓国間の経済協力に関する報告書及び政策提言」

## 日本企業からみた中国での経営環境

| | 改善されつつある点 | | 投資の拡大を阻んでいる点 |
|---|---|---|---|
| 1位 | インフラの整備状況 | 1位 | 法律や規則の健全性 |
| 2位 | 現地関連企業の能力 | 2位 | 取引相手との信頼関係 |
| 3位 | 労働者の能力 | 3位 | 政府政策の透明性 |
| 4位 | 現地関連企業のサービス供給能力 | 4位 | 投資者の権利や知的所有権の保護 |

## 企業が政府に望む投資促進のための取組みとは？

***日本・中国政府に共同で実施を期待するもの***

情報の不足をバックアップ ⇒ 中国の政策・法律や、中国の産業状況の情報を提供する機関の設立（投資関連情報データベース、インフォメーション窓口など）

交渉力の経験不足をバックアップ ⇒ 企業間、または企業内での問題解決機関の設置、苦情処理のための相談室

***日本国内で実施を期待するもの***

企業の投資促進に関する意見を政府に伝達する仕組みの形成（官民対話システムの形成）

海外直接投資に関する許認可手続きの円滑化

（NIRAアンケート調査（2002年4月実施）より）

## 38 中小企業の技術力を伸ばせ

これからの製造業は技術と知識の時代。中小企業も例外ではない。

すでに日本には、ナノテクやバイオを巧みに使った技術を武器に高品質製品の需要を一手に引き受け、誰も手をつけなかった市場の「すきま《ニッチ》」を見つけて国際的な競争力を得た中小企業もある。

こうした会社を増やせば、経済全体も元気になる。変化にすばやく対応できる研究開発型の中小企業だ。

**下請け関係で泣き寝入りも**

だが、そのためにはまだ解決すべき課題が残されている。たとえば、中小企業が大企業から注文を受けて部品をつくるとき、現場で開発した金型《かながた》図面などの技術情報を、大企業が海外の競争相手に横流しすることがある。こんな場合も、中小企業は下請けという立場の弱さから、泣き寝入りすることが多い。

新技術の開発にはお金がいる。だが中小企業が融資を受けるには、経営者の個人資産を担保として差し出し、本人か第三者が連帯保証人となることが求められる。研究開発はもともとハイリスク。そのため、経営者は自らの生活を賭けた厳しい覚悟を強いられる。

**技術力を守り育てるために**

グローバル経済を生き抜く力のある中小企業を育てるには、生産現場で生まれ、従業員が身に付けた技術の権利を守る必要がある。

中小企業団体などでは、系列取引の中で所有権が明確でなかった技術や著作について、不正な流出・漏洩を防ぐための契約書を交わす習慣を広める試みを始めた。また、中小企業にとっては大きな負担となる特許などの申請・維持を助ける制度があれば望ましい。インターネットを生かして、出資者と中小企業をとりもつ場を作ってはどうだろう。

中小企業の技術を守り育て、さらに大学との間の技術移転を含む共同開発の機会を広げるには、中小企業の経営や技術開発がよくわかるコーディネーターが必要だ。

➡深川由起子「日本からみた北東アジア地域協力」

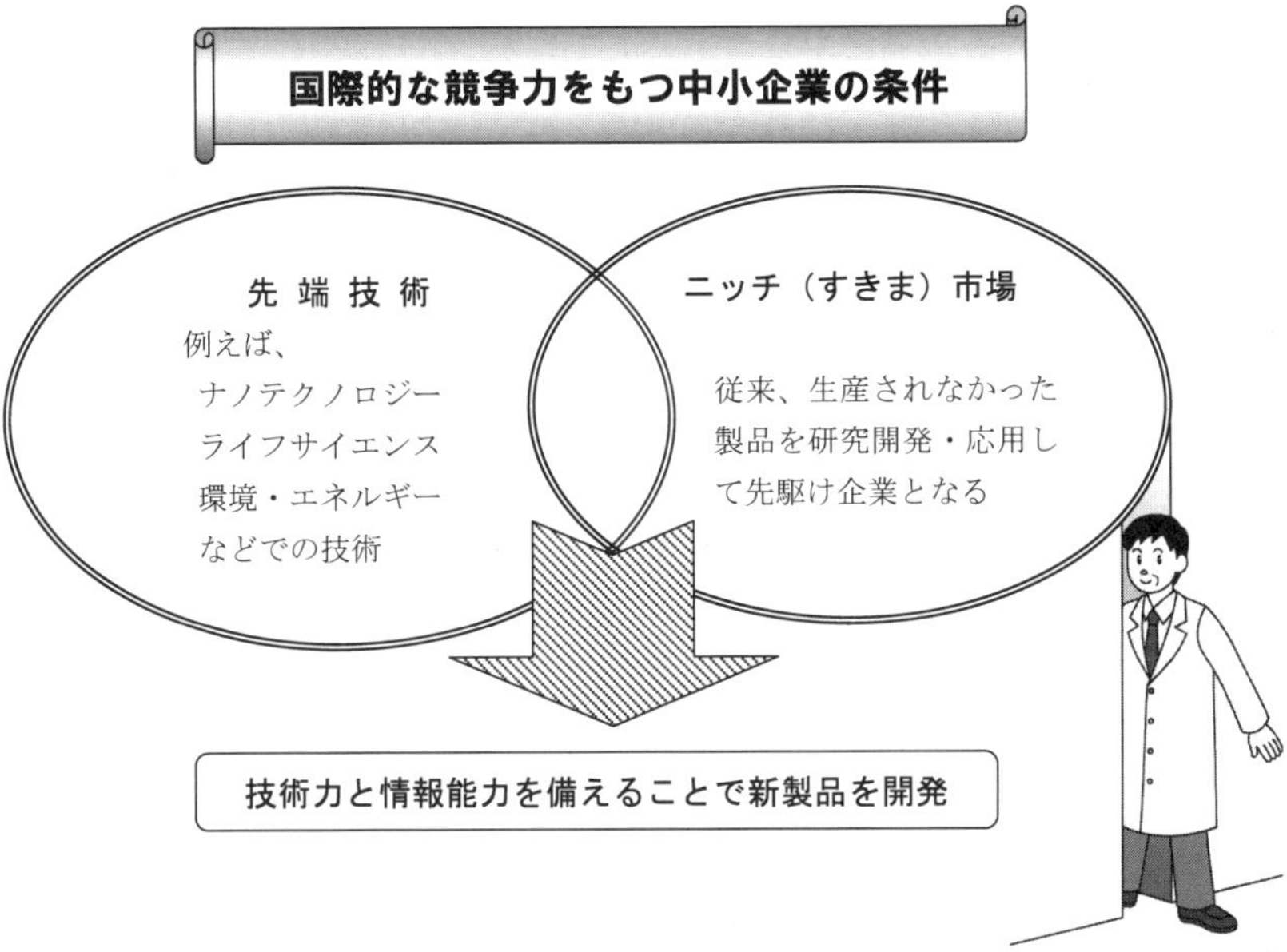
国際的な競争力をもつ中小企業の条件
先 端 技 術
例えば、
ナノテクノロジー
ライフサイエンス
環境・エネルギー
などでの技術
ニッチ（すきま）市場
従来、生産されなかった
製品を研究開発・応用し
て先駆け企業となる
技術力と情報能力を備えることで新製品を開発

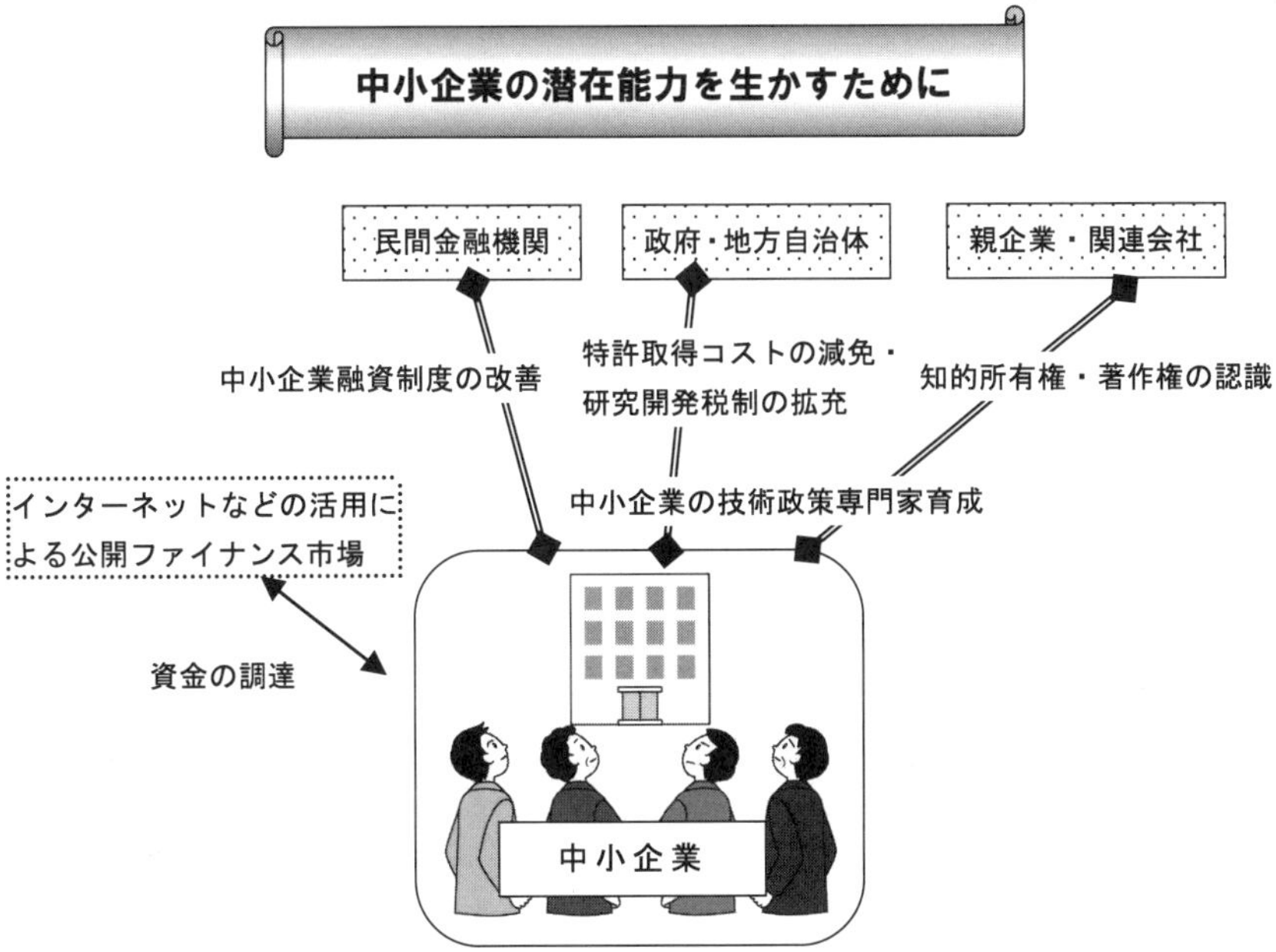
中小企業の潜在能力を生かすために
民間金融機関
政府・地方自治体
親企業・関連会社
中小企業融資制度の改善
特許取得コストの減免・
研究開発税制の拡充
知的所有権・著作権の認識
中小企業の技術政策専門家育成
インターネットなどの活用に
よる公開ファイナンス市場
資金の調達
中 小 企 業

## 39　ベンチャー支援策がまだ足りない

経済産業省の「大学発ベンチャー一〇〇〇社」構想が反響を呼んだ。科学技術の革新を軸に新たな産業の可能性を探る内閣府の「動け！ 日本」プロジェクトも注目された。

しかし、ベンチャーを産学連携の面だけでとらえるのは失敗のもと。工学部を持つ大学が近くにあればベンチャーが自然に生まれる、という考えは安易だ。ベンチャーを成功させるには、段階に応じたいろいろな支援のしくみがいる。また、しくみをつくれば十分というわけでもない。

### 「メンター（起業助言者）」の役割

起業を志す人たちにとって意外に重要なのが、具体的に何をすべきかについてヒントをくれる先輩の存在。起業の意欲を長続きさせること、励ますことをベンチャー支援のしくみの柱としてとらえ直すときだ。こうした「良き師」「生きた見本」を「メンター」と呼ぶ。起業の実績があり、何人かの起業者から先輩と慕われる人が想定される。

ベンチャー支援策は、創業間もない時期に力になる「エンジェル」、事業が軌道に乗り経営戦略が必要な時期の「ベンチャーキャピタル」の重要性がようやく認知され、国内外に日本人のネットワークができつつある。しかし、メンターは数が少なく、いかに発掘するかが課題だ。

### メンターとの出会いの機会を

起業を志す人にメンターが重要だとしても、どうやって見つけるのか。特別のコネがない人には、大学や役所関係の団体などが何らかの役割を果たせば助かるだろう。

大学は周辺技術の宝庫。また、自治体などが、地域の起業のゆりかごとして「インキュベーターセンター」を準備しつつある。こうした機関が、場所貸しや資金面の支援だけでなく、起業を志す人とメンターとの出会いの場を用意してはどうか。

起業を地域の経済問題と考え、地元大学や財団が協力し、ベンチャーを次々と育てることが求められる。

➡日本リサーチ総合研究所「ベンチャー企業支援のあり方に関する研究」

## ベンチャー企業の発展段階と支援層の役割

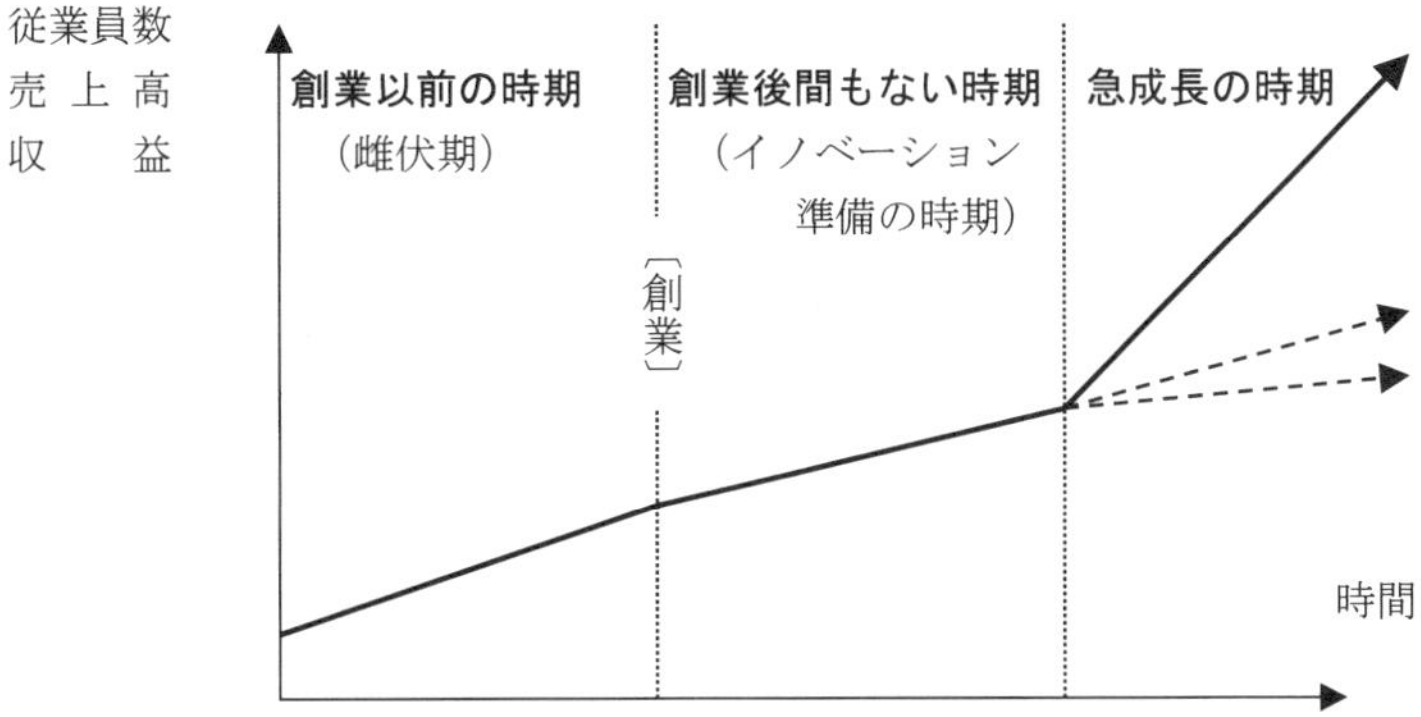


| | | | | |
|---|---|---|---|---|
| 起業家が求めるもの | 起業家のニーズ | ・創業のきっかけ<br>・周囲の励まし | ・事業計画書の作成ノウハウ<br>・新製品製造、販路、資金調達のヒント | ・経営戦略立案<br>・経営ノウハウ（組織、人事、財務管理） |
| | 必要不可欠な支援層 | メンター（起業助言者） | エンジェル | ベンチャーキャピタル |

| | | | |
|---|---|---|---|
| 大学・公的部門の役割 | ・起業の奨励<br>・大学やインキュベーターセンターなどが中核的な場となる | ・起業者とエンジェルの交流の場づくり<br>・エンジェルの投資減税<br>・企業の情報公開 | ・ベンチャーキャピタルや支援サービス業の成長を妨げない |

# 2　少子高齢化に立ち向かう

## 40 「高齢者」は意外に少ない？

高齢化が急速で日本経済は「お先真っ暗」と語られることが多い。悲観論の根拠は、高齢化による「働き手の減少」。六五歳以上人口が増えると、「働かないで養われる人たち」が増えると考えられている。

「労働」が減り続けると経済成長は簡単ではない。だとすれば「労働市場」は構造改革の主戦場かもしれない。

### 年齢と勤労

戦時中、日本の年金制度が始まった頃の「高齢」は、「肉体労働で自分を養うことはもはや無理」という状態と理解されていた。体を使う仕事が中心であった当時としては、自然な発想だ。一九四二年の「労働者年金保険」（厚生年金の前身）では五五歳が支給開始年齢で、その根拠は「工場統計等による平均稼働年齢が五〇歳ないし五五歳」、「各工場等における定年がおおむね五五歳」などだった。

だが今日では、体を激しく使う仕事は減った。食べ物や薬も良くなり、年齢が同じなら、現代人は半世紀前の人と比べてずっと元気である。戦時中の「五五歳以上」は「もはや勤労が困難な人」だったが、今の「六五歳以上」には、十分働ける人たちが含まれる。

### 六五歳＋αは「後期中年層」

六五歳以上でも、働けるくらい健康であれば、いまや「高齢」ではなく「後期中年」とでも呼ぶべきだ。そうすると、この層が増えたことは、これまで開拓されていなかった新たな働き手が見つかったことになる。

もちろん、呼び方を変えただけでは何も起こらない。世の中のしくみを変える必要がある。公的年金の支給開始年齢など、人々を早く引退させている制度を改めることで、「後期中年層」を職場に引き戻すべきだ。

そうなれば、「働き手の減少」が抑えられ、年金の保険料や税収も増える。こうした改革により、日本経済の明るい見通しにつなげたい。

🔽G・スターリ「日本経済の構造改革―高齢化に対処するための基本的枠組み」

## 高齢者の定義

【過去】

高齢：55 歳以上（1942 年「労働者年金保険」の定義）
：「もはや勤労が困難な人」
＝「肉体労働で自分を養うことは無理」

【現在】

高齢：65 歳以上
：「もはや勤労が困難な人」

【将来】

65 歳以上でも「労働力」となりうる
→高齢者の定義も見直すべき

労働形態の変化

## 「後期中年層」の可能性

65 歳以上
働ける人たち

×→「高齢者」

○→「後期中年」

・これまで未開拓の労働市場となる可能性大
・「働き手の減少」を抑制する

制度改革により「後期中年層」を職場に
（公的年金の支給開始年齢の見直し等）

## 41　公的年金改革を急げ　I

公的年金は、将来の世代に負担を先送りして成り立つ。年金をすでに受け始めた人や将来受ける人が、過去に支払った保険料の実績に応じて将来もらう予定の額から、財源の裏付けがある部分を差し引いたものが、「先送りされた負担」だ（「年金純債務」ともいう）。

財務省が示した二〇〇〇年度末の試算では、サラリーマンの多くが加入する厚生年金では、将来もらう予定の年金が総額で六九五兆円。そのうち財源の裏づけのある積立金一四三兆円を除いた五五二兆円が「先送りされた負担」になる。

### 楽観的な一九九九年の政府見通し

負担が先送りされた分は、将来の世代がいつかは負担をさせられる。その意味で、「世代間の負担の差」を生む。だから、この負担の先送り分が増えることは是非避けたい。

厚生年金のしくみは二〇〇〇年に変わったが、そのもとになった一九九九年の政府の試算では、今後五〇～六〇年にわたり、厚生年金の収支はほぼ黒字を続けるとされる。もしこれが正しければ、「先送りされた負担」はこれ以上増えないが、果たしてそうか。

現時点でこの結果を見直すと、いくつかの問題がある。まず、働き手が減る速さを実際より甘く見ている。積立金の運用利回りも四％と高めだ。現在ある積立金の額も多めに見積もっていた。

### このままでは積立金が消える

これらの点を現実に即して改めると、二〇二〇～三〇年頃は一時的に収支が黒字になるが、その前後は赤字となり、とりわけ将来は赤字が広がる。当然ながら積立金はどんどん減り、二〇六〇年にはその時点で年金を支払う蓄えがなくなる。

二〇〇〇年の改正でも、保険料は徐々に引き上げられる予定だ。にもかかわらず、このままでは積立金は消え、「先送りされた負担」は増える。改革を急ぐ理由がここにある。

➔小塩隆士「年金純債務、世代間公平と年金制度改革」

## 現実的な前提条件による政府見通しの評価

【厚生年金収支/支出比率】

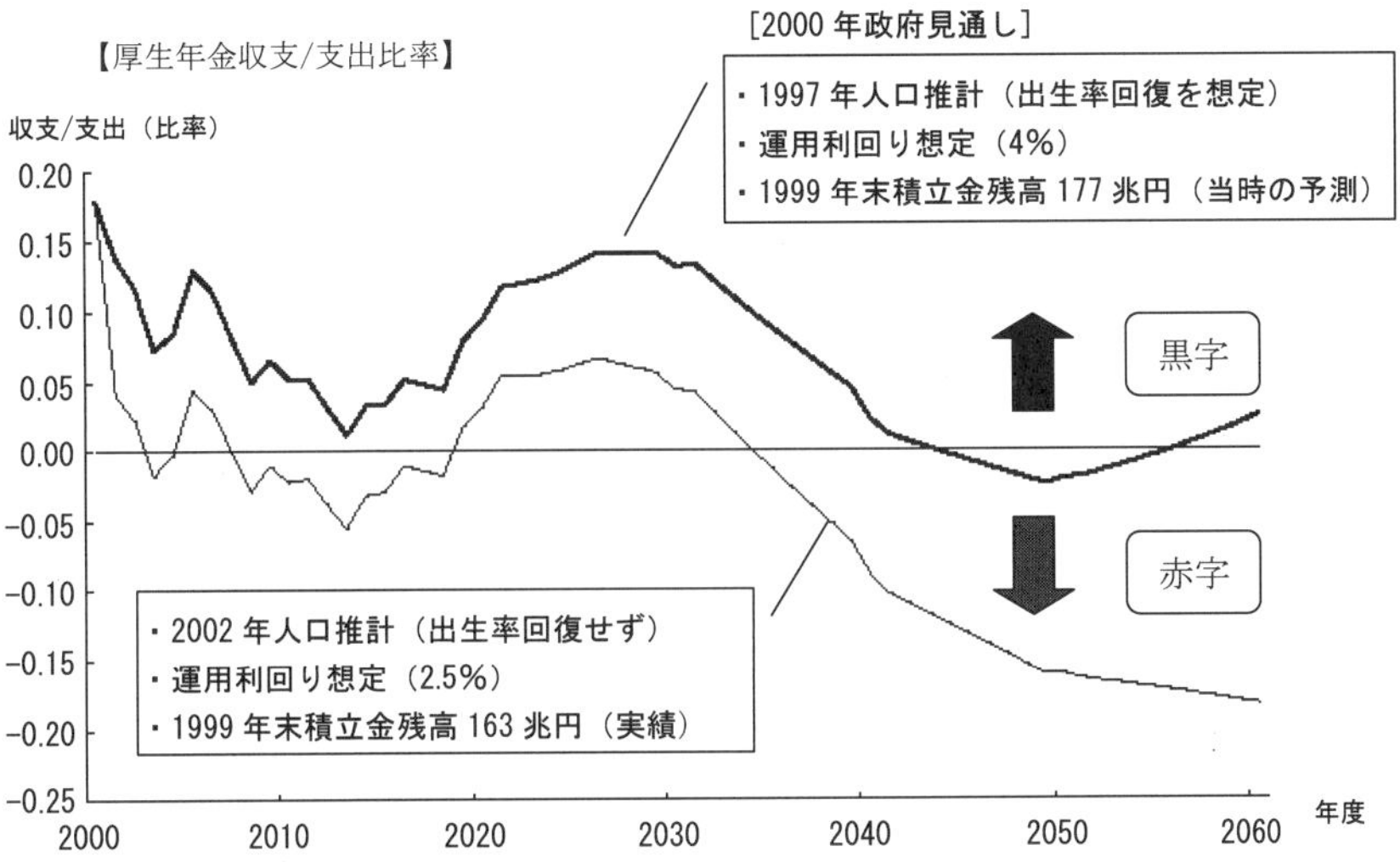


【給付金に対する積立金比率】

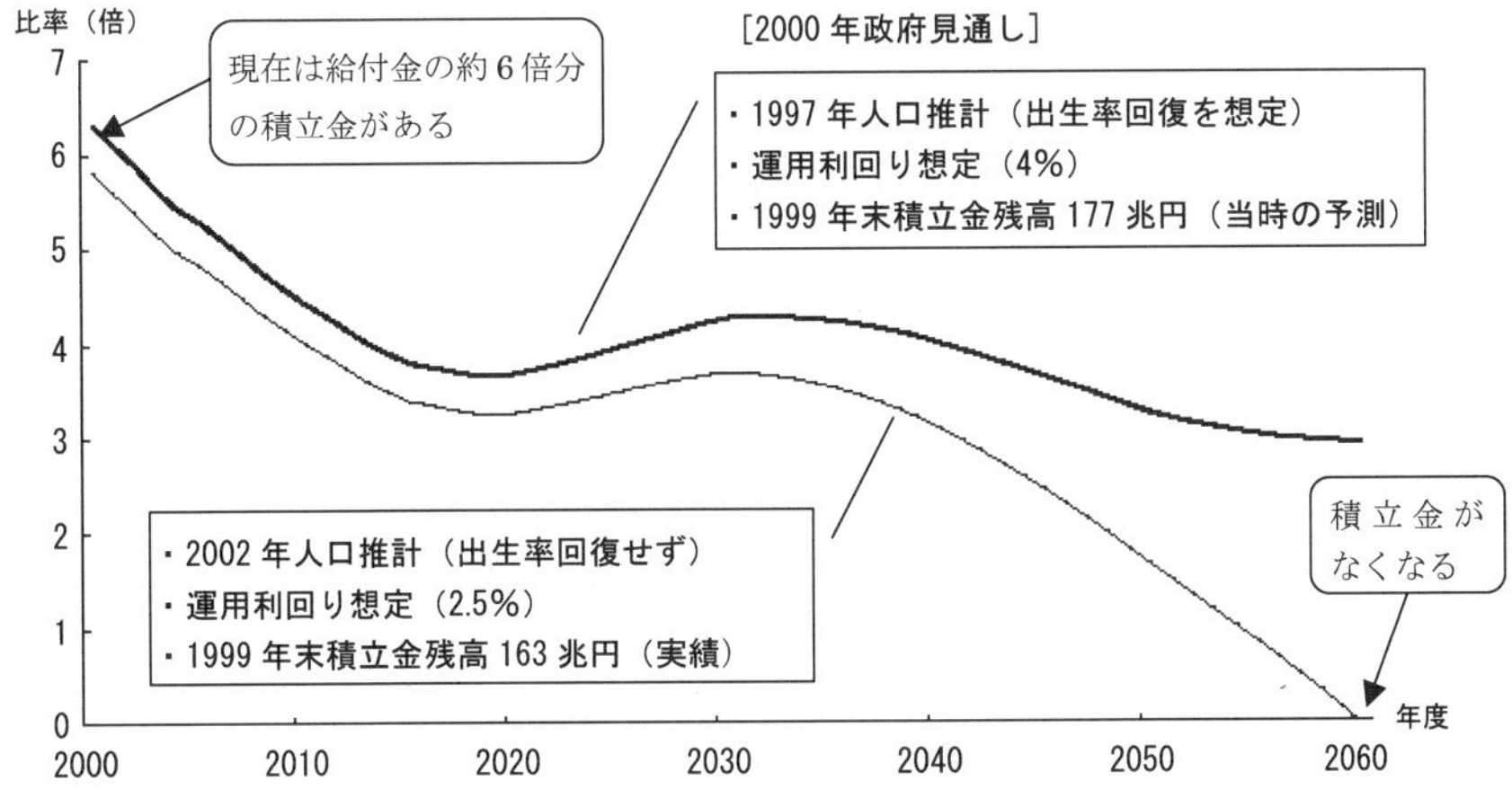

## 42　公的年金改革を急げ　II

「先送りされた負担」が増えるのを避け、世代間の負担の差を縮めるには年金をどう改革すべきか。負担が先送りされた以上、誰かがそれを負う。年金額をあらかじめ決めるのではなく、保険料収入などに見合った分だけに抑える発想が必要だ。

具体的には、第一に、保険料収入と税金が回される分（国庫負担）の合計に等しい金額が、年金として支払われるしくみが考えられる。第二に、これらの収入に積立金の運用収益を上乗せした収入合計に等しい年金額が支払われるしくみもある。

### 八つの改革案

こう考えると、厚生年金については八つの改革案ができる。最初の四つは、現在ある積立金は取り崩さない。

① 現在、一三・五八％（雇い主の負担を含む）の保険料率の引き上げを二〇％までにとどめ、その後は一定（二〇二〇年前後に二〇％）。

② 保険料率は①に同じだが、積立金の運用収益も年金の支給に回す。

③ 保険料率を現在の一三・五八％のままにする。その他は①と同じ。

④ 保険料率は③に同じだが、積立金の運用収益も年金の支給に回す。

いずれの場合も、現在のしくみが想定している年金額以上の支給はしない（超えた分は積み立てる）。また、①～④に加え、年度末の積立金を三％ずつ取り崩し支給に回す案をそれぞれⅰ～ⅳとする。

### どの程度年金額が減るか

改革で年金額はどの程度減るかをみよう。①では二〇三〇年頃まで一〇％、最終的には二五％前後の減。②では積立金の運用収益が使えるので当面あまり減らない。保険料を上げない③、④で最終的に四割前後の減。積立金を取り崩すなら、保険料を引き上げるⅰ、ⅱで二〇四〇年頃まで、引き上げないⅲ、ⅳでも当面は年金額を削らずにすむ。

なお、保険料を上げない案では、その分、若い世代の負担が軽くなる。

これ以上負担の先送りを増やさぬよう、改革の議論を急ぐべきだ。

🡻小塩隆士「年金純債務、世代間公平と年金制度改革」

## 年金改革案で必要となる年金の削減率

【積立金を取り崩さない場合】

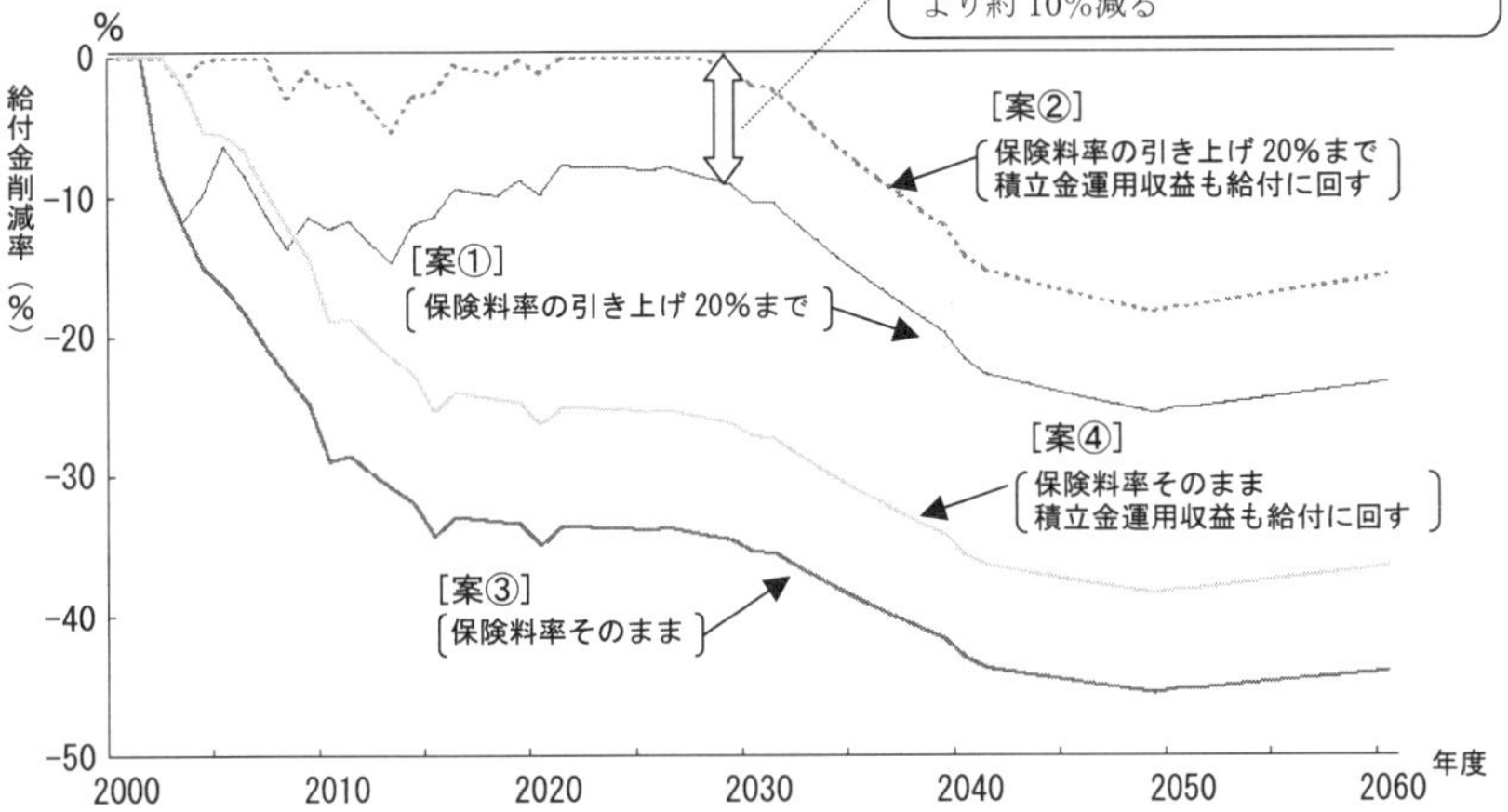


【毎年積立金の3%を取り崩す場合】

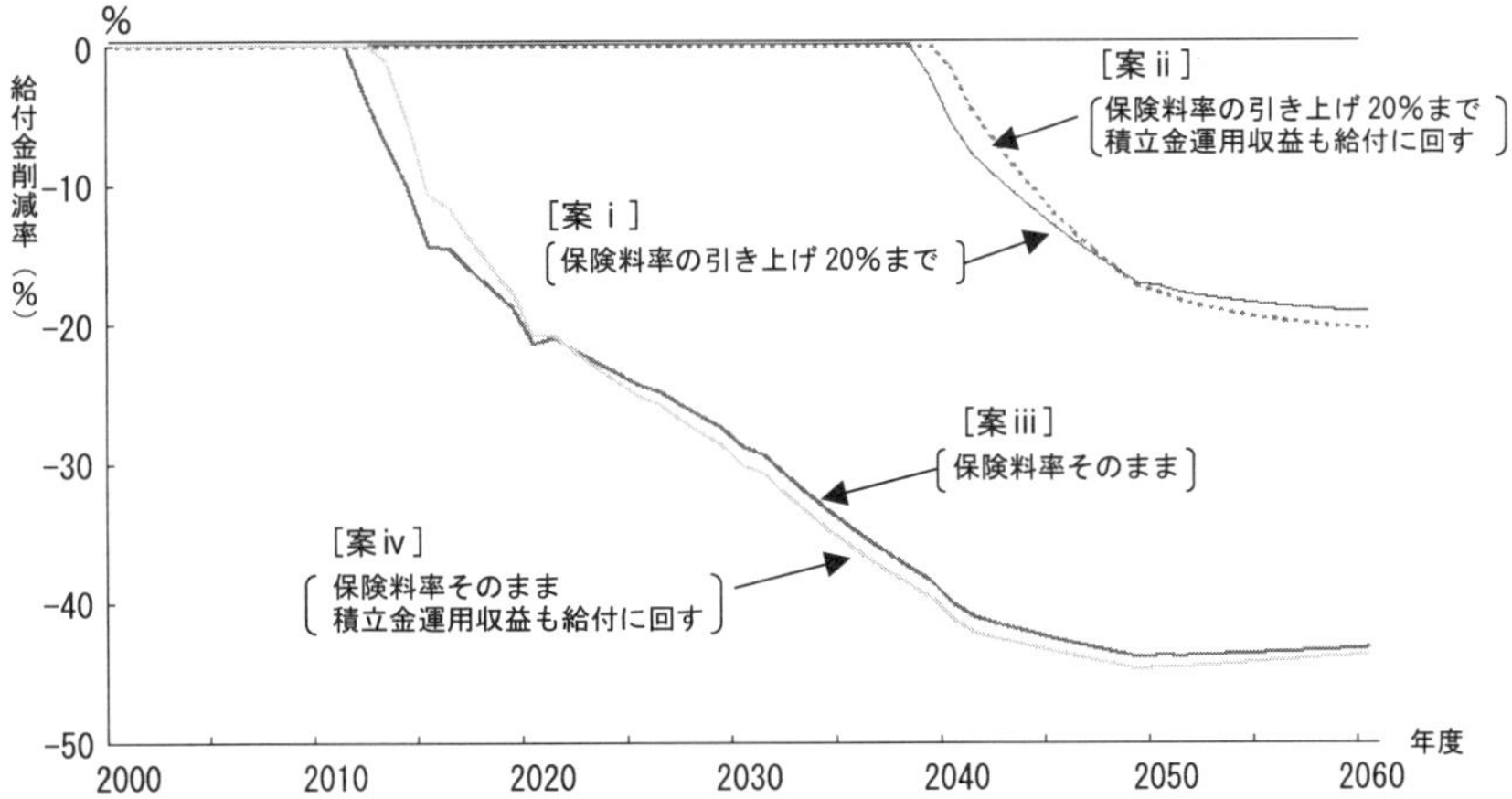

## 43 公的年金は政府から独立して運用せよ

国民年金と厚生年金の積立金は、約一五〇兆円、年金給付額の五年分、GDPの三割にのぼる。この積立金は、かつては資金運用部に預けられたが、二〇〇一年度から厚生労働省が自ら判断して市場で債券や株を買う「自主運用」に変わった。将来の給付に備え「運用益をなるべく多くする」ために、株を全体の一二%、現在の積立金規模では一八兆円買うことになっている。

日経平均一万円程度なら東証一部の時価総額が三〇〇兆円ほどだから、一八兆円はその約六%。政府は最大級の株主・機関投資家として、「運用益を多くする」ような行動が求められる。

### 公的規制や経済政策との関係

だが一方、政府は企業活動が国民生活に悪影響を及ぼす場合、種々の規制によりこれを抑え、公益を追求する。また、金融・資本市場を相手に経済政策を行う立場でもある。

問題はこうした役割が、年金加入者のために運用益をあげる目的と必ずしも両立しないこと。しばしば両者は二律背反となり、機関投資家と公益追求者の二役を演ずることは、政府自身にも大きな負担になる。

たとえば、長期金利が上がるとき、経済政策としては上がり方をなるべく緩やかにしたい。だが、機関投資家としては、他の投資家に先がけて債券を売り、債券の値下がりで損をしないよう努めねばならない。

### 運用主体の独立性を高めよ

諸外国では、政治的圧力で年金についての投資判断が歪むリスクがはっきりと意識されている。その対策として、運用の判断主体を政府から切り離し、独立させる方法がふつうだ。

この点、今の日本では「年金資金投資基金」という厚生労働省所管の特殊法人が運用主体で、独立しているとはいい難い。運用主体の独立性が高まり、国民や市場から民間と同じ行動をとるとみなされれば、政府は二役を演じやすいはず。このようなしくみづくりを急ぎたい。

➡玉木伸介「わが国の公的年金積立金の自主運用を巡る諸問題―政府はいかに機関投資家たるべきか―」

## 公的年金の運用方法の変化

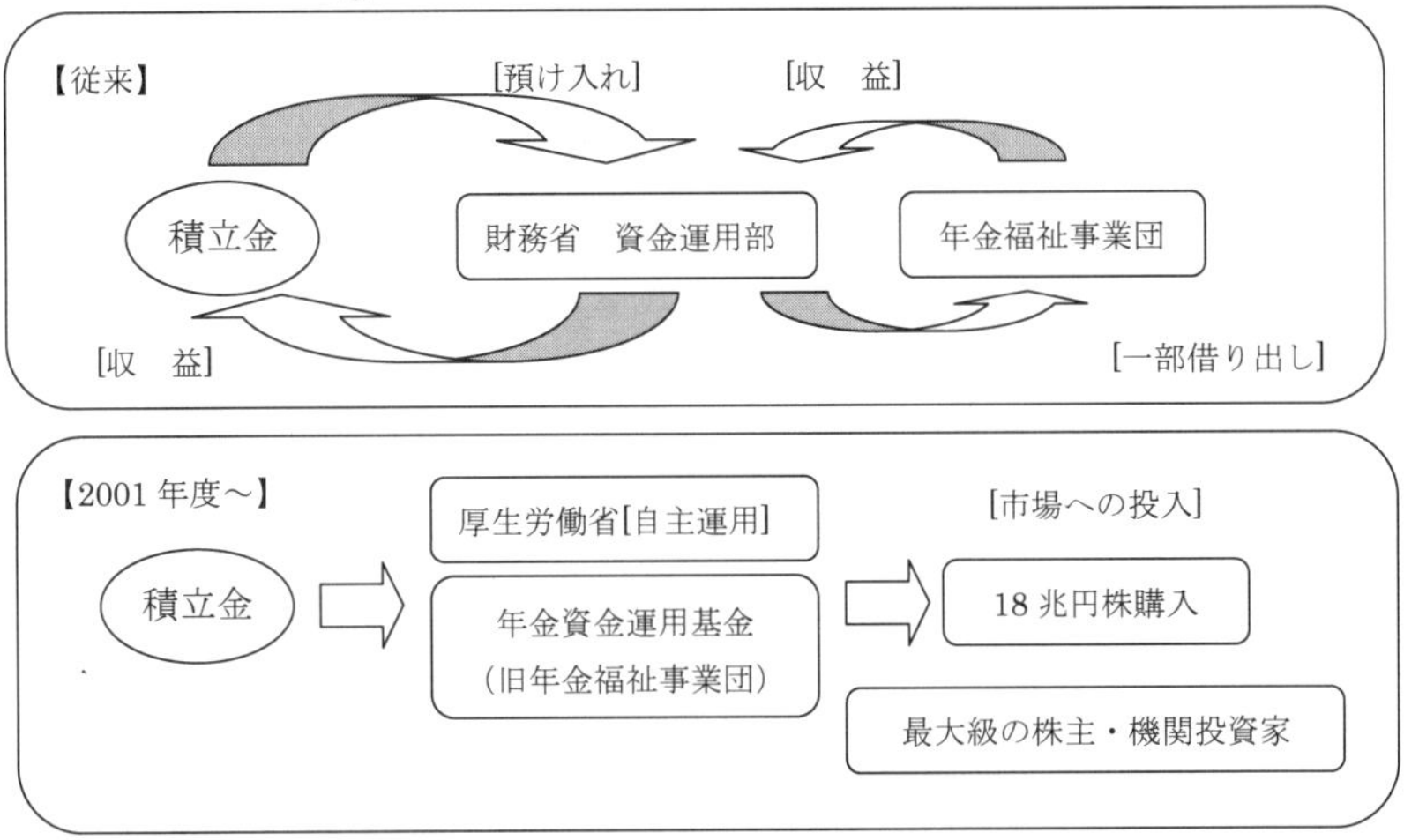


## 政府から独立した公的年金の運用を！

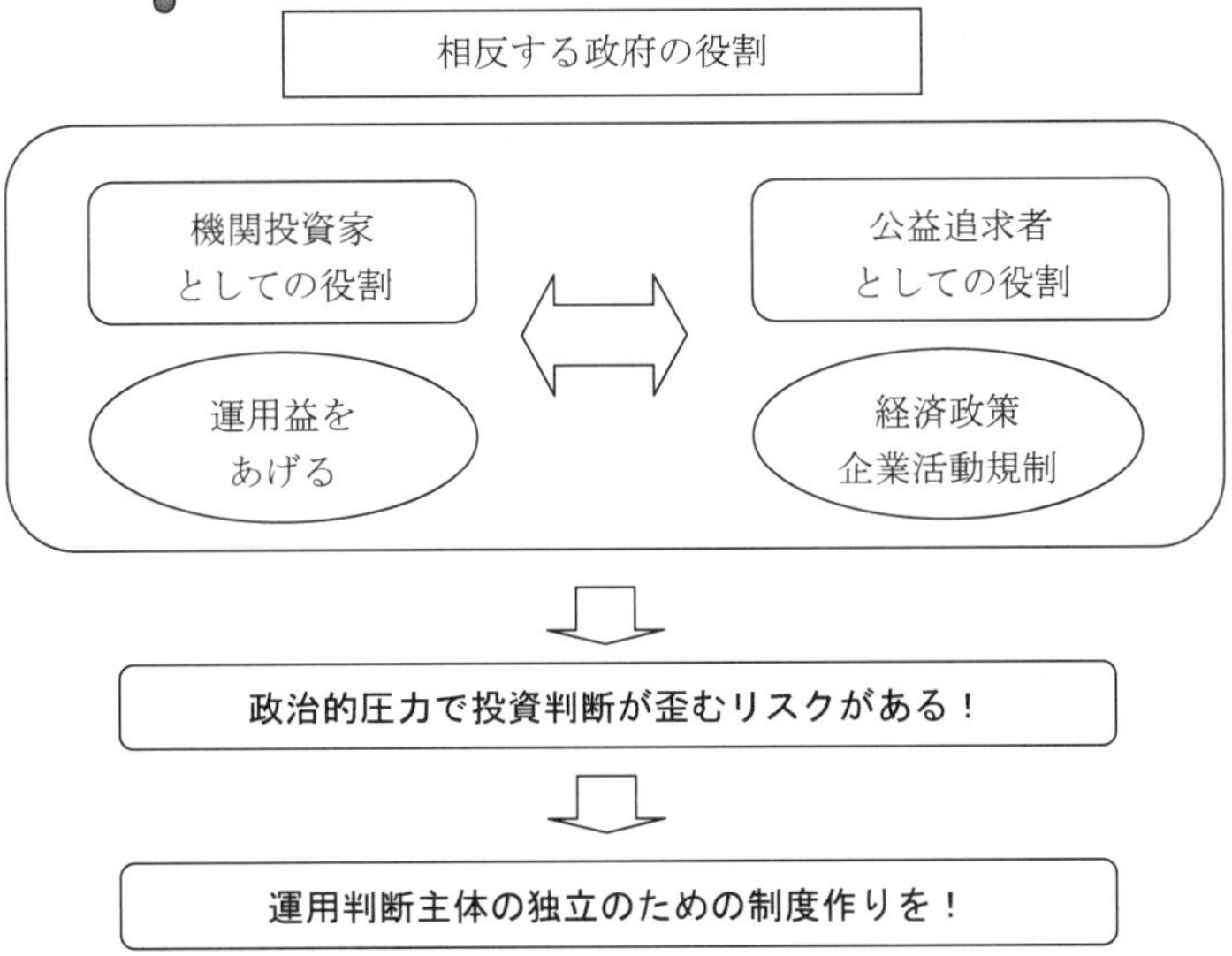

## 44 介護保険は成功か？

二〇〇〇年度から始まった公的介護保険。所得の低い人に限ったかつての「措置制度」と違い、介護が必要なすべての人が使え、事業者を選べる「契約制度」に基づくしくみだ。営利の訪問介護も保険の対象となり、さまざまな経営の形をとる事業者が競うようになった。では、介護保険は成功したといえるのだろうか。

**大きく改善した営利サービスの質**

訪問介護サービスを行う事業者は、大きく分けると「官」、「民間非営利」、「営利」がある。「官」は社会福祉協議会や地方自治体など、「民間非営利」は社会福祉法人、医療法人などの公益法人やＮＰＯなど、「営利」は株式会社など。全国七九六五の事業者に調査票を送り、うち一三〇〇が答えを寄せた。

サービスの質は、一年目、二年目とも、「民間非営利」や『官」の方が「営利」の事業者の水準を上回った。しかし、この間、「営利」事業者の質が著しく高まる一方、「官」の水準はそれほど変わらなかったため、両者の差は大きく縮んだ。

また、サービスの質を考えた経営の効率性は、一年目は「民間非営利」や「官」の方が「営利」事業者より高かった。特に、「官」が高い効率性を示していた。だが、二年目になると、こうした差は見られない。

**成功した公的介護保険**

介護保険が始まった年に、「官」や「民間非営利」の事業者が高いサービスの質を示し、経営も効率的であった理由は、過去の経験の違いによると思われる。だが、二年目には「営利」事業者がかなり追い上げた。

このことから、全体として見ると、介護保険が始まったあとの訪問介護サービスの市場はうまく働いていると考えられる。現在、訪問介護に加えて、老人ホームなど施設介護の分野でも営利の事業者を入れて競わせようとする動きがあるが、今回の結果はこうした議論の参考となる。

🅥北崎朋子・山内直人・鈴木亘「訪問介護市場における業態間競争とパフォーマンス比較」

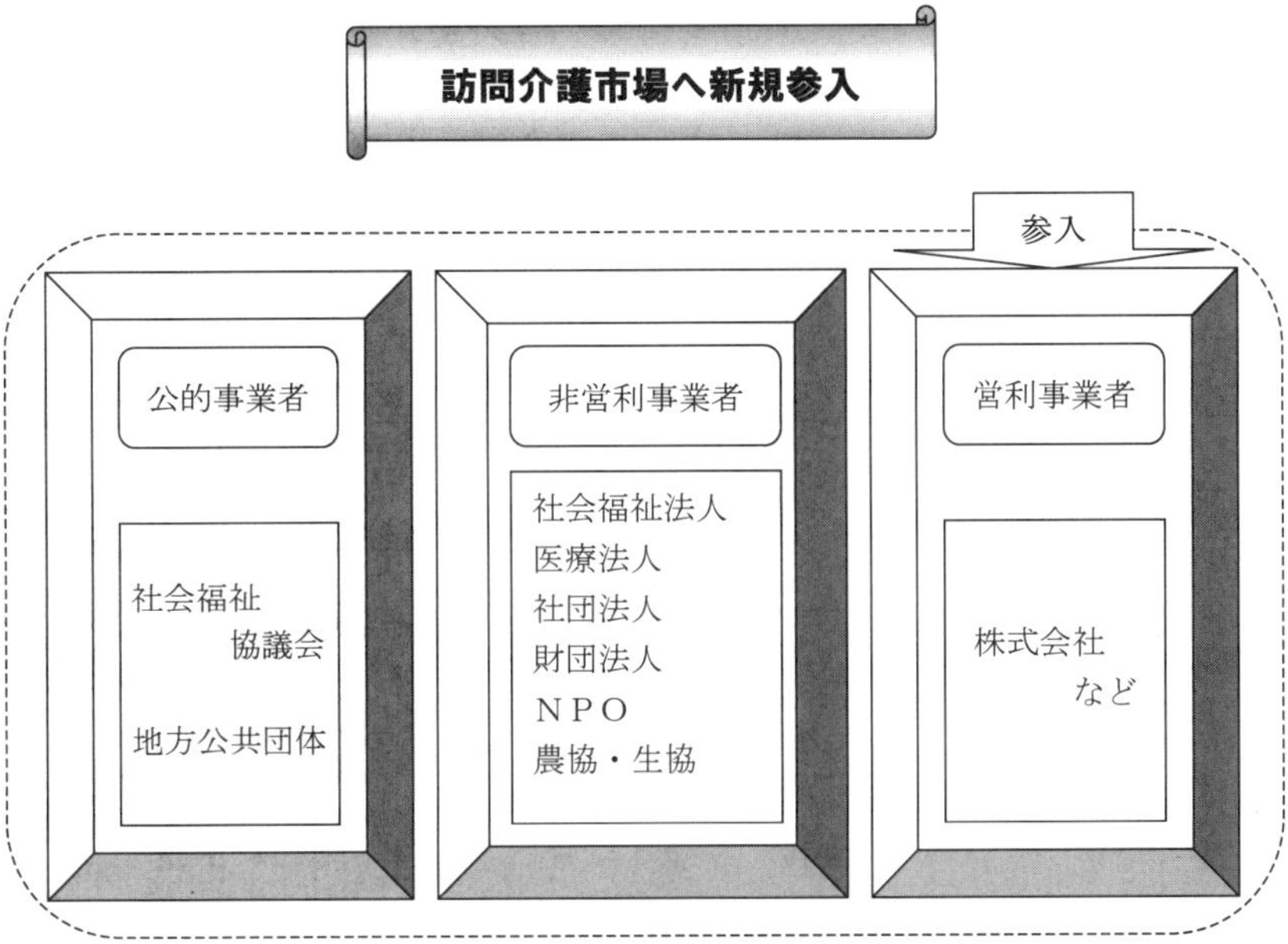
訪問介護市場へ新規参入
参入
公的事業者
社会福祉協議会
地方公共団体
非営利事業者
社会福祉法人
医療法人
社団法人
財団法人
ＮＰＯ
農協・生協
営利事業者
株式会社
など

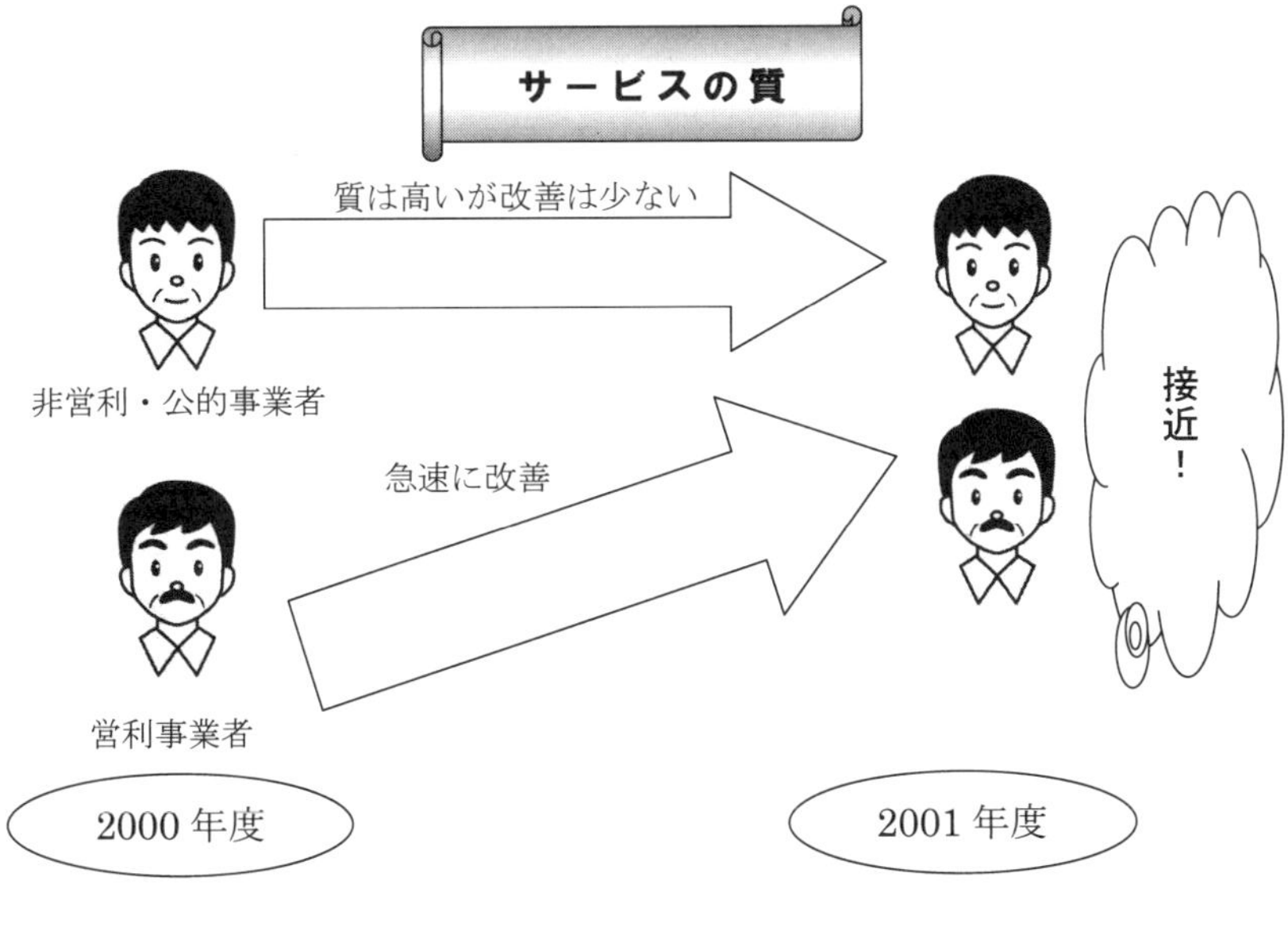
サービスの質
質は高いが改善は少ない
非営利・公的事業者
急速に改善
営利事業者
接近！
2000 年度
2001 年度

## 45 老後の糧《かて》は住まいから

公的年金だけに頼れない時代、お年寄りが自ら生活の糧《かて》を得るために、住んでいる家の価値を生かす手がある。その際の課題を考えよう。

### 自宅をどう使うか

日本である程度使われてきたしくみが、リバース・モーゲージ（「逆の抵当」）。自分の家を担保にし、住み続けながら生活資金を借り、契約が終わったときにその家を売って一気にお金を返す。

別のしくみとして、フランスで盛んな「ビアジェ」がある。家を売る代わりに、死ぬまでその家を借りる権利と生活資金を得る手法だ。

住んでいた家を引き払うしくみも考えられる。住んでいた家を売って、安く住める高齢者向け住宅に住み替え、余ったお金を生活にあてる。

### なぜ普及しない？

ところで、一九八〇年代から日本で使われ始めたリバース・モーゲージは、バブル崩壊後は下火となった。その背景は何だろうか。

最も大きな要因は、家の担保割れリスク。市場での家の値段が下がる、本人が思ったより長生きするなどにより、お金の支払いが途中で打ち切られるおそれがある。これは、ビアジェ方式にも共通する問題だ。

また、多くの人がこのしくみを使っている米国と比べると、中古住宅が売買される市場が整っていないこともあげられる。

### リスクを抑えるための方策

長生きによるリスクは、多くの人で均《なら》せばそれほど大きくない。皆が安心して契約を結べればよい。中古住宅の市場を整えることと、公的な機関が関わってこのしくみに信頼感を持たせることが考えられる。

ビアジェや住み替えでは、売った時点で重い税負担が生じる。これを軽くすれば契約がしやすくなる。

現在、政府では、公的な保険を含め、対策が議論されている。お年寄りの暮らしを守るため、官民が一つになった取り組みを望みたい。

➔ＮＩＲＡ『高齢者の生活資金確保のための居住資産の活用に関する研究』

## 家の価値を利用する手法

【自宅に住み続ける場合】

**リバース・モーゲージ**
- ✓ 家を担保に生活資金の借り入れ
- ✓ 契約終了時に売却し一括返済

**ビアジェ**
- ✓ 家を売る代わりに終身賃貸権と生活資金を確保

【住み替える場合】

**高齢者むけ住宅への住み替え**
- ✓ 家を売って低価格の高齢者むけ住宅に住み替え
- ✓ 余ったお金で生活

## 普及のための方策

**普及対策**
- ➢ 中古住宅市場の整備
- ➢ 公的機関の関わり
- ➢ 不動産売却時の税負担軽減

官民一体の取組みでお年寄りの暮らしを守ろう

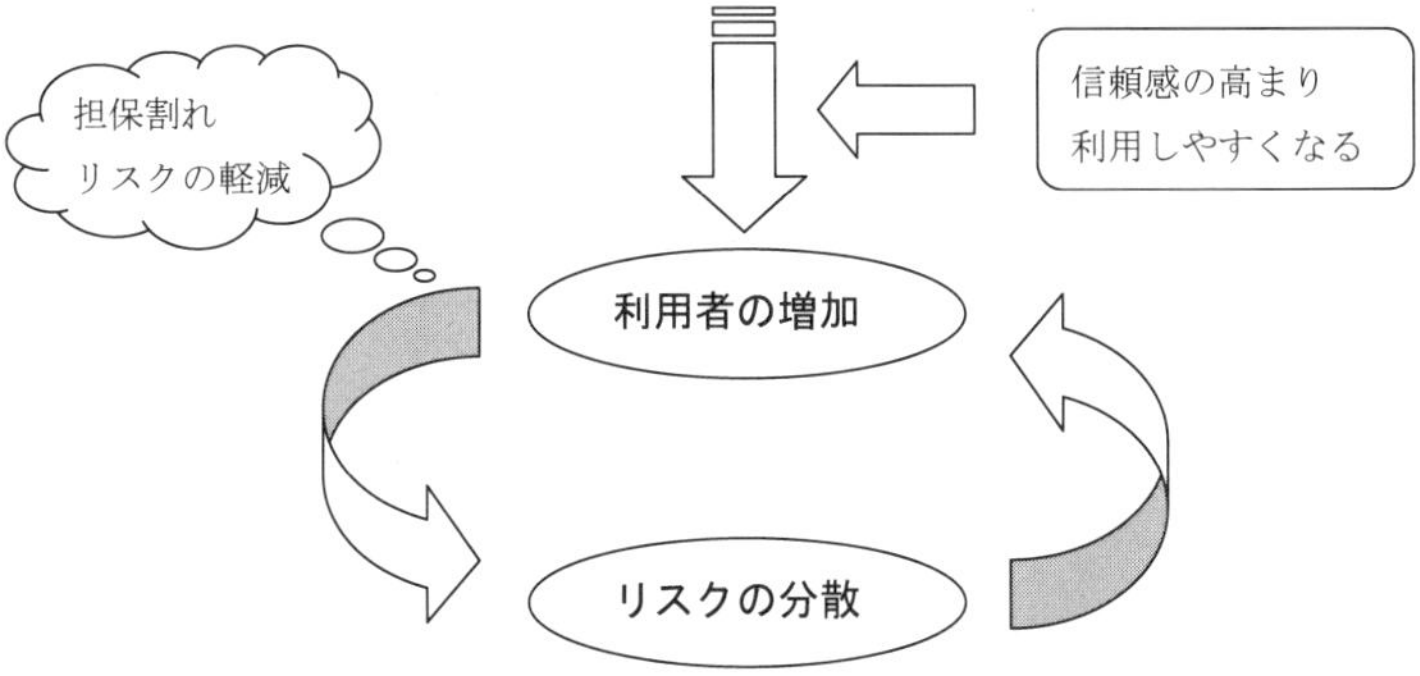

## 46 老朽化団地の高齢化対策

高度成長期に建てられ老朽化が進む公団賃貸住宅は、急速な高齢化に伴う課題を抱えている。

### 一階をお年寄り向けに改良

古い団地にエレベーターを取り付けるのは難しい。日本住宅公団（現・都市基盤整備公団）は、一階にある空き家の浴室、便所、玄関に手すりを付けるなど、お年寄り向けに改良する事業に取り組んできた。

だが、供給が需要に追いつかない。今回の調査対象の団地では、お年寄りのいる世帯の六五％が、改良された住宅に入りたいとしている。

この種の住宅に入るには、年齢に加え、所得による制限があることが問題だった。ただ、この点は、二〇〇一年に改められた。※ また、同一団地内での住み替えについては、制度はできたが、家賃の更新がネックとなり、低所得者への普及が進まないのが現状だ。

### 一層のバリアフリー化を

この団地の改良された一階部分は、まだ使い勝手が悪い面が多い。

一階でも入り口から玄関まで四～五段の階段がある。バルコニー側から車椅子が入るように改造が必要だ。室内に追加的に手すりが付けられるよう、壁の補強をしたい。一階なので、浴槽を床面より下に落とし込むこともできるはず。緊急通報電話も備え付けたい。

介護を要するお年寄りを考えると、車椅子で動けるような通路が団地内に必要である。そこで、数棟をグループ化して通路を共有し、各棟の一階部分に置けばムダがない。

この団地はお年寄りのいる世帯の三分の二が二階以上に住んでおり、一階への住み替えが急がれる。

京都市では、二〇〇〇年から、市営住宅の二階以上に住むお年寄りが一階やエレベーター付き住宅に住み替えできるしくみを始めた。こうした制度が全国の公団住宅にも広がることが望まれる。

※本研究報告は、収入制限の見直しを指摘していた。

🄑地域計画医療研究所『介護保険と住民主体の団地型福祉コミュニティに係わる調査研究』

## 公団賃貸住宅団地の課題

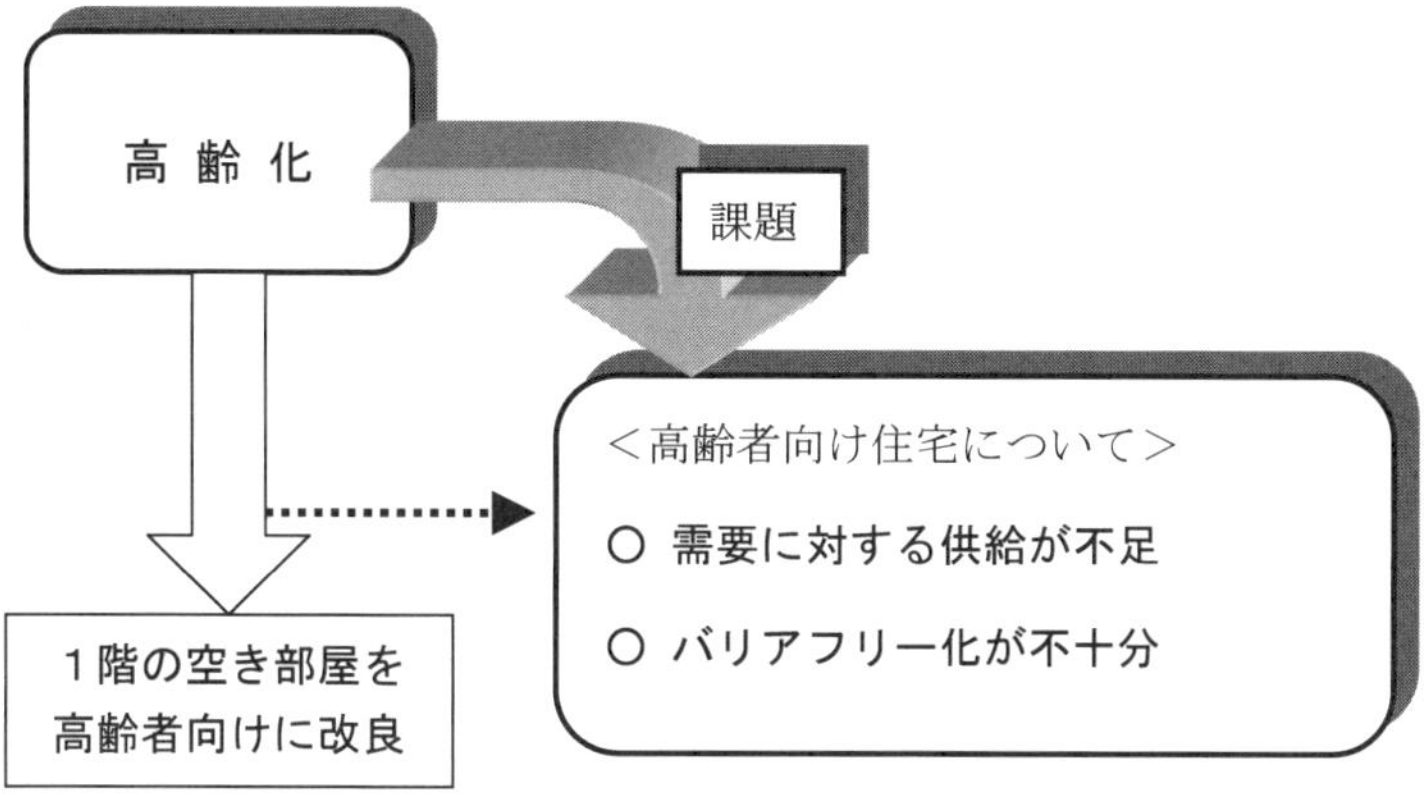
高 齢 化
課題
＜高齢者向け住宅について＞
○ 需要に対する供給が不足
○ バリアフリー化が不十分
1階の空き部屋を
高齢者向けに改良

## バリアフリー対策

**高齢者向け住宅のバリアフリー対策**

- ○ 玄関までの段差解消
- ○ 手すりをつけるための壁の補強
- ○ 床面より深い浴槽の落とし込み
- ○ 緊急通報電話の備え付け
- ○ 数棟をグループ化し、団地内での車椅子による移動の確保

## 47 よろず相談受け付けます

神戸市では、大震災で倒れたビルや住宅が横たわる惨状から、現在の復興にいたるまでに、地域住民など多くのボランティアの協力があった。

地域のつながりが薄くなったといわれる現代の都市においては、これを過去の記憶としてではなく、自らの問題として考える必要がある。

### ベルボックスの取組み

震災直後の神戸市で、自発的に集まった住民の地域活動を発端として結成された「神戸元気村」の代表的な活動として、ベルボックス・ケアセンターの活動がある。

このしくみを使いたい人はあらかじめ登録しておき、緊急の場合や、「相談・困りごとを聞いてほしい」「とにかく誰かと話したい」と考えたとき、緊急ボタンを押す。ケアセンターに二四時間待機するスタッフに連絡が入る。緊急時は救急車の手配をすることも。相談の内容によっては、「ご近所さん」に安否確認のための訪問をお願いしてくれる。

救急車を呼ぶなら、直接119番すればよい。だが、行政が用意した緊急連絡のしくみと違い、日常の相談にも気軽に応じる点にこのシステムの意義がある。被災者の精神的な支えになり、定期的な連絡や訪問を通じ、地域での交流が行われる。

### サービスの有料化も視野に

ベルボックスの取組みは、活動主体である「神戸元気村」が解散する二〇〇二年一月までの約七年間続いた。運営の中で浮かび上がってきた課題は、やはりお金や人材をどう集めるかなど。

こうした課題はほかのコミュニティ活動でも共通する悩みで、負担力に応じたサービスの有料化や住民全体での負担、自治会や企業・NPOなど人材を持つ団体との連携や市民大学による指導者づくりが提案されている。

当たり前だが、こうした活動が長続きするには、住民の強い意志を、行政・企業・NPOなどが支え続けることが鍵だ。

🅥神戸都市問題研究所「復興コミュニティを支える住民主体のネットワーク」

## ベルボックスのしくみ

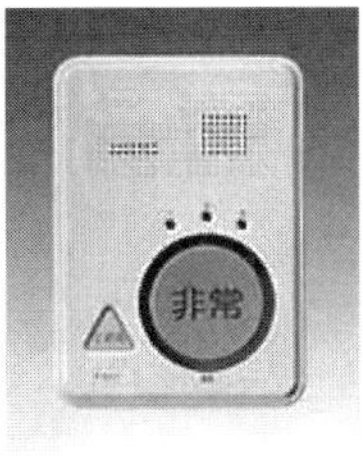


ベル発信受信

↓

**緊急時**

**電話に出た場合**

↓

すぐに 119 へ救急車手配
⇒病院へ
スタッフが車で送迎、通院介助

↓

安否確認先を家族へ連絡

**電話に出ない場合**

↓

家族への連絡、ここ最近の利用者の状況調査、電話による安否確認を繰り返す。

↓

万が一を考え、本人の無事が確認できるまで追跡する。
警察や消防への依頼など。

（スタッフ急行）

**緊急時以外**

話がしたくて・・・

相談・困りごと

誰かに聞いてもらい、話せば落ち着く。 ⇒ 1 人じゃないという安心感。

# 48 「ご用聞き」でまちづくり

戦後日本の地域開発は、総人口・生産人口の伸びに連動した「右肩上がりの経済成長」を前提に進められてきた。二〇〇七年には総人口がピークに達する。今後の地域づくりでは、新しい発想で新たな付加価値をつくり出していくことが必要だ。

**商店街が買い物代行サービス**

徳島市の「パティオくらもと」は、これまで介護保険事業の一環としてホームヘルパーがしていた買い物代行を、「ご用聞きサービス」という形で商店街が代わって行う。

POS（販売時点情報管理）の情報から、長期間買い物に訪れないお年寄りの安否確認を兼ねて電話や訪問で様子を訪ね、注文を聞く、求めがあれば商品の無料宅配や届け物を手伝ったりするサービスだ。

ホームヘルパーは介護に専念でき、商店街はシルバー市場を確保、お年寄りに優しいまちができるという、一石三鳥の構図となった。

地元シンクタンクのアンケートでは、お年寄りの多くが「ご用聞きサービス」が必要と感じ、地元商店街の多くも今後取り組みたいと考えている。

**福祉と商業の連携を**

こうした取組みを継続していくための鍵は、第一に利用者との信頼関係（ボランティアではなく商売としての宅配サービスだという姿勢が信頼関係を保ちやすい）、第二に福祉との連携と役割分担（ホームヘルパーの仕事にまで深入りしない）、第三に採算面であまり無理をしない（新たな経費をかけない）こと。

そもそも商店街は昔から町内会活動やお祭りなど、地域の中心的な役割を果たすことが多かった。現在では商店主自身も高齢化しており、地域における福祉を自らの問題として考えながら、お年寄りを市場に取り込んで商店街を伸ばしていくべきだろう。

福祉と商業の連携を通じた、お年寄りに優しいまちづくりの提言だ。

➡徳島経済研究所「高齢者福祉策の連携による地域づくり—「ご用聞き」の有効活用」

## 高齢化時代のまちづくり

**福祉**⇒増加する高齢者への対応策

**商業**⇒高齢者マーケットの確保

連携

商店街によるご用聞き

高齢者に優しいまちづくり

**ホームヘルパーは介護業務へ専念**
**商店街の活性化、地域への貢献**

## 「ご用聞き」サービス継続のポイント

**利用者との信頼関係**
（ボランティアでなく商売）

**福祉との連携と役割分担**
（福祉の仕事に立ち入らない）

**採算面で無理をしない**
（新たな経費負担はナシ）

地域の中心としての商店街復活

## 49 「家庭的保育」という選択

子どもができても働き続けるためには、自宅の近くで安心して預けられる場所があることが重要だ。

### 家庭的保育とは

問題は、大都市を中心に保育所が足りないこと。政府は「待機児童」を減らそうと躍起だが、そう簡単にいかない。そこで注目されるのが自治体が独自に設けた「家庭的保育」（「保育ママ」など）制度。保育者が自宅で子どもを預かるしくみだ。

家庭的保育は保育所と比べ小規模なため、子どもの状態に合わせた個別・柔軟な対応ができる。また、違う年齢の子どもと一緒の生活は、一人っ子には貴重な経験。親にとっても保育者は気軽な相談相手だ。

制度の内容は、地域によってさまざま。保育者の条件に保育士の資格を求めるところもあれば、資格・経験不問のところもある。料金のしくみも、認可保育所に準じる場合と、保育責任者が決める場合がある。

### 認可保育所並みの公的補助を

家庭的保育の存在は、一般にあまり知られない。情報も少なく、加えて無認可のため、問題が起きたときの対処を心配し、預ける側に躊躇《ちゅうちょ》がある。保育支援センターやオンラインネットワークで、保育所か家庭的保育かを問わず、相談や交流が図れる場をつくって、しくみをよく理解してもらうべきだ。

また、保育所とは異なる保育技術や運営のノウハウなども必要。保育者の研修・育成プログラムをしっかり決め、サービスの質を保ちたい。

保育者は収入・運営が不安定な場合が多い。制度として確立し、安定的にサービスが提供されるためには、認定制度を作って保育者の職業的地位を評価した上で、認可保育所と同様の公的補助が求められる。

多様化するニーズに即し、かつ「保育」という現場における自己の経験や能力を生かせる家庭的保育を、保育所の不足を補う観点ではなく、利用者の選択肢の一つとして位置づけることが望まれる。

⬇関西ビジネスインフォメーション「女性が互いに支えあう地域社会」

## 家庭的保育とは

保育者が自宅で子どもを預かる

↓

利用者の選択肢の一つとしての位置づけを！

## 制度の確立に向けて

| | | |
|---|---|---|
| ● 一般に知られていない<br>● 情報が少ない | ● 保育技術や運営ノウハウの必要性 | ● 保育者の収入・運用面の不安定さ<br>● 施設整備の必要性 |
| ↓ | ↓ | ↓ |
| ● 情報収集・相談の場の構築<br>例）保育支援センター<br>オンラインネットワーク | ● 保育者の研修・育成プログラムの確立 | ● 認定制度<br>● 公的補助の実施 |
| ↓ | ↓ | ↓ |
| ● 知識と理解を広め、多くの市民の利用を | ● 保育者の質の確保 | ● 制度の確立<br>● 運営基盤の安定 |

# 3

# 資源を上手に使う

## 50　循環型社会をめざして I

循環型社会の構築に向けて家電リサイクル法など全国的なしくみはかなり整った。だが、実行には地域の実情を踏まえたアイデアが求められる。

### 電気自動車の共同利用

　京都で提案されたのが車の共同利用《カーシェアリング》。太陽光パネルと電気自動車を使う、一〇〇〜一五〇メートル四方の小さな地区単位での取組みだ。充電時間の制約を考え、太陽光でつくった電気はいったん電力会社に渡す。

　車は二人乗りの小型電気自動車。耐用年数一〇年、走行距離一〇万キロとしてふつうの軽自動車と比べると個人所有では、一〇年間の総費用が約一千万円で、軽自動車の約六百万円と比べかなり割高だ。

　そこで一地区平均四三世帯のうち二三世帯の参加を想定する。町会所や自治会館などの協力で駐車場を確保し、電気自動車を一地区で三〜四台持てば、世帯当たり月額一万五千円で週三〇キロは走れる。

　このしくみでは、車のひとり占めを防ぐことや、希望日時をうまく調整することが大切。駐車場所を地域の談話室にすれば、住民の交流にも役立つ。

### 水俣市の環境モデル都市づくり

　熊本県水俣市は「環境モデル都市づくり」を宣言し、住民主体のビジョンづくりに取り組んできた。

　ビジョンづくりは、住民と企業が中心。住民組織「寄《よ》ろ会《かい》みなまた」では、地元の自然・風土と暮らしの関わりを絵地図にする「資源マップ」と「水の経路図」をつくった。

　これらの取組みは環境教育旅行、エコ水俣フィールドツアーなどをひきつけ、修学旅行だけで年五千人が訪れた。環境への対応を精神論だけでなく産業と位置づけることで無理なく続ける。各地でも学ぶべき点だ。

➡システム科学研究所「住民からの電力供給によるカーシェアリングシステムの導入に向けて」・熊本開発研究センター「循環型地域社会システムの考察―水俣市における環境行政の分析」

## カー・シェアリング（京都）

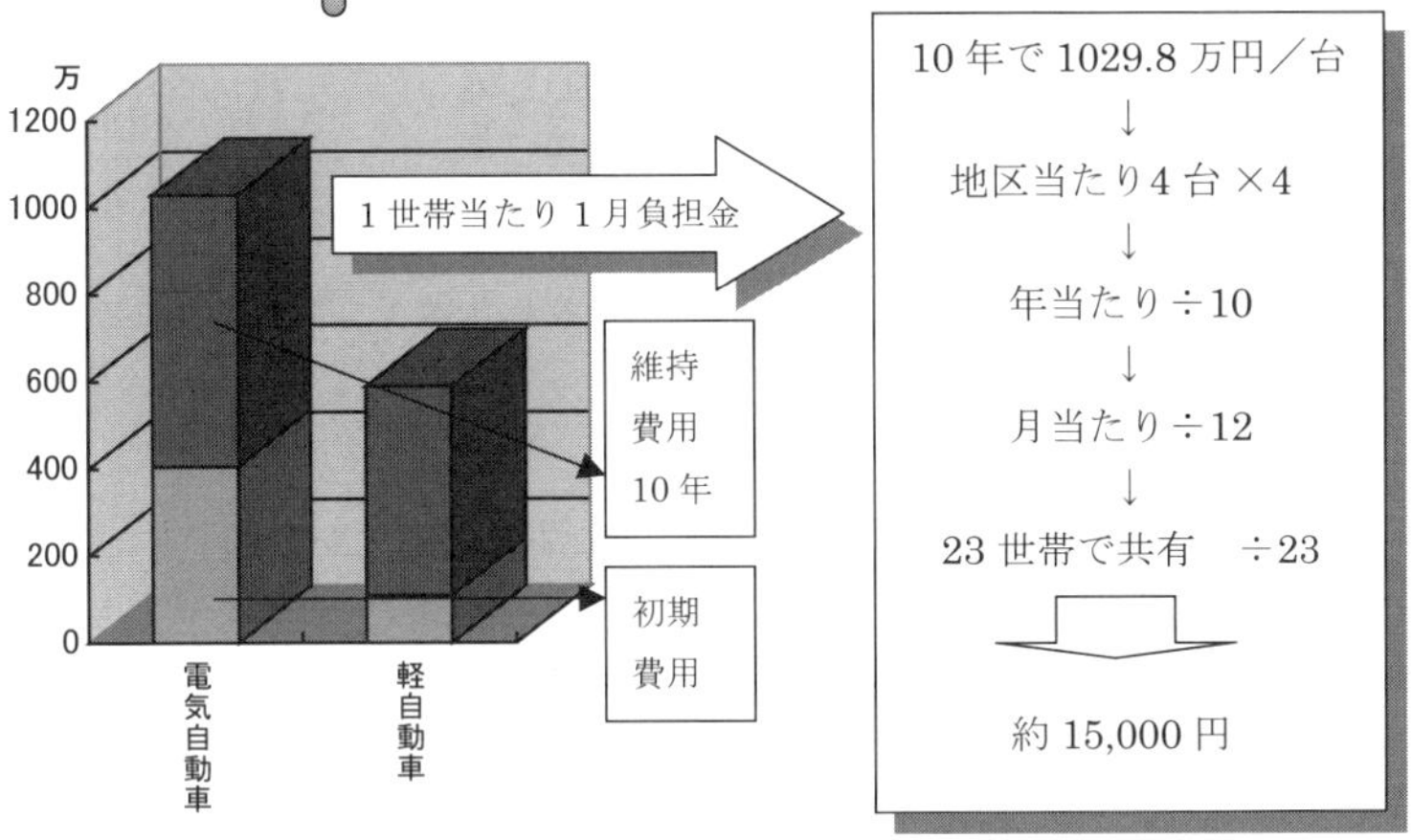


## 水の経路図（水俣）

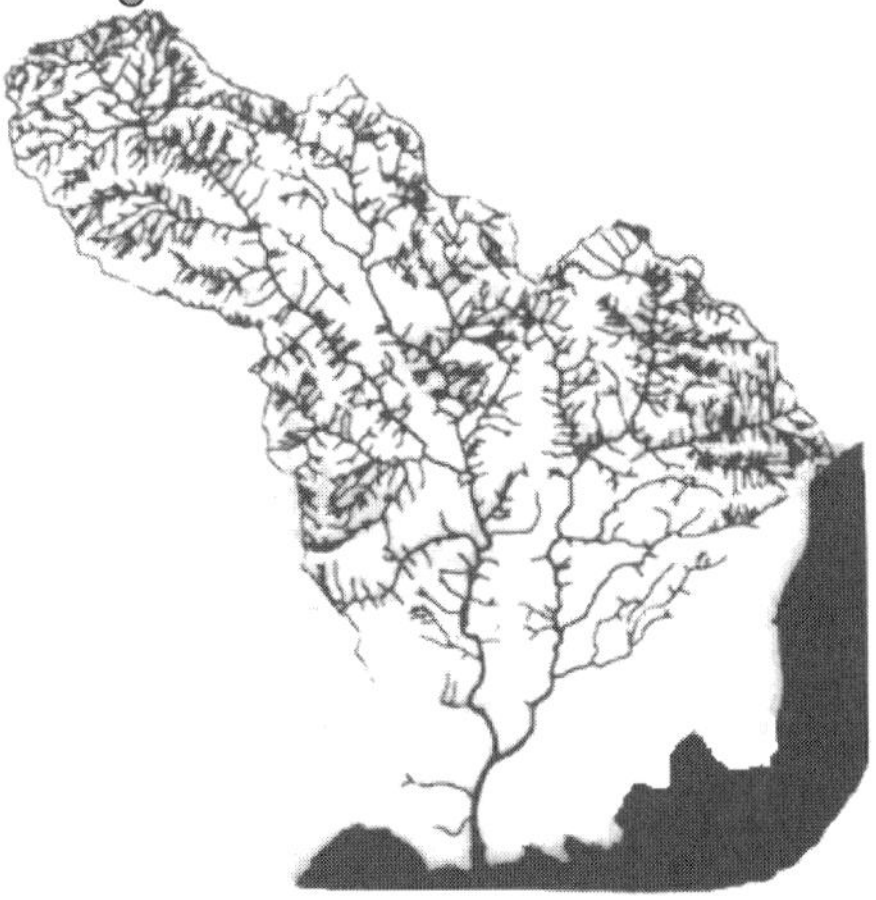

1994 年に市内 26 地区にある「寄ろ会」が各地区の水の行方を調べ、1/2500 の地図にわかったことを書き入れていき、それぞれを合わせると水俣全体の水の流れが完成するというしくみ。

## 51　循環型社会をめざして II

### 家畜ふん尿リサイクル

家畜ふん尿は産業廃棄物の二割以上を占める。悪臭、川や地下水の汚染が大問題だ。ただ、単に廃棄物として処理するのでは能がない。特に酪農・畜産や農業の大規模経営が多い北海道では、これを堆肥などに変え、資源として使うことが課題になる。

「土をいつまでも活《い》かし続ける」農業をめざす東藻琴《ひがしもこと》町は、この問題にうまく取り組んでいる。まず、尿から無害・無臭の液体である「液肥」をつくることに成功。それを家畜ふん尿に加えると、質の高い堆肥ができた。

これをきっかけに集中管理のための「堆肥センター」「液肥センター」を建てた。地元酪農家は、ふん尿の管理の手間が省け大助かり。環境への悪影響も減った。かつては「土づくり」に参加する余力のなかった小規模農家もこのしくみを使うようになり、ふん尿を出す酪農家と使う側の畑作農家が流通ネットワークで結ばれている。

核となる施設も必要だが、「土づくり」などの目標を掲げ、酪農家と畑作農家が無理なく協力できることが鍵。地元農協や自治体も含めた取組みが欠かせない。

### 離島地域の家電リサイクル

家電リサイクル法ではリサイクルにかかる費用に加え、廃家電を集めて運ぶ代金を消費者が負担する。離島の住民には厳しすぎる。

鹿児島県の沖永良部《おきのえらぶ》島は、独自の海上コンテナ輸送で費用を削ろうとしているが、本土と比べまだ負担が大きい。そこで次のような提案がある。

まず、家電の販売代金の一部を地元小売業者が共同で積み立て、このお金をもとに、家電の修理ができる体制を組む。また、いらなくなった家電を修理し、転勤などで短期間離島に住む人に売る経路をつくる。

リサイクルの前に、廃家電の削減《リデュース》と再使用《リユース》を考えよ、ということだ。

➔北海道未来総合研究所「家畜ふん尿リサイクル」・鹿児島総合研究所「離島地域の家電リサイクルの実態と循環型社会構築への対応」

## 家畜ふん尿リサイクル

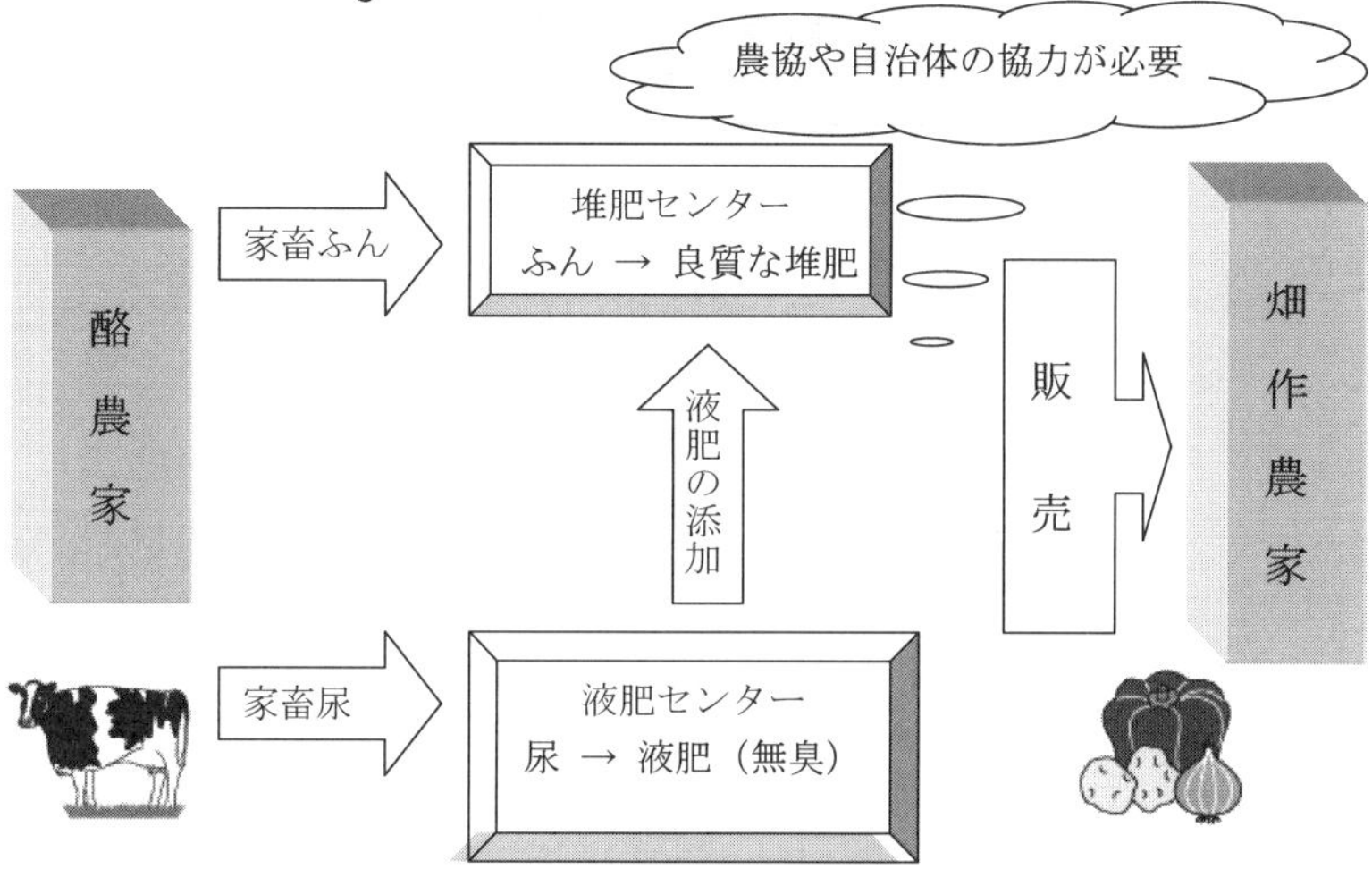


## 離島地域の家電リサイクル

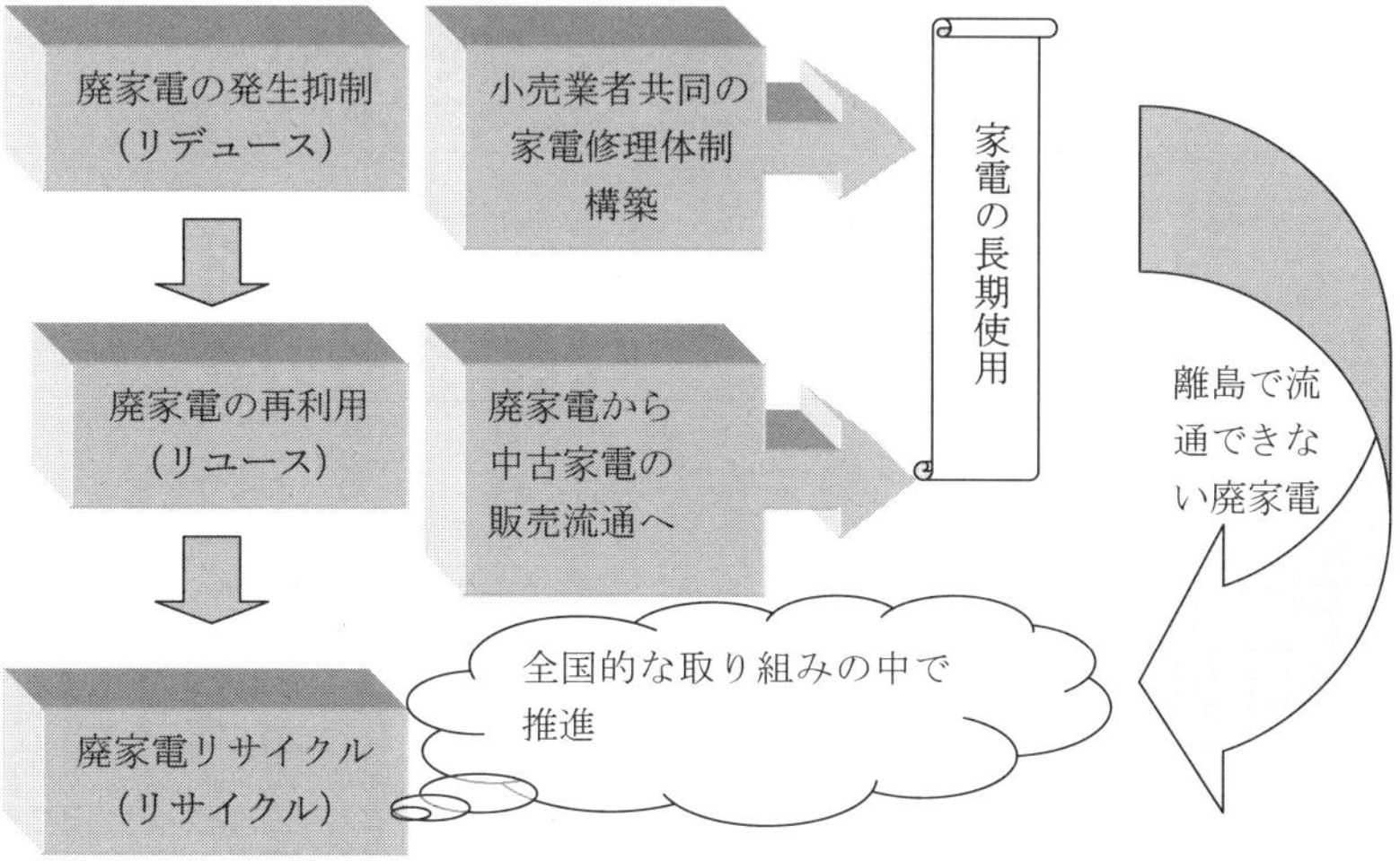

## 52 「共」の領域を広げて環境を守る

これまで、山あいの地域の環境は、お役所の力＝「公」だけでなく、共有地＝「共」のルールに基づいて住民自らの手で守られてきた。

共有地《コモンズ》のルールとは、森林や水などを失わない範囲で上手に使っていこうと、地域ごとに設けた取りきめだ。

### 「公」や「私」による対応の限界

「公」による管理は、一見すると公平で能率も高そうだが、地域の実情に合わないことも多い。特に、森林などの価値を分かち合う範囲と「行政区域」が一致しない場合、「公」は十分に働かない。

そこで、市場取引＝「私」を取り入れようという発想もある。だが、「私」だけではコストを払わずに資源が使われる。結局、「公」の枠組みの中での工夫であり、「公」の問題点を完全には乗り越えられない。

だが「共」にも課題がある。最近では、過疎化や高齢化が進む中で、地域社会のつながりが弱まっている。したがって、「共」の領域をもっと広くとらえなおすべきだ。

### 「共」の領域を広げる工夫

北海道斜里《しゃり》町は、民有地となった開拓跡地を保全しようと考えた。そのため、「知床で夢を買いませんか」をうたい文句に、広く全国から寄付を募り、その土地を買い戻すことにした。目論見《もくろみ》は当たり、多くの賛同者が集まった。

これは、マスコミやインターネットで仮想的な「共」の空間がつくられた例。こうして「共」の領域を広げれば、価値ありと認められた地域の環境は、多くの支援を得られる。

成功の鍵は、「共」によって支えられるものの性質を、参加者に訴えかけること。一つは「脆《もろ》さ」（放っておけば消えてしまうこと）、もう一つは「相互編集性」（自発的な参加者が人手やお金、情報を出すことを通じ、その価値を高めること）だ。

地域住民は、「編集者」として、賛同者が出したものを束ね、環境の価値が高まるよう方向づける。

🄑倉阪秀史「ボランタリーな経済と中山間地域の環境保全」

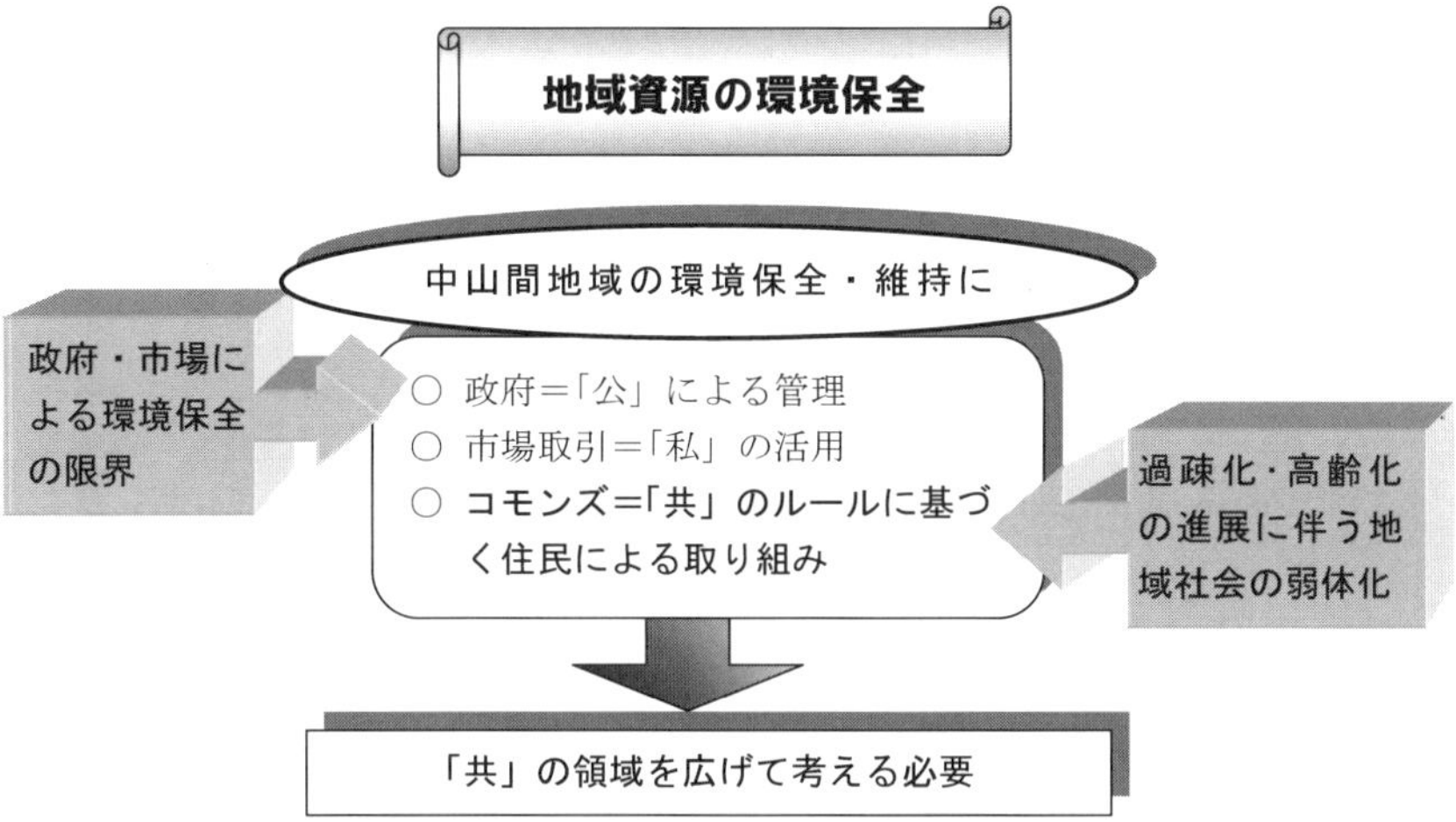
地域資源の環境保全
中山間地域の環境保全・維持に
政府・市場による環境保全の限界
○ 政府＝「公」による管理
○ 市場取引＝「私」の活用
○ コモンズ＝「共」のルールに基づく住民による取り組み
過疎化・高齢化の進展に伴う地域社会の弱体化
「共」の領域を広げて考える必要

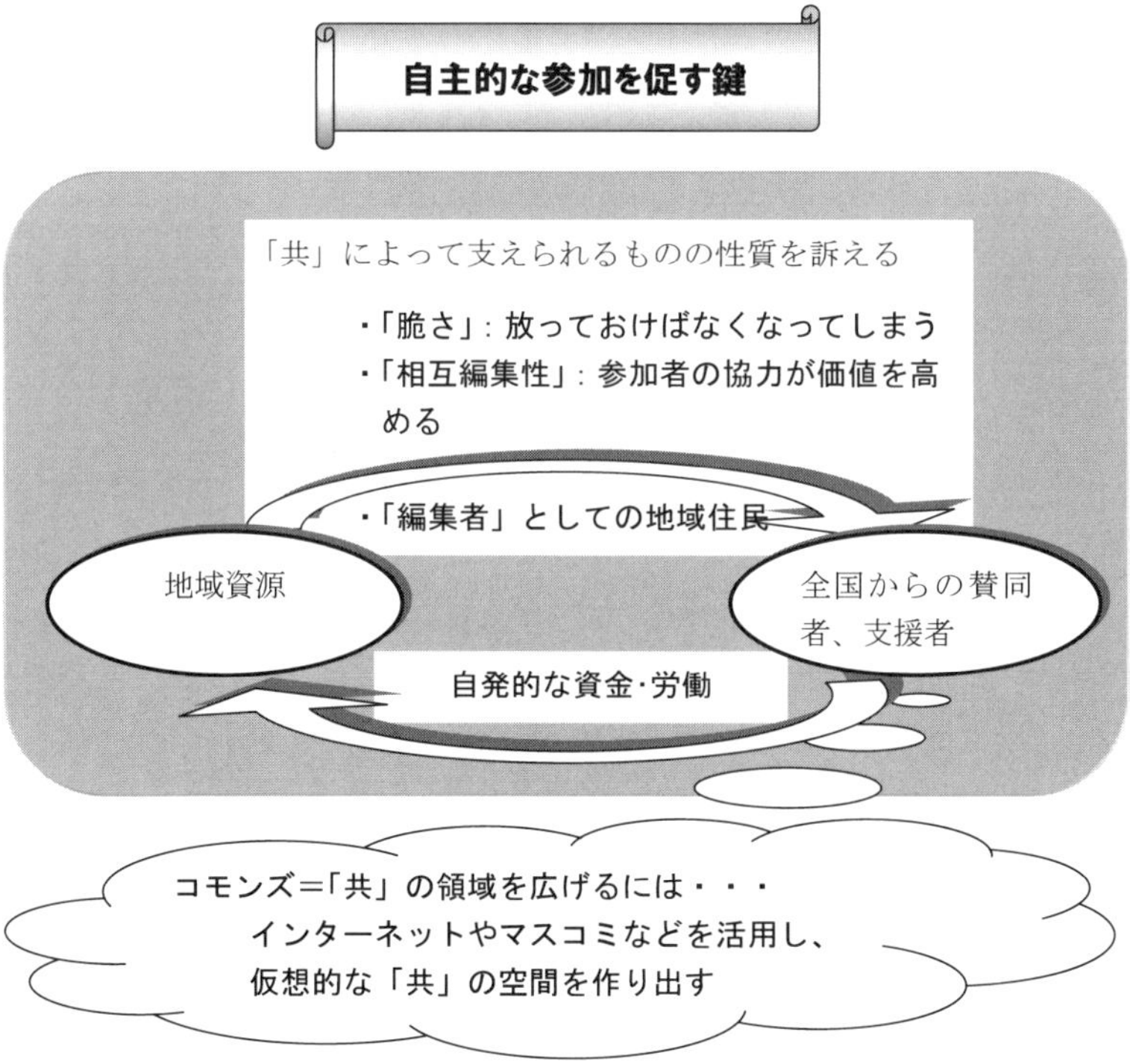
自主的な参加を促す鍵
「共」によって支えられるものの性質を訴える
・「脆さ」: 放っておけばなくなってしまう
・「相互編集性」: 参加者の協力が価値を高める
・「編集者」としての地域住民
地域資源
全国からの賛同者、支援者
自発的な資金・労働
コモンズ＝「共」の領域を広げるには・・・
インターネットやマスコミなどを活用し、
仮想的な「共」の空間を作り出す

## 53　日中協力で地球温暖化を防げ

二酸化炭素など温室効果ガスは、地球の気候を変える（地球温暖化）とされる。そこで、一九九四年調印の「気候変動に関する国際連合枠組み条約」を皮切りに、世界的な対策が講じられてきた。

九七年には「京都議定書」が採択され、温室効果ガスの種類ごとに減らすべき目標量が設けられ、その達成が先進諸国に義務づけられた。日本は、二〇〇八年から一二年平均の温室効果ガスの排出量を、九〇年に比べて六％減らすことになっている。

**日本と中国、それぞれの悩み**

温室効果ガスを減らすためまず考えられるのが、石炭や石油の使用を減らすこと。だが、風力や太陽光などクリーンエネルギーでは、化石燃料と同じ量を発電するのはまだ難しい。日本では新しい原発の建設も難しく、目標達成は簡単でない。

開発途上国には具体的な削減目標が課されていないが、努力は求められる。たとえば中国では石炭を大量に使っているため、その煙に入っているススなどによる大気汚染が深刻だ。だが、技術や資金が足りず、中国だけで改善に取り組むには限界がある。

**協力による解決**

京都議定書では、途上国で減らした温室効果ガスの量を先進国が受け取るしくみがある。これが「クリーン開発メカニズム（ＣＤＭ）」。日本の優れた技術や豊富な資金を使いススや温室効果ガスの少ない発電所を中国に建てればこれが使える。

ある試算では、約一〇〇万キロワットの最新の天然ガス火力発電所を、同規模の石炭火力発電所の代わりに建てると温室効果ガスが五割以上、実に日本に義務づけられた削減量の一割近くが減る。

ＣＤＭで、大きな削減量が日本のものになり、中国ひいては地域全体の大気汚染が改善する可能性がある。

🡻ＮＩＲＡ『北東アジアにおける環境配慮型エネルギー利用』（仮題）

## 温室効果ガスが少ない発電所建設

## 減らした温室効果ガスの実績をもらう

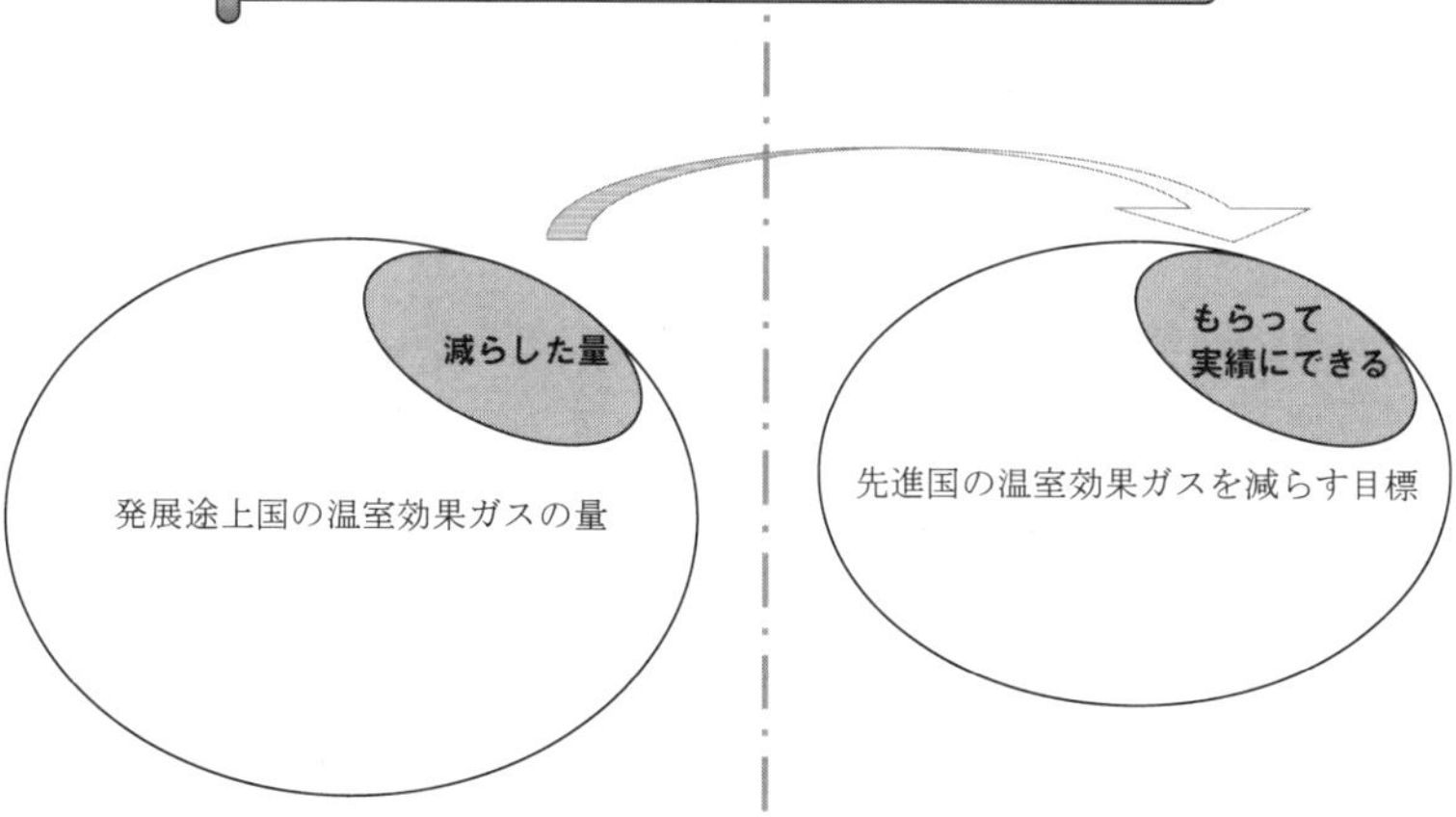

54 北東アジアの天然ガスを生かせ

天然ガスは、燃やして使う燃料の中では最も環境にやさしい。石炭にくらべ硫黄酸化物（$SO_x$）がゼロ、窒素酸化物（$NO_x$）が四割、さらに二酸化炭素（$CO_2$）でも六割と、有害物質を吐き出す量が少ない。

燃やすと高いエネルギーが出る。暖房や自動車などで、燃料を石油から天然ガスに替えるのもそう難しくない。家庭で使う場合、屋外のパイプとつなげば手がかからない。

新エネルギーとして研究中の燃料電池の燃料としても期待できる。

**意外に多い埋蔵量**

ある統計では、現在世界で使われているエネルギーの約四割を占める石油は今後四一年間採れるとされているが、天然ガスは六〇年以上。特に、中国や極東ロシアには天然ガスが多く埋蔵されている。これから探査や開発が進めば、採れる量がもっと増える可能性がある。

このため、北東アジア地域では、天然ガスの将来性が注目される。

**パイプライン建設の課題**

中国は西部の内陸にある天然ガスを東部の沿岸まで運ぶ太いパイプラインを、二〇〇七年の完成を目指してつくっている。ロシアから、中国だけでなく朝鮮半島や日本にパイプラインを伸ばす構想もある。

だが、課題も少なくない。これらのパイプラインは数千キロの長さで、計画どおりの建設は至難の業。工場や家庭まで天然ガスを運ぶ細いパイプラインにも膨大な時間と費用がかかる。

**天然ガスで発電を**

将来、太いパイプラインができたら、CDM（⇩122頁）のしくみを使いたい。中国など途上国で、石炭火力発電所の代わりに最新の天然ガス火力発電所をつくり、大気汚染や温室効果ガスを抜本的に減らす。

その上で、細いパイプラインができて工場や家庭で使えるようになれば、環境の改善はさらに確実なものとなるだろう。

🡻NIRA『北東アジアにおける環境配慮型エネルギー利用』（仮題）

# 天然ガスの利用を広げる

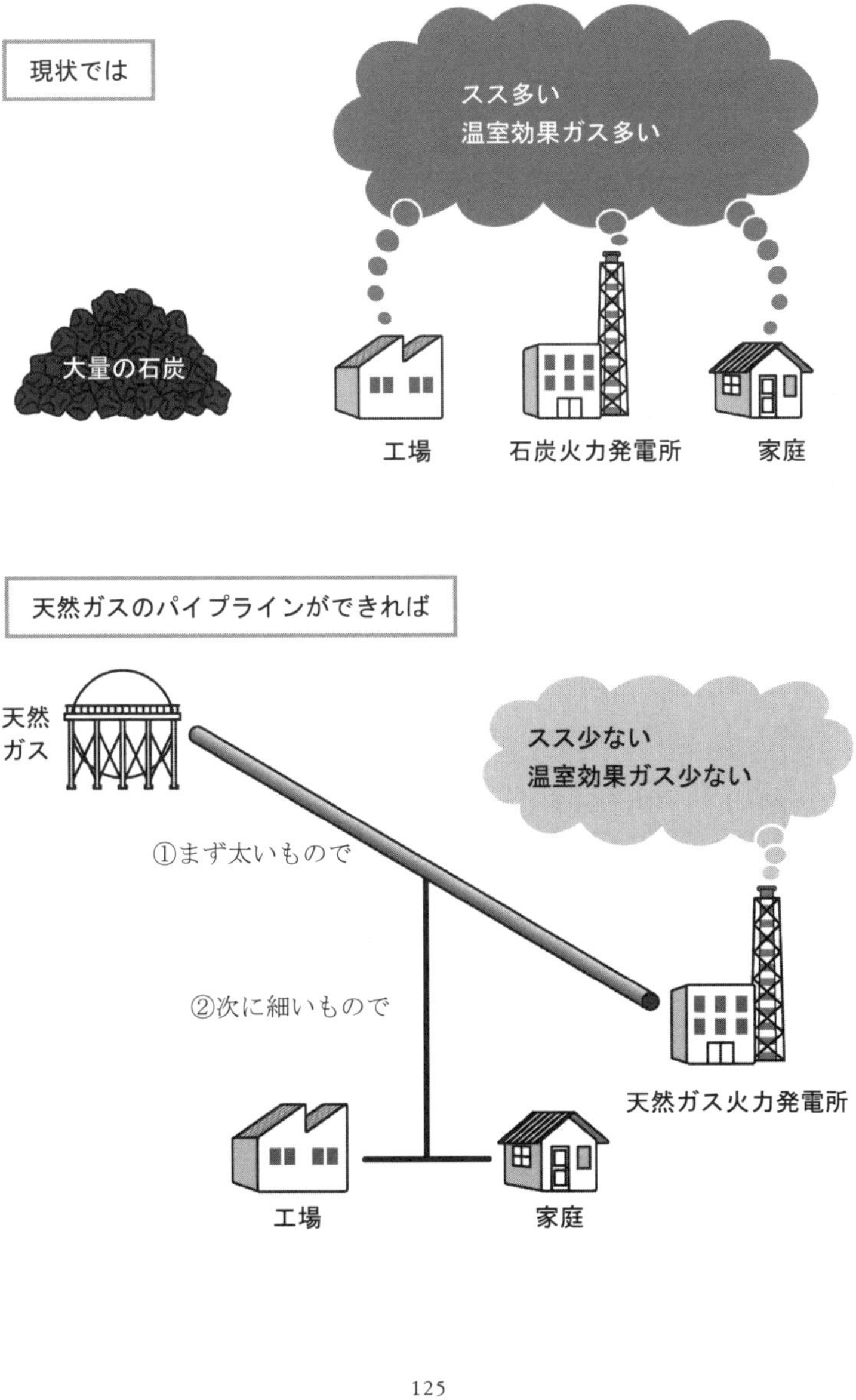

## 55　石炭のクリーン利用を

　中国が石炭依存から脱け出すには、将来的には天然ガスに期待がかかる。だが、石炭の環境汚染は激しく、気長には待てない。

　では石油に替えるのはどうか。残念ながら、石油は北東アジアには少なく、今後の需要増を賄う余力があるのは紛争の多い中東地域。安定的な輸入には不安がある。

### 汚染物質を直接取り除く

　そこで、当面は、石炭を使いながら環境への影響を減らす方法を見つけたい。その際、地域の大気汚染を防ぐことと（ススなどの削減）、地球温暖化を防ぐことは（$CO_2$の削減）、一応分けて考えるべきだ。

　地域の大気汚染を防ぐには、石炭から出る原因物質を発電所の煙から直接取り除く方法がよい。日本の技術で、ススはほぼすべて、$SO_x$や$NO_x$も八～九割以上取り除ける。汚染の影響の大きい$SO_x$を取り除く際、中国で不足している肥料や石こう（石こうは、植物が育ちやすいよう土壌を改良するのに役立つ）をつくれる利点もある。

　$CO_2$を直接取り除く技術はまだ開発中。将来この技術が完成すれば、開発途上国でCDM（⇩122頁）を使うことはもちろん、日本国内でも大幅な$CO_2$の削減ができる。

### 石炭火力発電所の改良

　石炭を使いながら$CO_2$を減らすには、同じ電力をつくるのに使う石炭量が減ればよい。すでにある石炭火力発電所を、効率が高い発電所に改良するのが近道だ。もちろん、新型の発電所をつくってもよい。

　こうすれば、石炭の消費量が少なくなり、$CO_2$だけでなくススや$SO_x$、$NO_x$も同時に減らすことができる。幸い、日本はその十分な技術を持ち、実際に改良した例もある。燃料を一割近く、$CO_2$は二割以上減らすことができた。

　今すぐCDMのしくみを使い、これを行動に移すことができる。よりクリーンな天然ガス火力発電所ができるまでは、この方法が頼りだ。


⇩NIRA『北東アジアにおける環境配慮型エネルギー利用』（仮題）

# 石炭を利用するための工夫

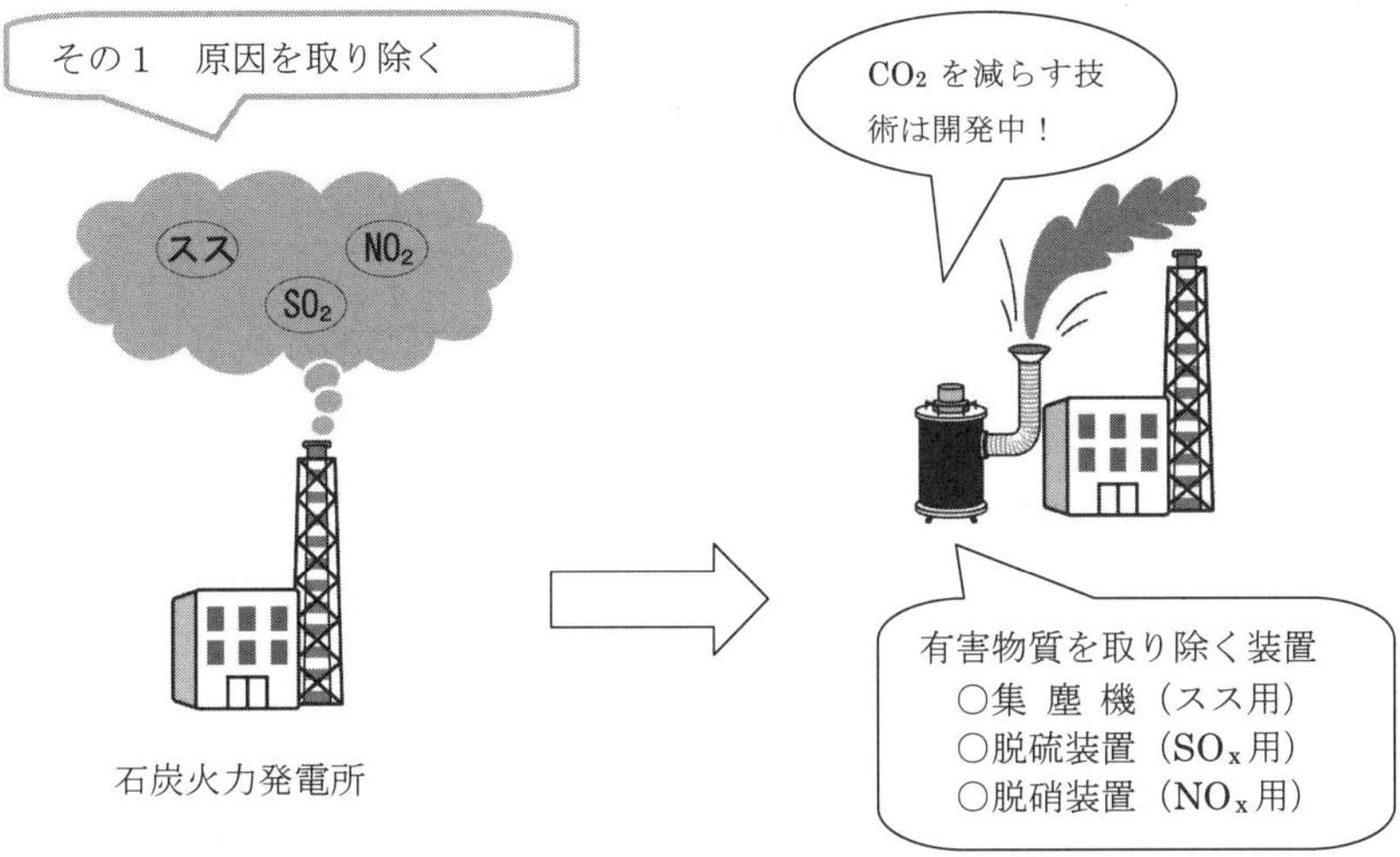


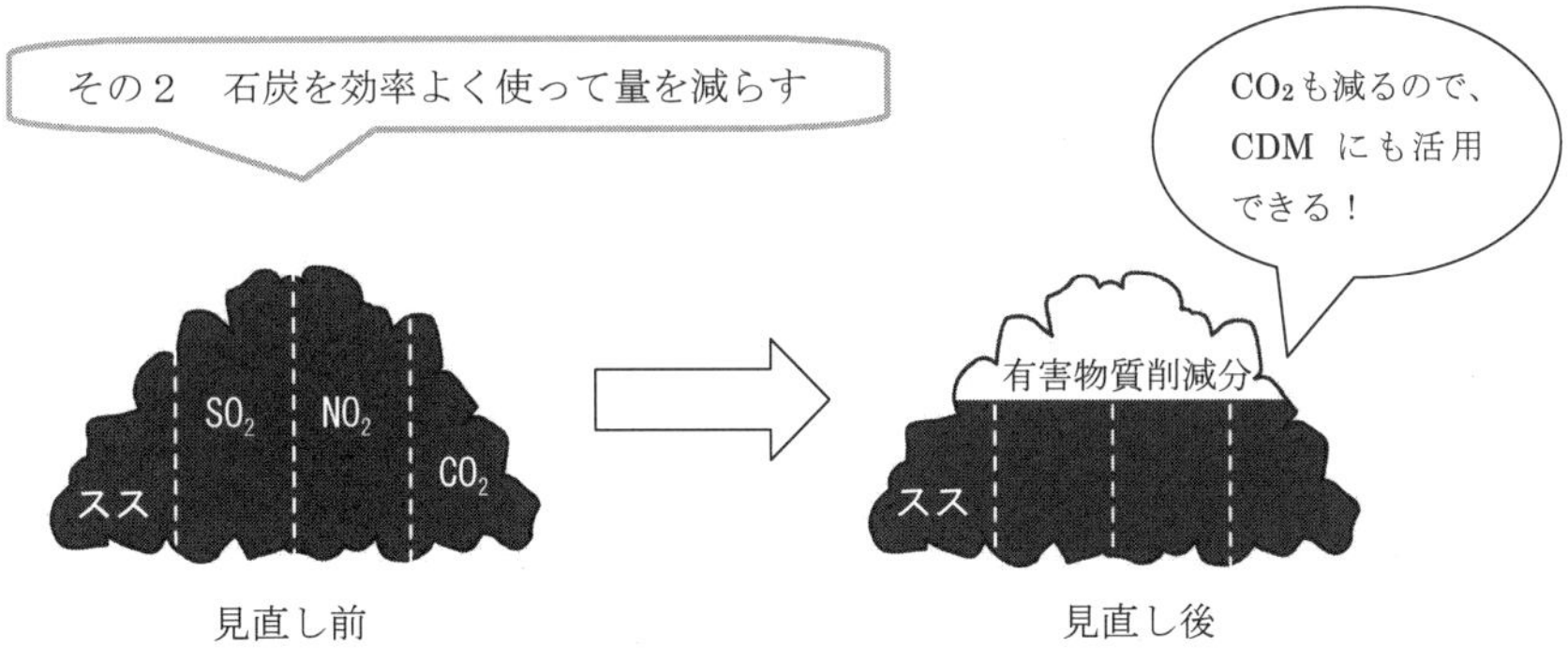

## 56 北東アジアで石油の共同備蓄を

日本の石油消費量は、緩やかに増える傾向にある。だが、北東アジアにおける日本以外の国・地域では、大幅に増えていくことが予想される。特に中国は、一九九三年に石油の純輸入国になり、二〇〇三年にも日本の消費量を抜くといわれる。

この地域では極東ロシアを除き石油を自給できる国はない。消費量が増えるのに伴い、石油の輸入量も大幅に増えると見込まれる。

アジア太平洋地域の輸出余力が減ると、石油供給の中東依存が進むと考えられ、各国の経済が中東情勢に影響されやすくなることが懸念される。北東アジアでの石油の安定供給策が必要だ。

### 安定供給策としての石油備蓄

鍵は①供給量の安定、②石油価格の安定、の二つだ。

この両方に効果的な対策が、石油の備蓄。十分な備蓄を持つことで、供給不足を補い、また、石油市場を安定させることができる。新たな資源開発に比べ低コストで、短期間に整えられるというメリットもある。

北東アジアでは、現在、日本、韓国そして台湾が備蓄体制を整えてきている。だが、今後最大の石油消費国となる可能性を持つ中国では、体制ができていない。

### 「北東アジア共同石油備蓄機構」

産油国、投機筋への影響力を保つためには、共同の枠組みの中で備蓄体制を整えることが望ましい。

このため、「北東アジア共同石油備蓄機構」を立ち上げたい。各国が共通ルールのもとに石油を蓄え、緊急時に備える国際機関だ。

同機構が成立する鍵は、中国での備蓄体制の確立だ。そこで、日本国内の余剰施設を中国にリースしてはどうか。日本の施設が有効利用され、中国も巨額の設備投資が節約できる。

北東アジア地域内の連携を深め、経済・社会情勢を安定させるために、日本は積極的に共同石油備蓄体制づくりに加わるべきだ。

🡻ＮＩＲＡ『北東アジアにおける環境配慮型エネルギー利用』（仮題）

## 北東アジアの石油需給の展望

〔需要〕

**増加する石油消費量**

・経済発展に伴う消費増
・石炭から石油への転換
（中国における環境対策）

〔供給〕

**中東への一極依存**

・アジア太平洋地域の輸出力減少
・限られる域内資源
（極東ロシアのみ自給可能）

**石油の安定供給策が必要**

## 北東アジア共同石油備蓄体制の確立

〔北東アジア共同石油備蓄機構〕

・統一のルールのもとに石油備蓄保有
・共同歩調により影響力拡大
・中国の備蓄整備が成立の鍵

備蓄先進国として中国の体制整備に協力を！

57

# 食料で手をつなぐ東アジア

東アジア諸国は所得が増え、食生活が豊かになり、食料消費も多様化した。ところが農業生産は零細な水田農耕が中心のまま、消費の多様化に対応できていない。

農産物貿易は輸入に頼りがちだ。域内での調達も増えているが、小麦や飼料穀物など、この地域で生産が困難な農産物を中心に食料の域外依存度が急速に高まっている。

農業・食料市場の弱さの克服には、農業政策の見直しが急務だ。各国はどんな連携ができるだろうか。

**穀物市場の安定化**

域内では、コメの輸出国と輸入国が分かれてきている。輸入国は安定供給の維持を重視、緊急時には融通してもらいたい。ASEANのコメ共同備蓄を東アジアに広げてはどうか。輸出国には価格の安定が重要なので、協定で価格帯を決め、市況を安定させることも考えられる。

域外依存の高い小麦、トウモロコシは、どの国にとっても安定供給が課題。域内の需要見通し、域外の供給見通し、国内生産計画について互いに情報交換をするのが望ましい。

**穀物飼料の開発**

畜産物への需要は、家畜のエサとなる穀物の需要増につながる。

そこで、国内で生産余力のある農産物を、家畜のエサに回せないか。たとえば、日本で研究が進められているイネの飼料化がうまくいき広まれば、穀物需給のミスマッチも減り、一石二鳥だ。

**農産物も顧客重視の時代**

他方で、消費者の視点を忘れてはならない。多様化を続ける消費者のニーズに関する情報を共有するしくみがあれば、各国でニーズに合った農産物を効率良くつくれる。

また、消費者は安全性を重視している。国ごとに異なる有機農産物や低農薬農産物の認証基準を統一すれば、域内農産物の商品価値が高まるだろう。

➔NIRA『食料・農業分野における東アジア諸国の連携に関する研究』

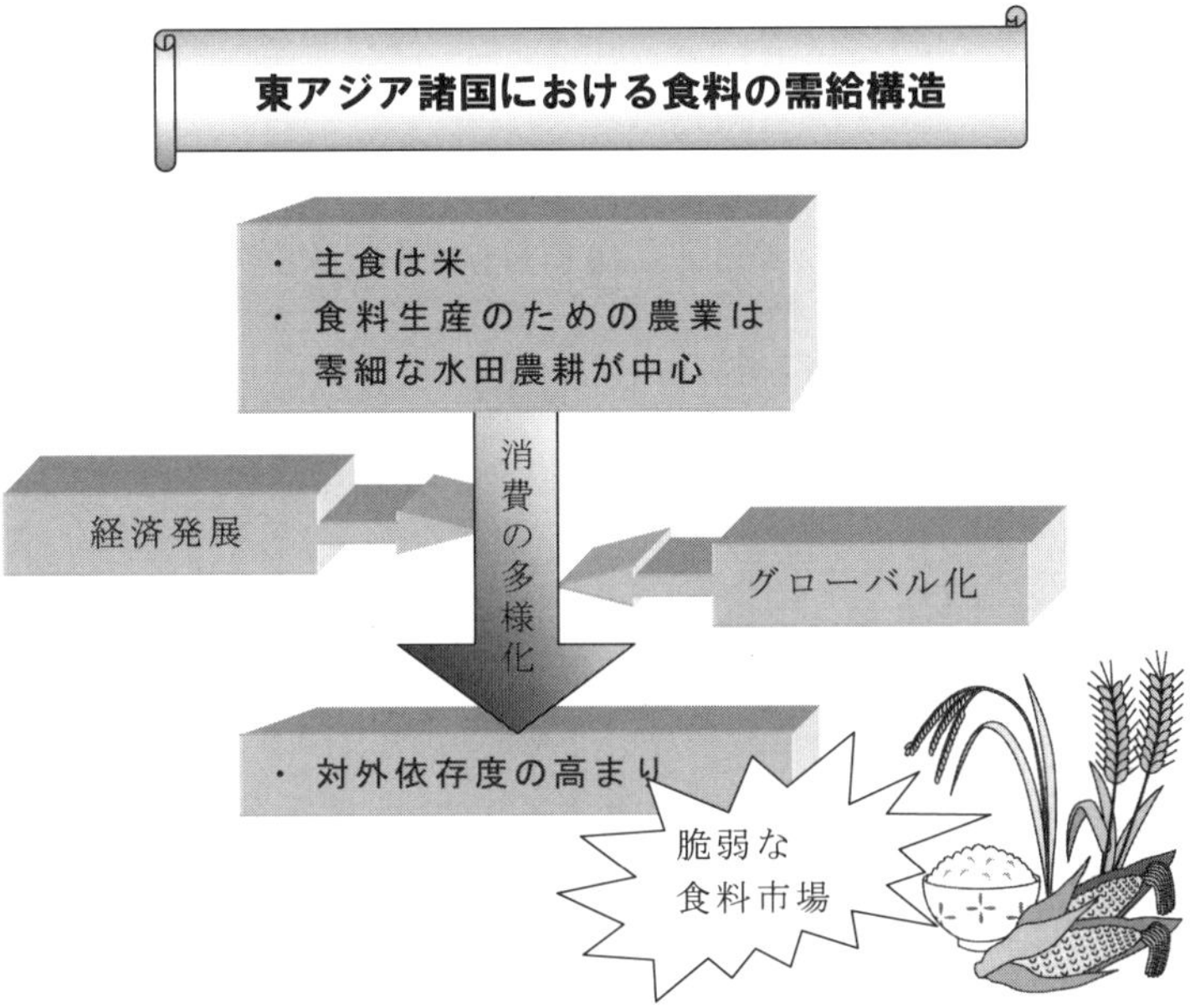
東アジア諸国における食料の需給構造
・主食は米
・食料生産のための農業は零細な水田農耕が中心
経済発展
消費の多様化
グローバル化
・対外依存度の高まり
脆弱な食料市場

## 域内連携のアイデア

| | | |
|---|---|---|
| 生産・技術面 | 米 | 共同備蓄（現在、アセアンで実施） |
| | 米 | 価格の安定化を図るための商品協定の締結 |
| | 小麦など | 需給見通し、生産計画の情報交換 |
| | 畜産 | イネの飼料化（研究段階→実用化） |
| 消費者の視点 | | 消費者ニーズに関する情報の共有 |
| | | 有機農産物や低農薬農産物の認証基準の統一 |

# 4　リスクに備える

## 58 薬害は二度と起こさない

　薬害エイズは、私たちに大きな衝撃を与えた。それ以前にもサリドマイド、スモンなど事件が相次ぎ、そのたびに人々の関心を呼んだ。だが、記憶が薄れるころ、新たな薬害がまた起こる。

　薬害事件の背後には、本来、医療の中心にあるべき患者が脇に追いやられている、という構造的な問題がある。行政、製薬会社、医療機関からなる「閉じた世界」が薬害の発生源といえる。

### 「患者の権利法」を

　まず、産官学医の関係を開かれたものにし、患者中心の医療に変えることが重要だ。

　その一つは「患者の権利法」の制定。患者が医者から治療法などの説明を受け、理解した上で自主的に治療を選ぶための「インフォームド・コンセント」を盛り込む。この考え方は現在、医療現場で浸透しつつあるが、まだ不十分だ。

　また、医療記録は患者のもので、常に見る権利があることを明記し、「一患者一カルテ」をめざしたい。

### 審査、情報、早期救済が鍵

　新薬については、国際的な基準のもと、厳しく科学的な審査が求められる。審査の仕事を行政から民間機関に段階的に移すことも考えたい。

　患者に薬の副作用が現れたとき、情報をいち早く製薬会社、研究者、行政が共有し、検証できるしくみも欠かせない。そうなれば、医療現場に対し薬の正しい使い方が指示でき、副作用を減らせるだろう。※

　万一、薬害が起きてしまった場合、被害者をどう救うかが問題になる。現在でも、そのための調査機関はあるが、使い勝手が悪い。被害者がより簡単に、速やかに、かつ公正に救済されるよう改善が求められる。加えて、医療側に過失がなくとも損害賠償が得られるような法的なしくみも検討に値する。

※この提言（一九九八年）以降、政府でも「医薬品情報提供システム事業」などの取組みを進めている。

↓ＮＩＲＡ『薬害等再発防止システムに関する研究』

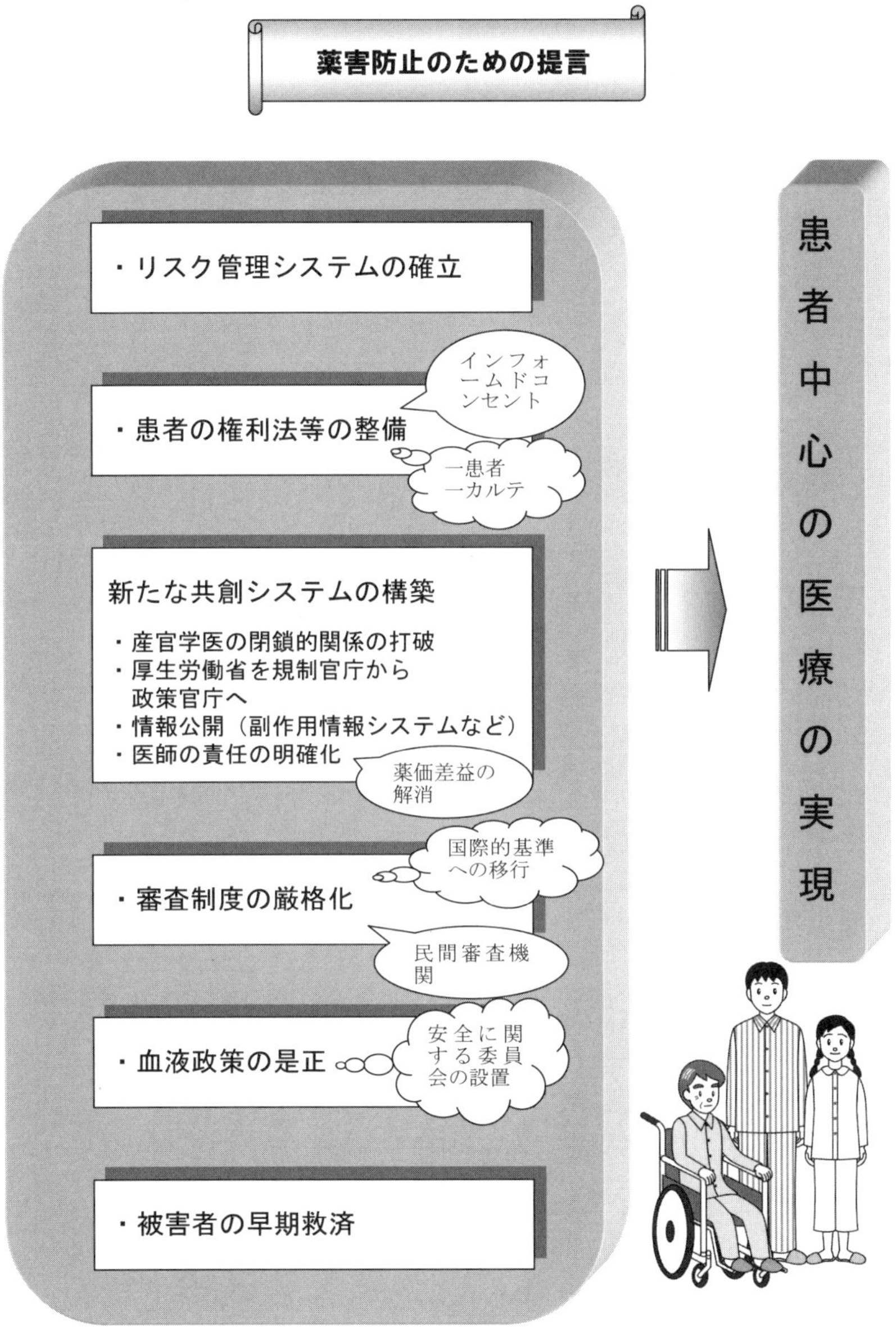
薬害防止のための提言
・リスク管理システムの確立
・患者の権利法等の整備
インフォームドコンセント
一患者一カルテ
新たな共創システムの構築
・産官学医の閉鎖的関係の打破
・厚生労働省を規制官庁から政策官庁へ
・情報公開（副作用情報システムなど）
・医師の責任の明確化
薬価差益の解消
・審査制度の厳格化
国際的基準への移行
民間審査機関
・血液政策の是正
安全に関する委員会の設置
・被害者の早期救済
患者中心の医療の実現

## 59 生物テロの脅威に備える

9・11事件は映像を通じて強烈な脅威を世界に与えたが、忍びよる脅威としては、炭疽《たんそ》菌事件が忘れられない。

細菌やウィルスによる生物テロは、診断を受けるまで発生がわからない。伝染性の病気は被害が広がり、パニックにつながる恐れがある。

**対応の中心は地方自治体**

生物テロの恐ろしさは、いつ、どこで、誰が巻き込まれるかわからない不安感の大きさにある。この不安感を取り除くために準備体制を整えておくことが、最も重要だ。

特に、生物テロ対策は、時間との勝負。病気の発生をいちはやく知り、必要な医薬品を直ちに手配し、患者が増えるのを抑えることが鍵。

そのためには、一番住民に身近な地方自治体が具体的な対処マニュアルを整えておく必要がある。

**マスコミの協力が必要不可欠に**

万一テロが発生した場合、正確な情報をすばやく伝えなければならない。どんな病気がどこで発生し、患者や死亡者は何人か、予防や治療にはどの医薬品が必要か、どのように感染するのかといった情報だ。

ほとんどの細菌は太陽光線で死に、水道に入っても殺菌処理されるため心配はない。外出を控える、風上に逃げるなど簡単な対策が効果を持つことも多い。情報伝達はマスコミのお家芸。当事者意識を持って対策に参加してほしい。

**日米でワクチンの共同開発を**

安保条約があっても、生物テロで米国が日本を直接助けることは難しい。ワクチンの備蓄は米国でも十分ではなく、輸送に時間もかかる。日本は自ら対策を講ずべきだ。

一方、日米両国が、生物テロへの準備に情報の面で協力していくことは有効だ。現在、ワクチンなどについて情報交換が行われているが、より連携を深め、ワクチンや病原体検知器の本格的な共同開発につなげていくべきだろう。

🄬NIRA・ジャパンソサエティ「生物テロに関する日米ラウンド・テーブル報告」

## 生物テロへの準備体制

とにかくわかりやすい情報を
病院の準備体制は？
警察と保健所の協力体制を
マスコミも協力を

## 日米の生物テロ協力

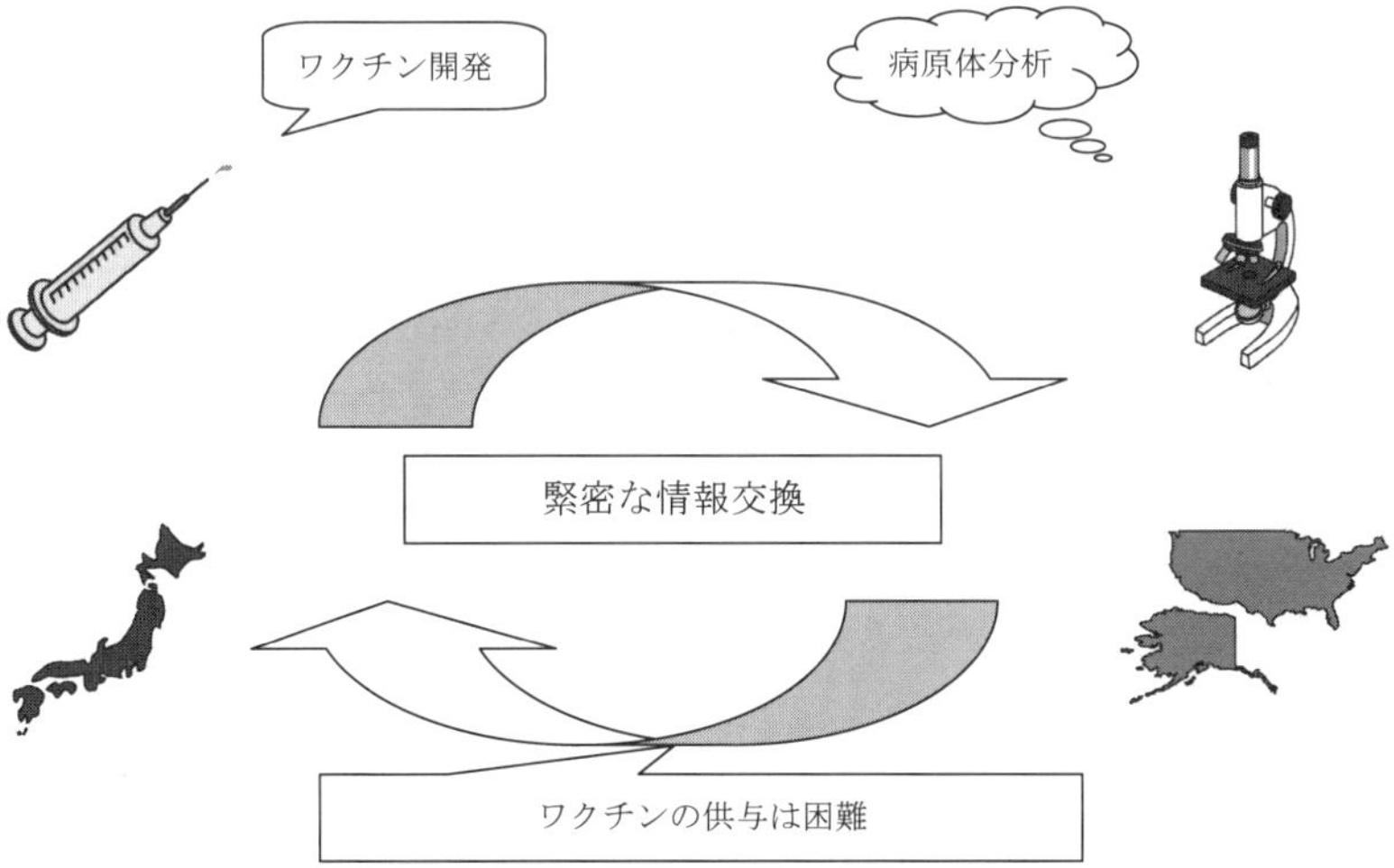
ワクチン開発
病原体分析
緊密な情報交換
ワクチンの供与は困難

## 60　震災時に頼れるのは何？

阪神淡路大震災のほぼ二カ月後、被災者の体験を尋ねる調査が行われた。

震災直後に「消火・救出・治療・看護などで援助・援護などを受けることができたのは？」（複数回答）との問いに対し、「家族」という答えが多いのは当然だが、「近隣の人たち」がそれを上回った。一方、自治体や警察など行政の評価は軒並み低い。「ボランティア」はその中間。「避難場所・住居・生活物資・サービスの提供」という震災後の長期対応についての問いでも同様の傾向だった。

### 力不足だった自治会

「自治会等コミュニティ組織」の果たした役割は、両問とも「ボランティア」を下回った。さらに、「自治会等のコミュニティが震災時に機能したか」は、約三分の一が肯定的、三分の二が否定的。評価が分かれたのは、自治会によって日常的な活動を通じた「きずな」の強さが違うからだ。

今回の震災時は、市民の地域社会への献身性や連帯感は強かった。にもかかわらず、行政も地域社会もその力を十分生かせなかった。

### 「ふだんからのつながり」が鍵

そこで、人口五百〜千人を単位として幼稚園や保育所を「地区センター」に、五千〜一万人を単位として小学校や中学校を「地域センター」に指定、地域のつながりの核にするよう全国自治体に提言したい。

これらのセンターには福祉、環境などあらゆる地域のサービス機能を分担させ、お祭りなどを通じてふだんから交流を深めておく。教員、保育士、自治会役員などが担い手の核となる。

神戸市は、この提言を踏まえて防災福祉コミュニティへの支援を始めた。防災に関する資機材を備え、指導者を育てるほか、ふだんからの地域活動を促しており、住民はお祭りや安全マップづくりに参加している。

🄙神戸都市問題研究所『大都市直下型震災時における被災地域住民の行動実態調査』

## 震災直後頼りになったのは誰？

問】消火・救出・治療・看護などで援助・援護などを受けることができたのは？

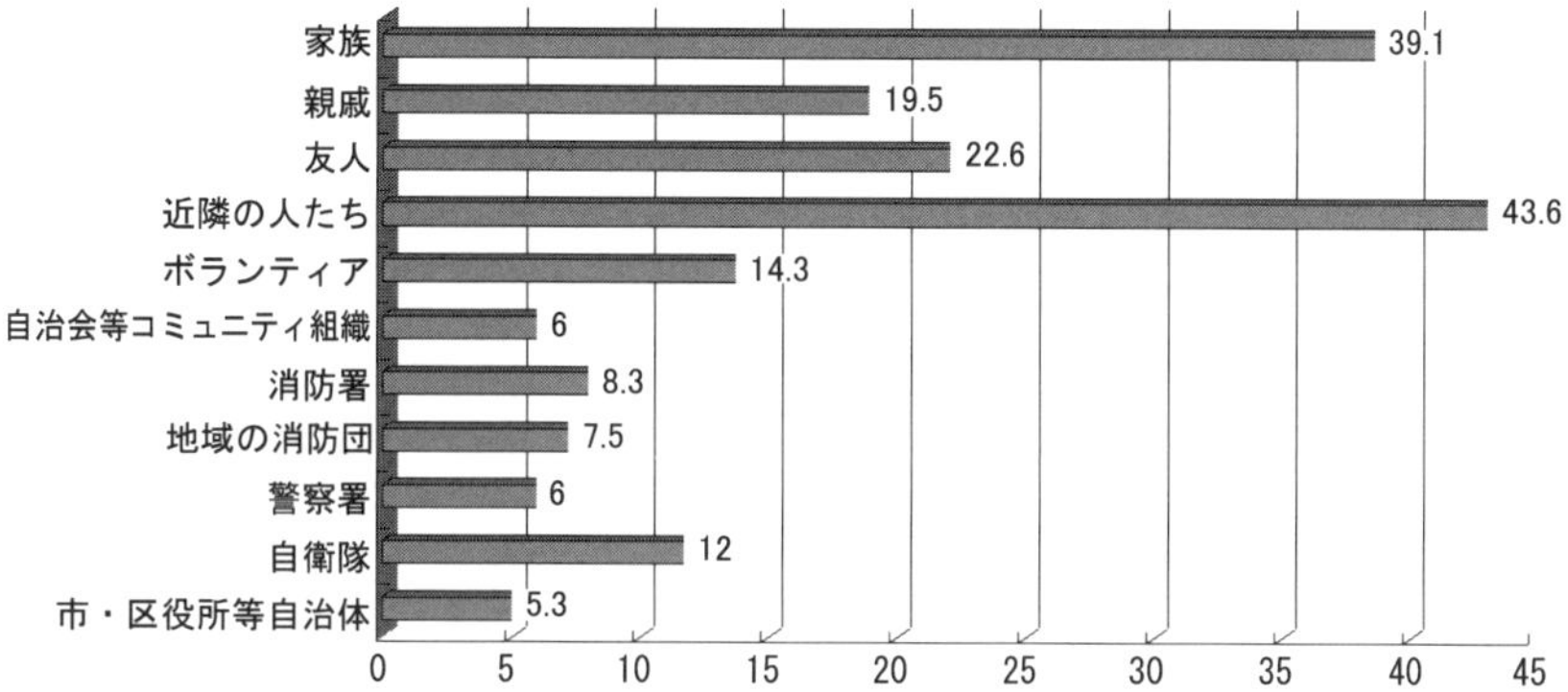


調査回答者数：358名、性別：女性76.4%、男性23.6%、住所地：神戸市、西宮市
（重複回答・回答から主な項目を抜粋して表示した）

## 普段からのつながりを深めるしくみを

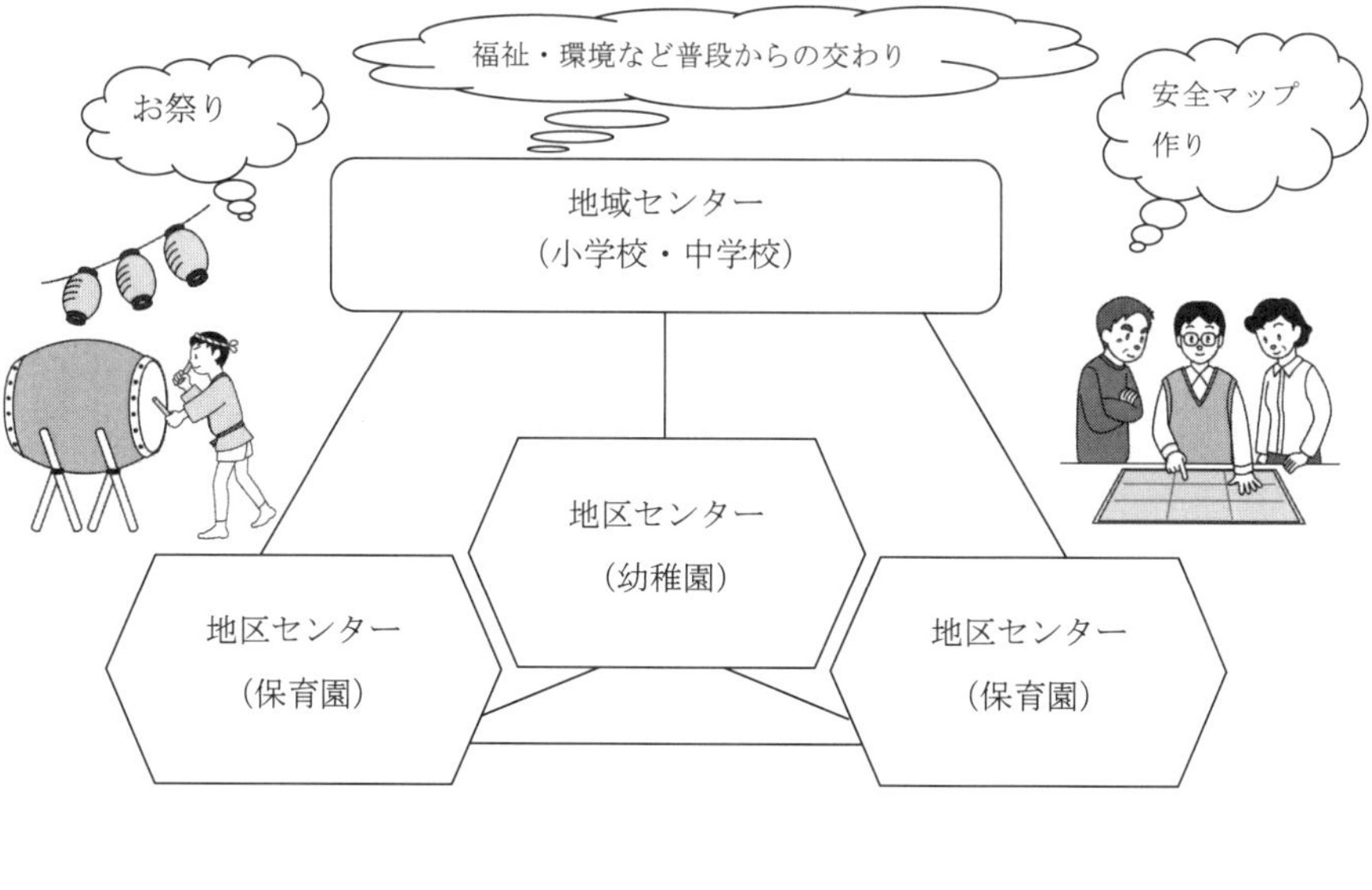

## 61　災害ボランティア市民活動憲章

阪神淡路大震災以降、被災者へのボランティアによる支援活動が本格化している。二〇〇〇年九月の東海豪雨では、約二週間で延べ二万人のボランティアが参加した。

この経験から、災害救援ボランティア市民活動憲章が提言されている。市民ボランティア及びNPOからの聞き取りにより実情を整理し、今後の指針をとりまとめた。

**ボランティア・センター**

愛知県は度重なる水害にボランティア組織と協議を重ね、防災活動に関する協定を結んだ。この密接な関係により、両者が被災後直ちにボランティア・センターの本部・支部を設け、組織的な被災者救済を展開。現地に駆けつけるボランティアの受付窓口、被災者の支援ニーズとボランティア活動の調整役だ。

一方、休日は千人規模の受付に時間を要し、早く活動を始めたいとの苦情も出た。被災者からはセンター開設をもっと早く教えて欲しかったとの意見も少なくない。

センターの活動を支えたのがボランティア・コーディネーター。行政も力を入れて育成し、今回がはじめての出番。しかし、座学だけで実際の経験がなく、マニュアル頼りで臨機応変な対応ができなかったり、センターを経由しないボランティアと摩擦が生じた場合もあった。

**災害救援の市民活動憲章を**

ボランティアといってもその内容はさまざま。準備する持ち物や現地の様子をセンターに事前に問い合わせ、きちんと体制を準備するしっかりした人も多いが、作業に適さない「短パン」「サンダル」の軽装で参加する人、親や学校に勧められ自主性や意欲が感じられない人も。被災地では「ボランティアを装った盗みの噂」が跡を絶たなかった。被災者へ自立を促すには撤収のタイミングも判断が難しい。

問題を一つずつ解決するため、市民活動憲章の試みは意義を持つ。

➔地域問題研究所「市民参加による災害救援活動の広域連携に向けた政策評価指標の活用」

## 災害ボランティア市民活動憲章

| 活動段階 | 活動の指針（抜粋） |
| --- | --- |
| 災害発生の認知 | ・信頼できる情報源から正確な情報を入手し、活動の仲間と連絡し合おう。 |
| 行動の決断 | ・現地ボランティア・センターの開設を行動のサインとしよう。 |
| 災害との直面 | ・私的な準備品は自ら携行し、センター目指して現地入りしよう。 |
| 被災者・地域への関与 | ・困った問題は、すぐにボランティア・センターに相談しよう。<br>・コーディネーターはセンターの環境を整え、活動を支援しよう。 |
| 撤収の認知と行動 | ・被災者ニーズを十分に精査し、センター閉鎖の時期を決めよう。 |
| 自立支援への転換 | ・被災地の自立を応援する方法を仲間と考え、行動しよう。 |
| 日常生活への回帰 | ・活動を仲間と検証し、記録として整理しよう。 |
| 次への準備 | ・地元の防災活動に災害救援活動の経験を生かそう。<br>・市民と行政の違いなく、災害救援に係る情報の共有化を図ろう。 |

（備考）実際の憲章案には、23項目の活動指針が掲げられているが、ここでは紙幅の関係上10項目だけを抜粋した。

# 5

# 科学技術と向きあう

## 62 クローン人間をどうする？

一九九七年のクローン羊「ドリー」誕生で、世界に衝撃が走った。クローン技術がヒトに使われるのではないかとの危惧が広がった。

ついに、二〇〇二年一二月、スイスの新興宗教団体が「クローン人間が誕生した」と発表。翌年一月には、「日本国内で日本人夫妻の間にクローン赤ちゃんが生まれた」ともいわれた。もっとも、これらの事実の科学的証拠は示されていない。

ただ、世界でクローン人間の研究が進められており、日本も傍観者でいられる状況ではない。

### 僕のお母さんは誰？　お父さんは？

クローン技術をはじめとする生殖補助医療の中でも、体外受精や人工授精などの技術は不妊治療として、すでに一般的に使われている。だがこの種の医療は、時に家族の根本である親子関係を混乱させる。

たとえば、双方ともに生殖の能力を失った夫婦が、第三者の精子と第三者の卵子で作った胚で、借り腹による代理出産を行った場合、法律上のお母さん、お父さんは誰になるのか？

お母さんの候補者をあげると、①子を欲した妻、②卵子提供者、③出産した女性が考えられる。お父さんの候補者も、①子を欲した夫、②精子提供者、③出産した女性が結婚していればその夫が考えられる。

法律できちんとルールを決めておかないと、親権や相続問題などで混乱を生じることが予想される。

### 対応の遅れる日本の法整備

日本では、クローン技術規制法が二〇〇〇年一二月に公布されたが、クローン人間をつくることをその場しのぎに禁じただけで、今すぐ見直しが必要だ。

現在、生殖補助医療に関する規制は厚生労働省で、付随した親子関係については法務省で検討を進めているが、なかなか捗《はかど》らないようだ。

生命倫理法を持つフランスや胚保護法を持つドイツなどの諸外国と比べても、日本では法的対応が遅れている。

➡ＮＩＲＡ「生命倫理法案」（仮題）

## クローン人間の作製

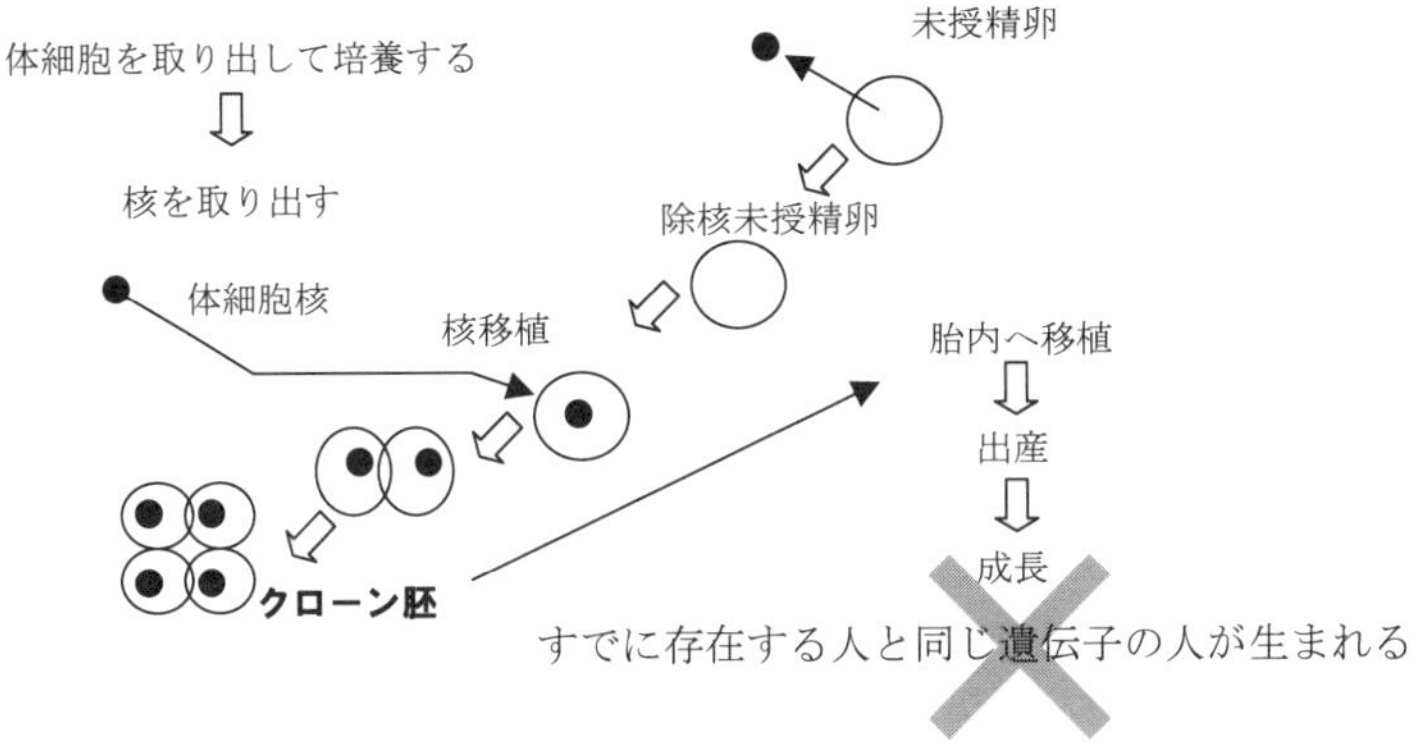
体細胞を取り出して培養する
核を取り出す
体細胞核
核移植
未授精卵
除核未授精卵
クローン胚
胎内へ移植
出産
成長
すでに存在する人と同じ遺伝子の人が生まれる

## 複雑な親子関係

私たちが望んだ子だよ。
私のお腹から生まれたのよ！
僕はその夫だ。
私の卵子から生まれたのよ。
僕の精子から生まれたんだ。
僕の本当のお母さんとお父さんは、一体誰なの？

## 63 わが国に「生命倫理法」を

日本では、生殖補助医療、ヒト・クローン、親子関係それぞれの問題は、各省が所管の範囲内で別々に対処策を考える方針だ。これらの問題を別個に処理してよいのだろうか。

現行のクローン技術規制法は、クローン胚《はい》の取り扱いやクローン個体の作製という「下流」だけを規制し、対象範囲が狭い。使われる胚や精子、卵子は、すべて生殖補助医療の現場（産婦人科）の対象で、クローン技術が必要とされる背景も、この「上流」部分にある。クローン規制は、そこまで視野に入れ対応を考えるべきだ。材料も技術もさらに子どもが欲しいという想いも、皆この「上流」から出る。

### 「人間の尊厳」を守るために

生殖補助医療とヒト・クローンの二つの問題を、統一してとらえる基本的な考え方とはどんなものか。

この問題に限らず「どこまで許せて、どこから許せないか？　その理由は？」という問いには、一人ひとり答えが違う。それを法で定める場合は、最大公約数を探る必要がある。

クローン技術規制法は、規制の理由を「人の尊厳の保持、人の生命及び身体の安全の確保並びに社会秩序の維持」と定める。生殖補助医療の規制につながるクローン技術規制を議論するには、共通の論理である「人の尊厳の保持」とは何かについても、掘り下げなければならない。

### わが国に「生命倫理法」を！

こうした観点から、日本では、クローン、生殖補助医療、親子関係の三つを包括的に取り扱う「生命倫理法」をつくることが必要だ。

その内容としては、精子、卵子または胚を使って行われる生殖補助医療を定義したうえで、生殖補助医療のあり方と親子法との関係、精子卵子または胚の利用のあり方、クローン原則禁止等の生命発生操作研究のあり方、これらの医療・研究を円滑に行うための行政機関のあり方を定めるべきだ。

そして、この根拠となる「人間の尊厳」を、私法の基本法である民法典に加えることをあわせて提案する。

↓ＮＩＲＡ「生命倫理法案」（仮題）

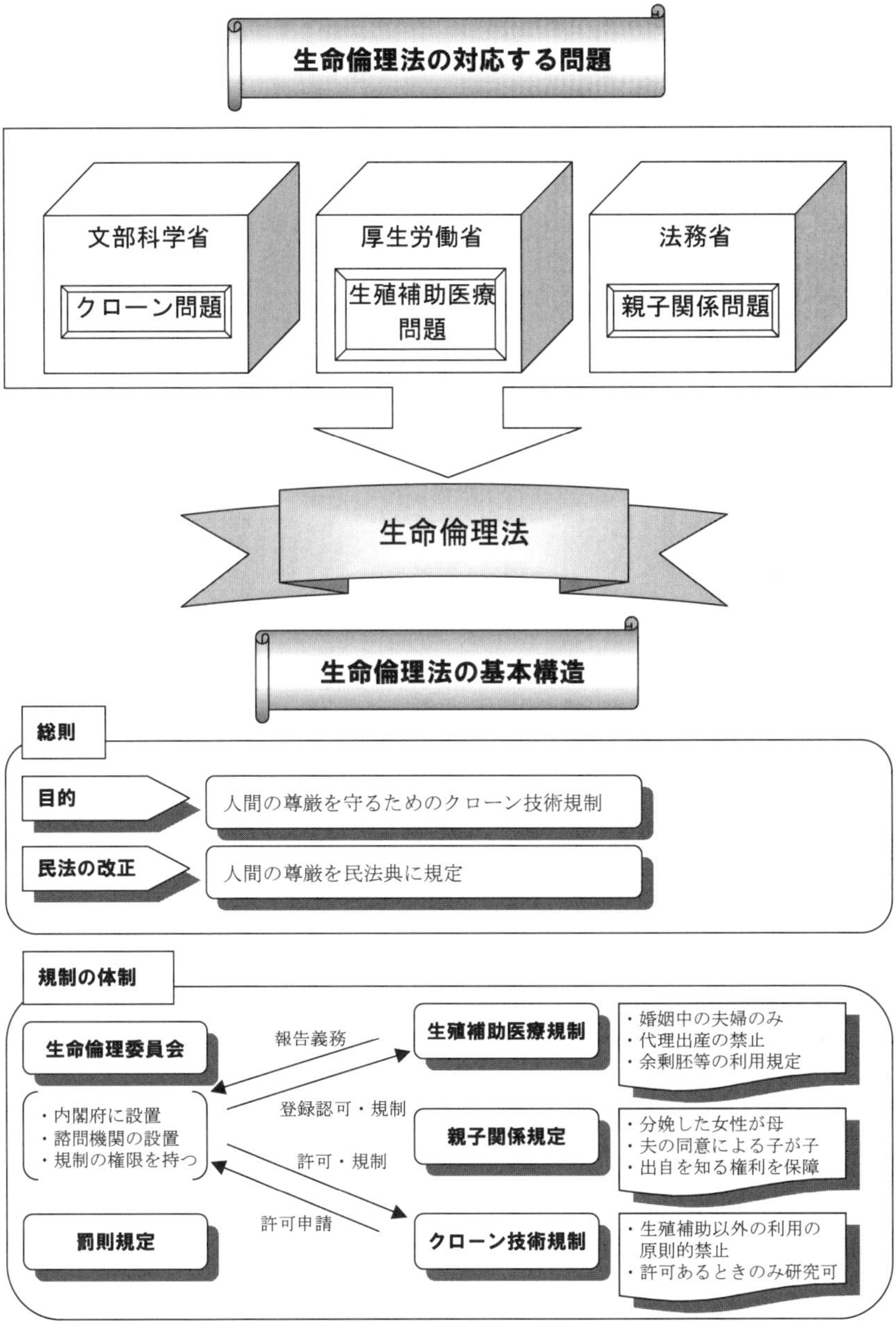
生命倫理法の対応する問題
文部科学省
クローン問題
厚生労働省
生殖補助医療問題
法務省
親子関係問題
生命倫理法
生命倫理法の基本構造
総則
目的
人間の尊厳を守るためのクローン技術規制
民法の改正
人間の尊厳を民法典に規定
規制の体制
生命倫理委員会
・内閣府に設置
・諮問機関の設置
・規制の権限を持つ
罰則規定
報告義務
登録認可・規制
許可・規制
許可申請
生殖補助医療規制
・婚姻中の夫婦のみ
・代理出産の禁止
・余剰胚等の利用規定
親子関係規定
・分娩した女性が母
・夫の同意による子が子
・出自を知る権利を保障
クローン技術規制
・生殖補助以外の利用の原則的禁止
・許可あるときのみ研究可

## 64　テレビ会議で首都機能移転

インターネットが「速く」なってきた。今後も光ファイバー普及で、さらに高速化が進むと見込まれる。

安くて速い情報伝達ができると、新たな技術が次々と生まれる。その一つが臨場感あふれるテレビ会議システムだ。

低速では、小さな画面で途切れ途切れの動きが精一杯だったが、今や携帯テレビ電話が大はやり。一方で、あたかも目の前に相手がいるかのような錯覚さえ感じられる大画面の会議もできるようになった。

**国会はテレビ会議で**

こうした技術を、国会に使ってみてはどうだろう。テレビ番組ではよく見られる光景だが、スタジオまで出向けない人が大画面を通じて議論に加わる。日本全国のサテライト会議場を高速の回線で結ぶことで、実際に顔を合わせるのと同じ臨場感が得られる。

国会議員の仕事は忙しい。最近は会期が長くなる傾向にあり、大半の議員は都内の議員宿舎などで暮らし、地元に帰るのは週末や閉会中が中心。厳しい日程での移動を余儀なくされる。

地元に国会のサテライト議場があればどうか。情報を十分に集め、ゆったりと政策を考えることができる。「忙しいから官僚まかせ」の言い訳はもう通らない。

問題は、所属政党の会議や役所からの説明など、東京で議員がこなしている大量の対話、情報交換。これらのコミュニケーションも地元にいながらにして万全に行えることが前提になる。

**新しい首都機能移転をめざして**

これまでの「首都機能移転」は、新たな都市の建設を意味した。だがこれは、財政難の時代には容易でない。ところが、高速通信回線を使ってすでにある都市や会議場を結べば、新都市建設に等しい効果がわずかなお金で得られる。

詰めるべき点は多いが、電脳時代にふさわしい首都機能移転の検討を提案したい。

➔大貫裕二「社会のガバナンスと電子政府」

## 急速に普及する高速インターネット

DSL加入者数の推移

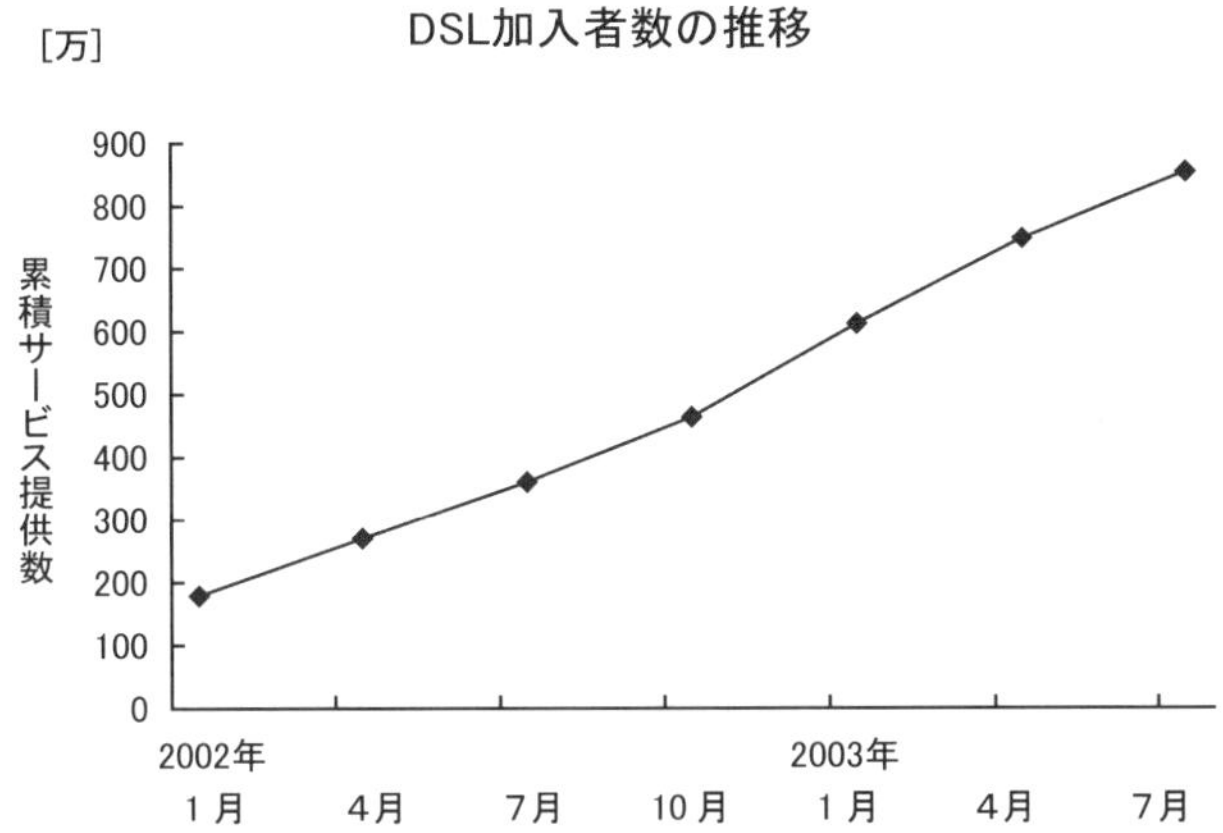


（備考）総務省　DSL 普及状況公開ページ（DSL＝デジタル加入者線）。

## 国会のサテライト開催を

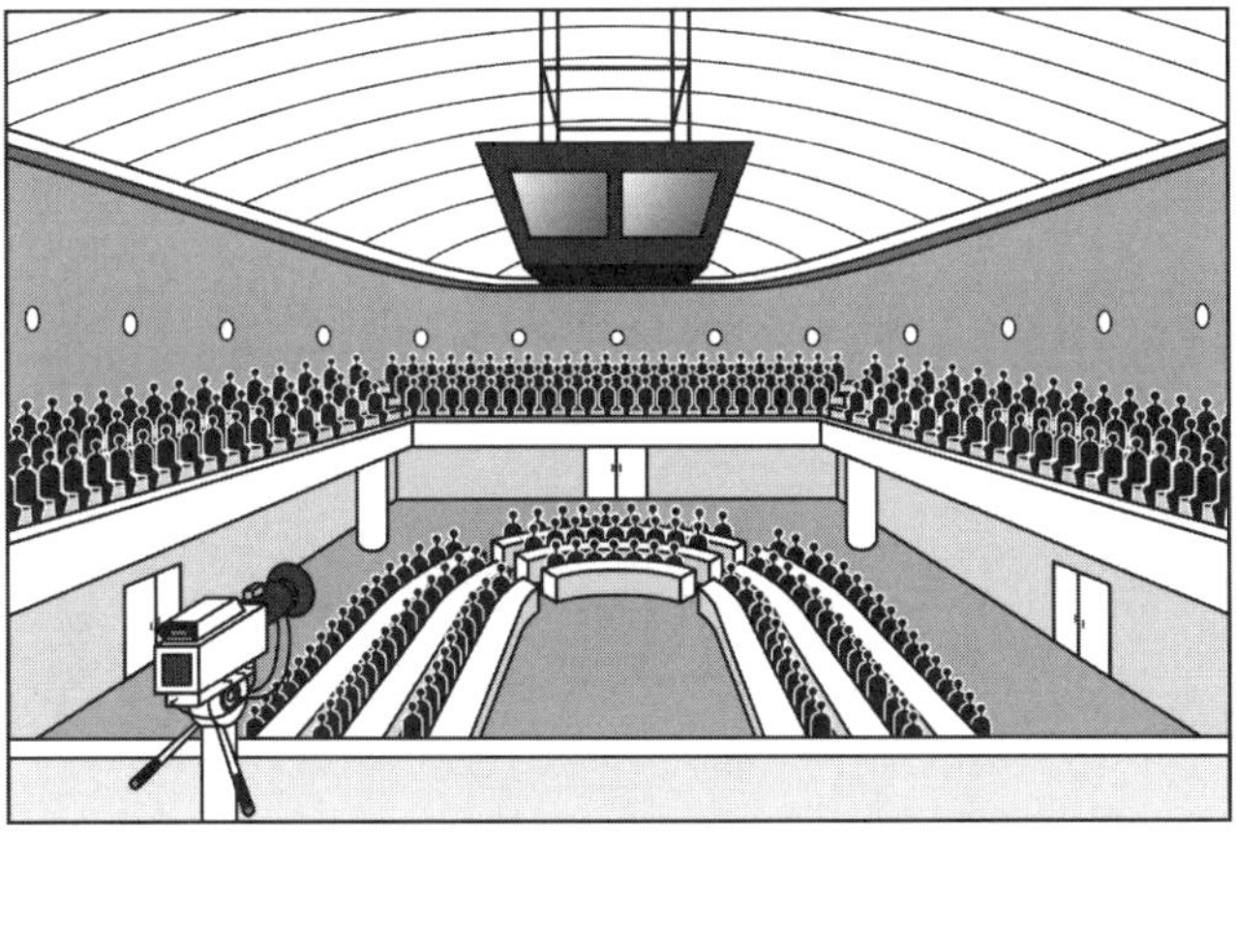

## 65 電子空間のルール

従来の国際ルールは、主権国家を単位に決められてきた。最近は、国を単位としない意思決定が注目される。インターネットに関するルールがその代表。根幹には「自律・分散・協調」の精神がある。「ネットワークのネットワーク」として、対等の立場でのルールづくりから生まれた文化だからだ。

### おおまかな合意で意思決定

たとえば、インターネットの技術標準について議論するフォーラム（ＩＥＴＦ）では、物事を決める際に投票するしくみがない。きちんと動作することが確認されたプログラムがあることを前提に、「大体これでいいかな」という大まかな合意が次第につくられ、意思決定に至る。希望する人は誰でも議論に参加できる。電子会議や掲示板で、自分の意見を述べ、他人の発言にも積極的に対案を出していく。

こうした世界では、力による威圧やお金による誘導はまず無理。「決定済みの事項だから発言するな」と押さえつけようとしても、議論を禁ずる方法はない。論理・知性・感性を総動員し、相手の納得度を高める「智のゲーム」が展開される。

### 少ない日本からの参加

電子空間でのルールづくりはこうして日々進められるが、日本からの参加者はごく少数。英語能力の壁と、原理原則をきちんと考え論理を展開する力が弱いためだ。

欧米の法律関係者などが丁丁発止でやり取りするなか、日本人が対等に議論に参加していくのが大変なことはよくわかる。だが、ルールの方は、参加しない者を無視して次々と決められていく。発言しないことによる不利益は大きい。

日本企業にも、潜在的能力を持つ人材がいるはずだ。職員が個人としてこうした議論に参加しやすいよう、企業の配慮を求めたい。日本だけでなく、近隣のアジア諸国が助け合い、共通の利益をルールづくりの場に提案することが肝要だ。

➔会津泉「インターネットのグローバルガバナンス」

## 国を単位としない意思決定

一人ひとりの利用者が対等の立場で意見表明

## ルールづくりへの積極的参加を

少ない日本からの参加者
・英語の壁
・論理展開力の不足
英語
発言しないと意見がないとみなされる
ルールづくりへの積極的参加が必要
近隣アジア諸国との協力
人材の育成や企業の人的な協力

## 66　科学技術と市民の共生

今日、市民の暮らしは科学技術によって支えられている。他方、科学技術による問題も増えつつある。携帯電話を使った悪質商法、危ない化学物質などだ。その影響を受けるのもまた、市民にほかならない。

### 従来型の専門家と市民の関係

これまで科学技術の政策には、市民の声が生かされてこなかった。

「素人の偏った見方や気まぐれな意見をまともに取り上げていたら大変なことになる。専門家がその知識に基づき正しい判断をする。無知な素人は専門家から教え導かれる（＝啓蒙される）立場にある」という「啓蒙モデル」が、従来の専門家と市民の関係だ。

だが、専門家がいうことは必ずしも正しいわけではない。専門家ゆえに偏る可能性すらある。

この状況は、科学技術だけに限らない。経済や社会に関わる政策をつくるにも、今日では高度な知識が必要だ。専門家でなければ、政策について意見を持つことさえ難しい。

### 専門家と素人が話し合うために

こうした問題の解決に向け、技術の評価に市民が参加するという試みが世界的に広まりつつある。コンセンサス会議やシナリオ・ワークショップだ。

コンセンサス会議は、科学や技術に関することを、一般市民十数名が主役となり、お互いに議論し、意見をとりまとめ発表する。専門家のみが判断の主体となりがちな領域で、市民の考えを打ち出すものだ。

シナリオ・ワークショップは、地域における未来像と行動指針を議論するための会議。二五～三〇名の参加者が、異質な集団の役割を演じる。地域の未来を方向づける要素として科学や技術は重要だ。市民の実際の経験を織り込みつつシナリオの試案を検討することで、より確かな成果を得ることができる。

科学技術の分野に限らず、こうしたしくみを社会のさまざまな場に設け、専門家と市民が協力関係を築いていくことが望まれる。

➡木場隆夫「専門家と市民―知識社会の担い手の関係」

## 従来の啓蒙モデル

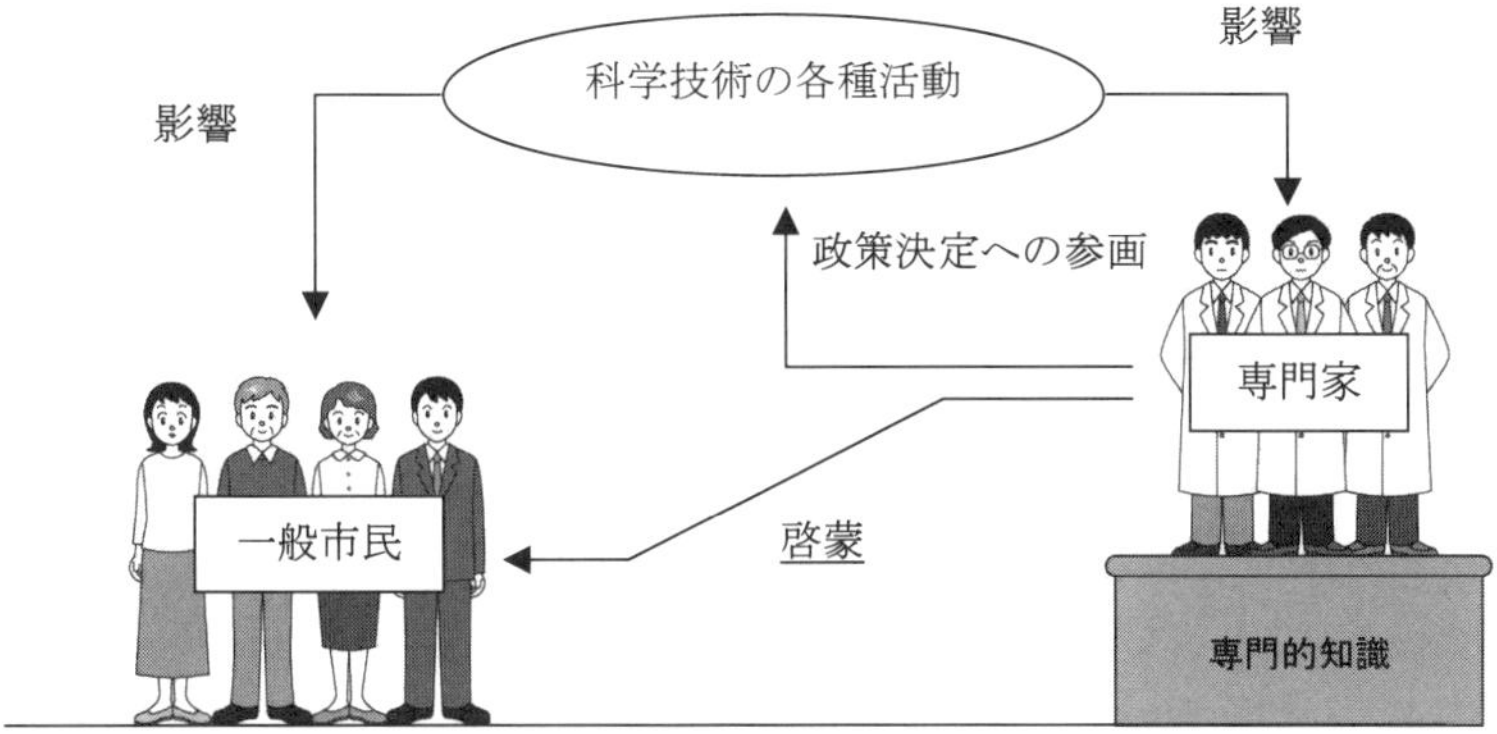


## コンセンサス会議では

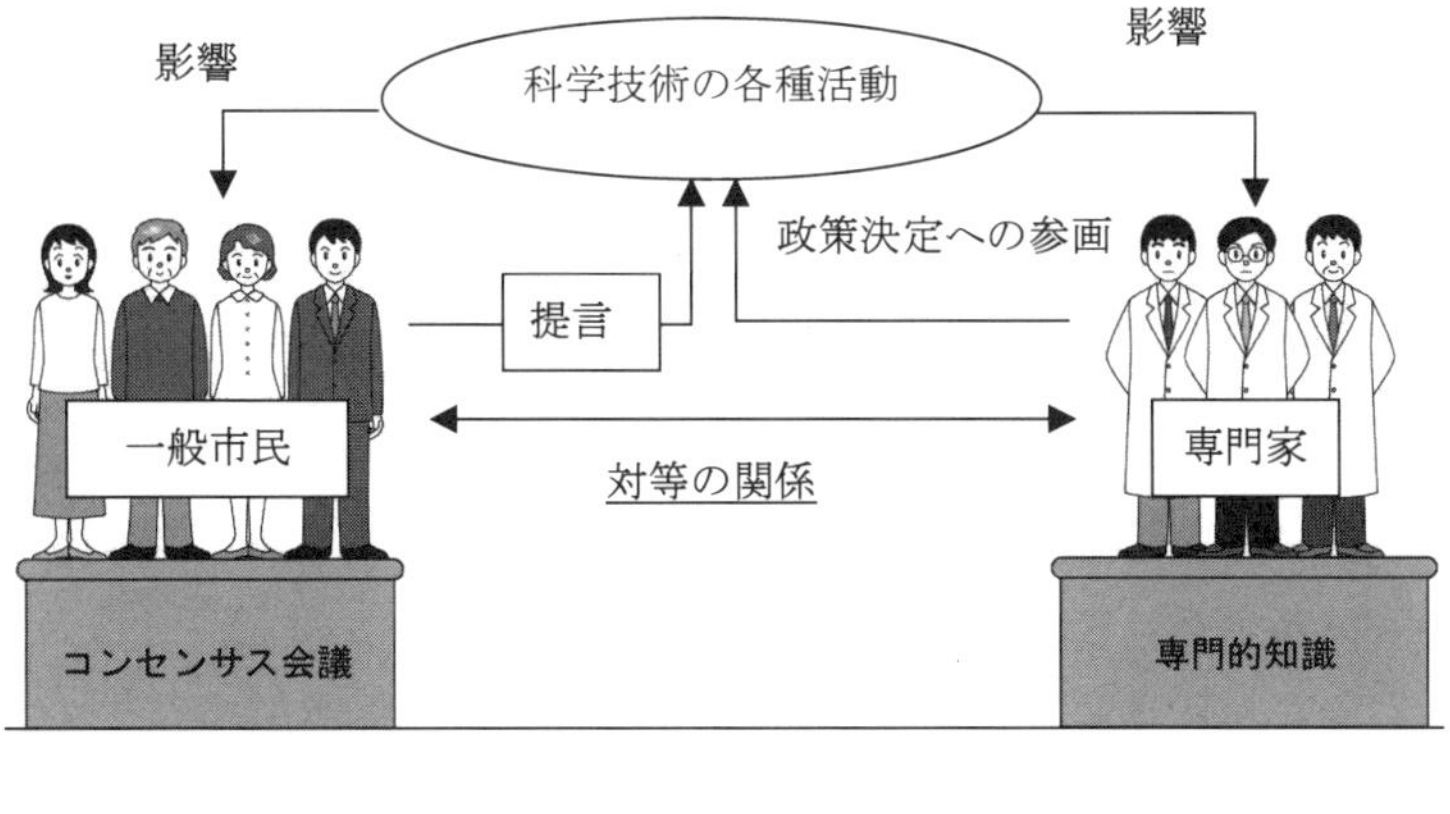

## 休憩室　バブルはどう膨らんだ？

土地や株などの値段が急に上がって，急に落ちた平成バブル。「持続可能」という考え方の正反対の出来事でした。バブルが生まれ，ふくらんだ時期のマスメディア（新聞・雑誌・書籍）に，どのようなキーワードが増えたかを振り返ってみましょう。

☆☆☆

1981～83年の段階で，すでに土地や財テク関連の言葉がどんどん増えていました。たとえば，「土地」「地価」「民活」「株」「ゴルフ会員権」などです。84～86年には，もっと専門的な言葉が増えてきます。「財テク」「カネ余り」「特定金銭信託」「ファンド・トラスト」などです。87年以降に急に増えたのは「地上げ」「エクイティ」など少なくなっています。

最近では，バブルが始まったのは一般には87年以降であるとされます。ところが，マスメディアの目を通じた財テクの広がりなどから見ると，78年以降はもう「全員参加のバブル狂乱期」であり，バブルは84～86年から始まっていたことになります。

☆☆☆

マスメディアはこうした言葉を洪水のように流し，人々は日々それを受け止めました。かつては企業の経理担当者らが使うだけだった「財テク」も，お茶の間に届けられました。自分では住んだりするつもりのない，土地やワンルーム・マンション，リゾート物件なども「投資先」として考えないといけないのでは？　年に何回いけるか分からない遠いゴルフ場だけど，会員権は今が買いどきでは？　大きなリスクをはらむ取引がごく身近なものとなり，早く自分もゲームに加わらないと乗り遅れてしまうという焦りにつながったのです。

マスメディアは，意図的かどうかは別として，結果としてバブルを「あおる」ことになったのではないでしょうか。

☆☆☆

マスメディアも平成バブルの頃の報道を自ら調べ，今後の糧としてみてはいかがでしょう。

➔杉田茂之「日本のバブルとマスメディア」

# 第III章

# 人類の共生と平和

グローバル化が進んだ今日では、一国だけで豊かさを楽しむことはできない。だが、冷戦後の世界では、文化・文明を巡る対立がますます鋭いものとなっている。人類が平和の中でともに生きるため、どのようなしくみを築いていくべきか。人々の暮らしを原点にしながら、政治、経済、社会を含め幅広い目で問題を捉え、出口を探っていきたい。

世界を相手とする前に、私たちの隣人との関わりがある。それは、**アジアを一つにする**こと。欧州や北米と比べ、日本を含むこの地域は、なにかとまとまりが弱い。取り掛かりやすい経済の分野を中心に、一つになった姿を描きたい。その上で、**アジアの開発を進める**には、日本の指導力、さらには関係する国々との協力が必要である。

次に、アフガニスタンなど紛争で荒れ果てた国々で、日本はどう**戦後復興を手伝う**のか。欧米と力を合わせることも重要だが、日本の持ち味をどう生かすかが問われている。

これらの仕事の一方で、**異文化と交わる**ことも欠かせない。さらに、日本が**世界の中で生きる**ための、より広い立場からの取組みについて考える。

# 1　アジアを一つにする

## 67 東アジアを一つに

中国、台湾が世界貿易機関（ＷＴＯ）に加盟、日本は初の自由貿易協定（ＦＴＡ）をシンガポールと結んだ。世界では、ＥＵやＮＡＦＴＡのように地域統合が進み、経済圏どうしの競争と協調が大きな流れだ。東アジアもこの流れは無視できない。

### 信頼感のもとでの協力

だが、東アジアの各国・地域は発展段階に大きな差があり、経済・政治体制も多様だ。経済統合が一朝《いっちょう》一夕《いっせき》に現実化するとは考えにくい。

中国・総合開発研究院の馬洪《ばこう》理事長は、「東アジアの人口は二〇億人に近く、世界人口の三分の一を占め、人的資源は豊富で、市場の潜在力も巨大であり、東アジア各国と地域が力強く協力し、共同して発展し、確固たる信頼があれば、一切の困難はすべて克服できる」と述べている。

この言葉のとおり、東アジアの統合は、各国がお互いの信頼感のもとに協力して進めることが大切だ。

### 東アジア経済統合のビジョン

実行可能な統合のプロセスとして示されている『東アジア経済統合のビジョン』の主なものを紹介する。

① 日中韓三カ国が参加する「北東アジア経済協議組織」（ＦＴＡの準備段階）。

② 日中韓のＦＴＡとＡＳＥＡＮのＦＴＡを合わせて、東アジアの統合をめざす（東アジア自由貿易地域プラン）。

③ 両岸四地域（中国、台湾、香港、マカオ）による「大中華経済圏」。

④ 中国大陸と香港とマカオの統合を行い、時期が熟したところで台湾が加わった両岸四地域の統合へ。「先易後難《せんいこうなん》（易しいことから始め、困難なことも実現する）」で段階的に進める。

⑤ 北東アジア、環黄海、華南、メコン、ＩＭＳ※の各経済圏の連携で、全体として東アジア経済圏をつくる（東アジア回廊）。

こうした多様なアイデアをもとに、望ましい方式を考えたい。

※インドネシア、マレーシア、シンガポール

➡『ＮＩＲＡ政策研究』二〇〇三年四月号

III

1 アジアを一つにする

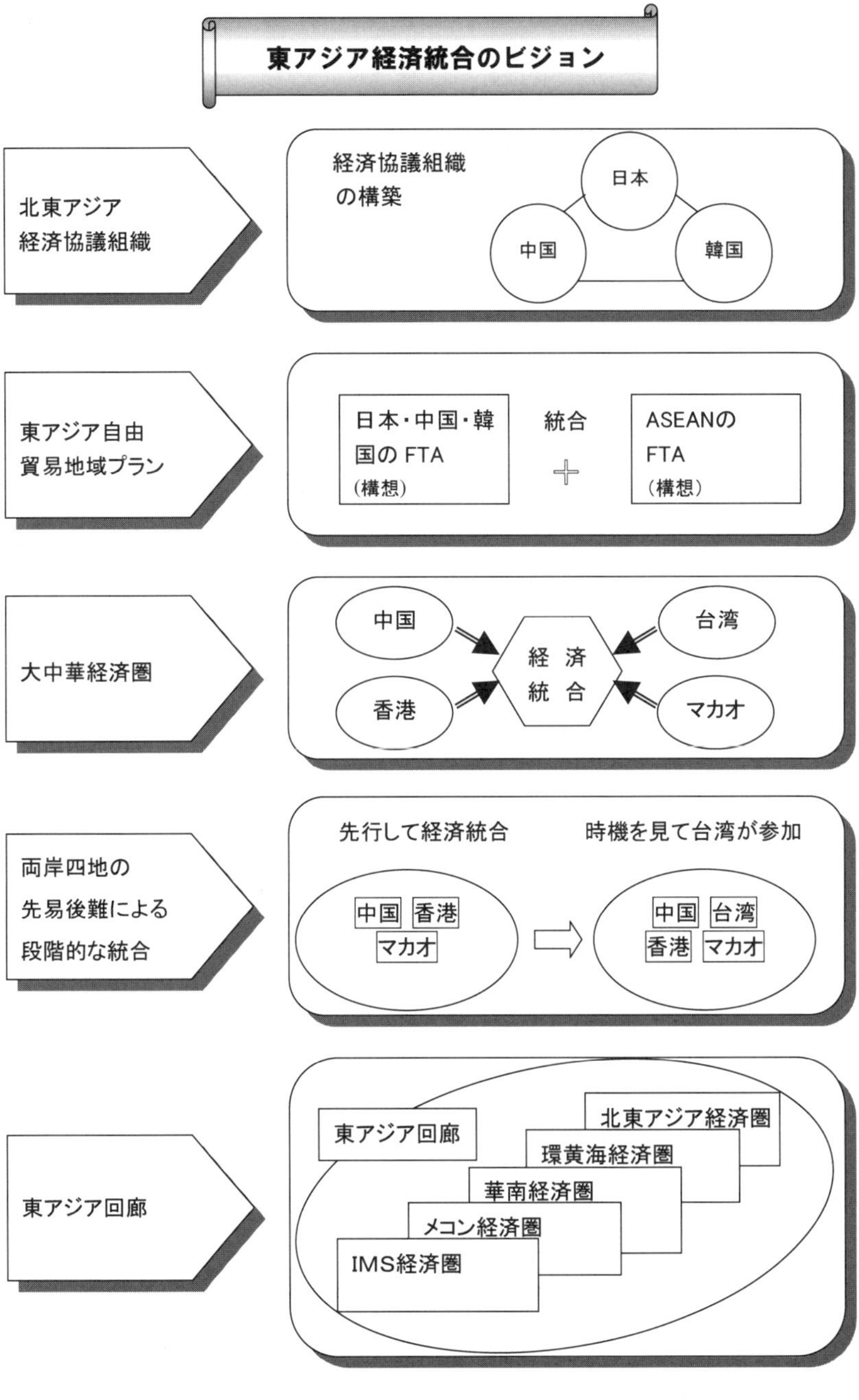

東アジア経済統合のビジョン
北東アジア
経済協議組織
経済協議組織
の構築
日本
中国
韓国
東アジア自由
貿易地域プラン
日本・中国・韓
国の FTA
(構想)
統合
＋
ASEANの
FTA
(構想)
大中華経済圏
中国
台湾
経 済
統 合
香港
マカオ
両岸四地の
先易後難による
段階的な統合
先行して経済統合
時機を見て台湾が参加
中国
香港
マカオ
中国
台湾
香港
マカオ
東アジア回廊
東アジア回廊
北東アジア経済圏
環黄海経済圏
華南経済圏
メコン経済圏
IMS経済圏

## 68 日中韓の間で貿易投資をどう促進するか

東アジアの統合をめざす場合、かなめとなるのは日本、中国、韓国だ。東南アジアにはＡＳＥＡＮがあるのに対し、北東アジアのこれら三カ国はその経済的な大きさ、関係の深さにもかかわらず、世界の中で地域協力体制の真空地帯となっている。

**貿易投資促進のメリット**

日中韓は互いに重要な貿易相手である。この貿易関係の強い結びつきは三カ国の地理的な近さもあるが、近年、特に目立つのは、民間企業が支店や子会社を海外につくる直接投資に関連した貿易が増えているためだ。いいかえると、産業や企業の内部での製品の取引がこの三カ国で盛んとなっている。

直接投資、貿易のいずれにしても、それが増えると、お互いの国内市場での競争を促し、経済を活発化させる。すなわち、各国の企業を元気にさせ、消費者がよい品を安く買えるために必要な条件だ。

経済面でお互いに依存する関係をつくることは、地域紛争などが起きる可能性を減らすことでもある。日中韓の間に経済協力の土台をつくることは、北東アジアの安定した発展にとって欠かせない。

**できることからやってみよう**

そのためには、まず現実的なことから始めてはどうか。

第一に、各国が経済活動に関する自国の法律や規制の改正を行う際、直ちに他の二国に通知する。

第二に、通関や検査制度の効率化のために、これに携わる人材を三カ国で協力しつつ育てていく。

第三に、直接投資に関する法律や規制などの情報が手に入る、三カ国共通のシステムをつくる。

いずれにおいても、政府、民間企業、研究者など、いろいろな関係者が密に交流し、信頼しあうことが前提になろう。

➜ＮＩＲＡ他「日中韓共同研究　中国・日本・韓国間の経済協力に関する報告書及び政策提言」

## 日本・中国・韓国の貿易投資の促進

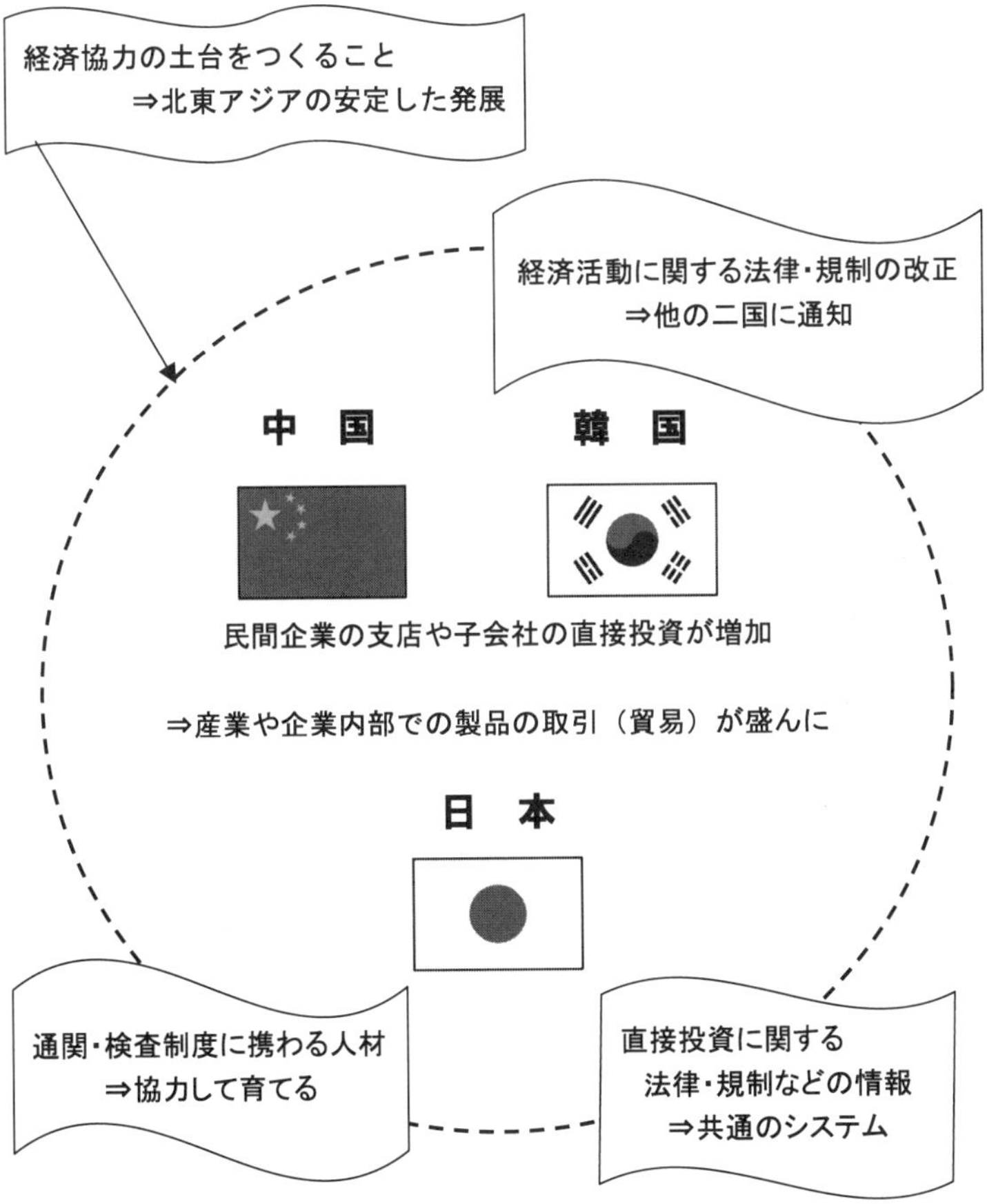
経済協力の土台をつくること
⇒北東アジアの安定した発展
経済活動に関する法律・規制の改正
⇒他の二国に通知
中　国
韓　国
民間企業の支店や子会社の直接投資が増加
⇒産業や企業内部での製品の取引（貿易）が盛んに
日　本
通関・検査制度に携わる人材
⇒協力して育てる
直接投資に関する
法律・規制などの情報
⇒共通のシステム

## 69 海がつなぐ都市のネットワーク

冷戦終結後、世界各地に局地的な「経済圏」ができた。地理的に近く、歴史や文化などでつながりの深い都市や地域が、国境を越えて、自然な形で経済関係を強めたものだ。

九州、韓国、中国の渤海《ぼっかい》・黄海沿岸からなる「環黄海経済圏」もその一つ。北九州はこれにいち早く目をつけ、一九九一年には下関、大連、青島、仁川、釜山と東アジア六都市会議を開いた（その後一〇都市に）。

**都市連合を作ろう**

地方自治体が定期的に話し合う場がさらに発展するとどうなるか。欧州には八四市が参加する「バルト海都市連合」があるが、それにならうと「環黄海都市連合」だ。

都市連合では、情報や人材の交流を深めるだけでなく、お互いの政策を調整する。もっと進めば、独立した事務局や意思決定機関を持ち、共同政策を行うことも可能だ。

**超高速船でモノを送る**

結びつきを強めるには、モノの流れが鍵。三つの戦略を進めたい。

第一に、電子、自動車、環境・リサイクルを戦略産業に位置づけ、地域内の分業を進める。

第二に、直接投資を促すため、重点地区を集中的に優遇する。

第三に、高付加価値製品や生鮮品を高速で送れるようにする。フェリーの三倍速い「超高速船テクノスーパーライナー」がほしい。

**ツアーを共同で開発する**

もう一つがヒト。福岡からは東京より釜山、ソウル、上海の方が近い。これを生かして観光客を増やす。

JR九州の「百済《くだら》旅情」「文禄・慶長の役」など歴史文化を主題にしたツアーは好評だった。大連では日露戦争の戦跡も観光資源ととらえ始めた。他方、北九州市は素材、加工組立、環境リサイクルという各段階の産業が集まり、「産業観光」が目玉になる。地方都市の魅力を生かした、新しい形のツアーを共同で開発してはどうだろう。

➡九州経済調査協会『アジア経済危機後の環黄海都市ネットワーク戦略』

## 環黄海経済圏

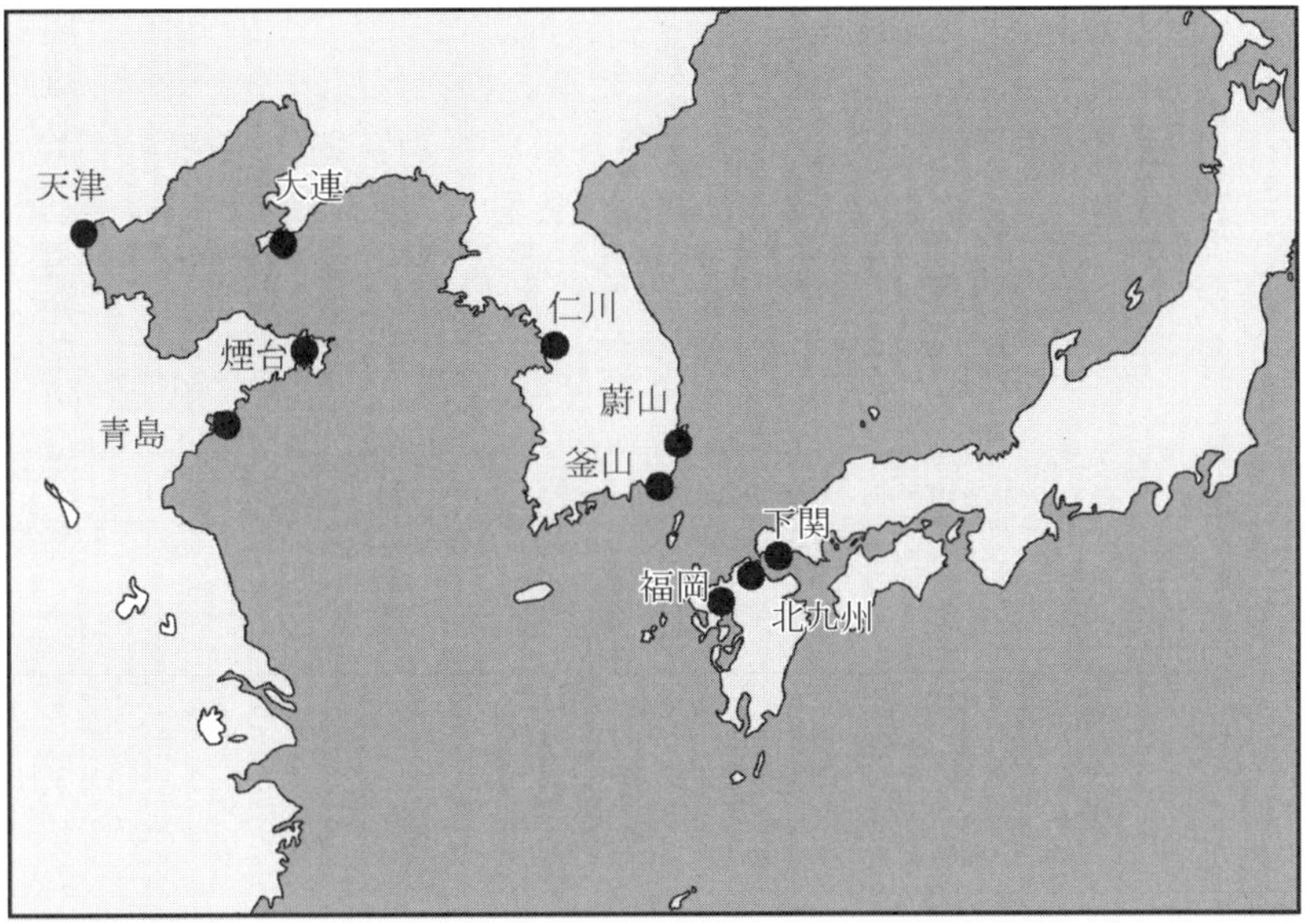


## 高速輸送機関とテーマ性のある観光

### 超高速船テクノ・スーパー・ライナーの導入

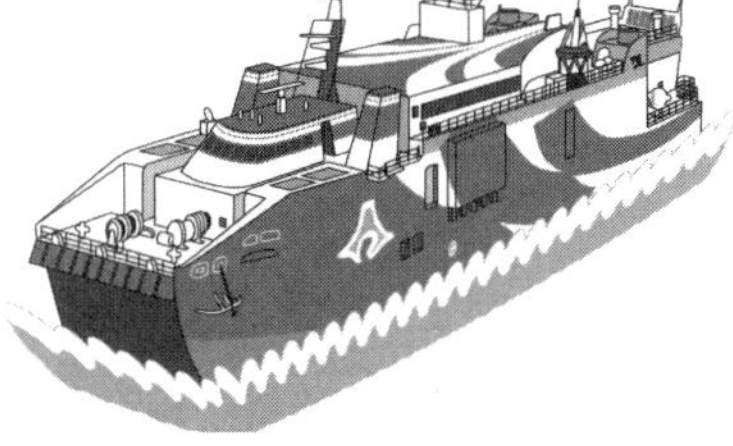

## 70 アジア通貨危機の再発を防ぐ

東アジア地域は、先進国からの巨額の資本流入に支えられ、急速に発展した。一方、一時期の急激な資本流出に耐えきれず、通貨切り下げ、株価暴落が生じたのもこの地域だ。

背景には、域内各国間の経済構造が競合していたこと、金融システムが弱かったことがある。

### 「外貨準備協力機構」の設立を

通貨危機の再発を防ぐには、どんな対策を講じるべきか。

まず、お金の面では、域内の外貨準備を地域全体で生かすしくみをつくる。すなわち、「外貨準備協力機構」を設け、①各国の経済状況を外から見やすくし、②互いに危険を分かち合い、③いざというときに助け合えるようにする。

モノやサービスの面では、さらなる地域間での経済連携を進めるため、自由貿易協定（ＦＴＡ）を結んでいく。貿易・投資が盛んになれば国内での産業構造が調整され、域内の為替の安定につながる。

### 重なり合う三角形

こうした手段により、次のような東アジア地域の姿が展望できる。

① 互いの国々の結びつきを、重なり合った三角形のように多層的に展開すること。

② 経済面で先頭を走る日本とＮＩＥｓが、三角形の一部として互いに補いあうこと。

③ 各三角形の間で生産の棲《す》み分けが進み、競合関係から相互並存的な関係となること。

### アジアの一員としての日本の課題

日本は、アジアの一員として、また、成熟した国として、他の東アジア諸国への影響などを踏まえて行動することが必要だ。

具体的には、①特定産業の保護など、近視眼的に国内利益を優先させる政策をとらないこと、②巨額の財政赤字問題への取組みなど、国内経済構造の安定化、③アジア域内での地域間交流を一層進めることが求められている。

⇩ＮＩＲＡ・Ｅ－Ａｓｉａ研究チーム「東アジアにおける通貨政策の連携とその深化」

# 東アジアにおける通貨政策の連携を

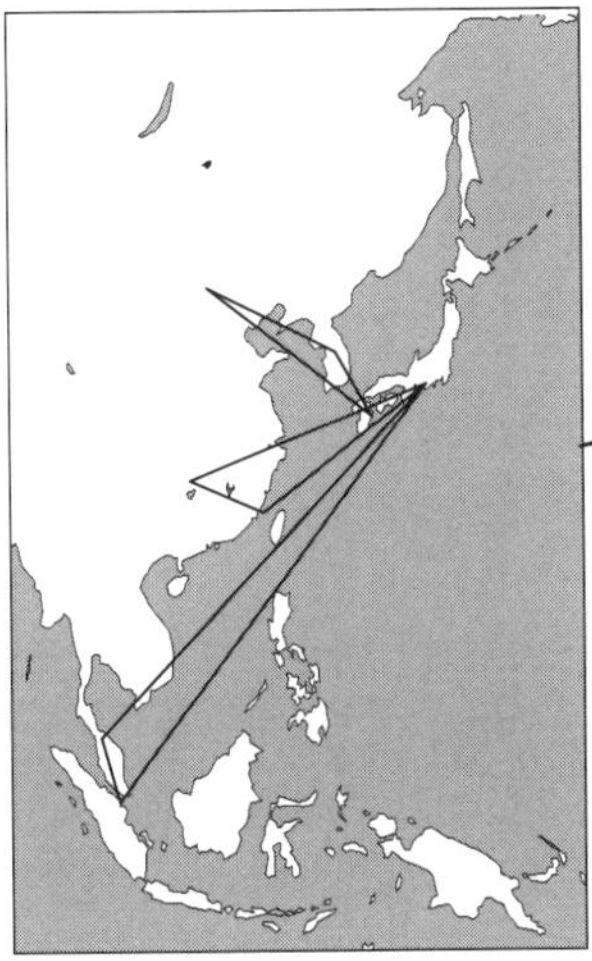

○外貨準備協力機構の設立！
①各国間の経済状況を把握しやすく
②危険を各国でシェアする
③危機時には互いに助け合う

○FTAの推進を！
①関税の撤廃→貿易が盛んになる
②産業構造の国家間の調整

今後の東アジア地域の姿は･･･

○東アジア地域での多層的な結びつきのある姿
○日本とNIEsが相互補完関係にある姿
○アジア全体で生産の棲み分けによる
相互並存的な姿

*そのために、日本は何をすればいいの？*

アジア全体の利益を考えて行動する視点が必要！

財政赤字対策など、国内経済を安定させることが必要！

アジア域内の地域間交流を活発にすることが必要！

## 71 交通体系から見た東アジア回廊の形成

東アジアでは、国内の交通網が十分に整っていない国が少なくない。各国を結ぶ交通インフラにまで手が回るはずがない。

だが、局地経済圏が伸びてきたことに触発され、各国が越境交通インフラの将来性に目を向け始めた。アジア開発銀行など国際機関もこうした地域の開発を積極的に助けようと動き出した。

特に重要な課題は次の三つだ。

① 最も遅れているメコン経済圏における、地域間の関係の明確化とその骨格となる交通体系の確立

② 華南経済圏とメコン経済圏の連携

③ 各経済圏の中核地域となっていないインドネシア、フィリピンの各経済圏に対する連携

### 「東アジア回廊」の可能性

NAFTA、EUと比べると、東アジアでは陸上と航空のネットワークに加え、各経済圏が海路でつながっている点が大きな特色。陸海空の重なりあったネットワークを生かし経済を結びつけることが、インフラをつくる上での鍵だ。

各国が相互に密接な関係を保ちつつインフラを整えられれば「東アジア回廊」も現実味を帯びてくる。この陸海空のネットワークは「地域交通公共財」だが、同時に、東アジアを世界と結ぶ「地球交通公共財」も視野に入れるべきだ。

### 日本のネットワークを開放せよ

「東アジア回廊」は、地域の平和と息の長い発展をもたらす。日本は、その実現に向け東アジア各国と協力すべきだ。

交通機関については、財政制約もあり、民間のお金が流れるようにすることが鍵。公的援助は、ソフト面を中心とした越境インフラにはなじみやすい。交通分野の統計などで技術的な協力も考えられる。

同時に欠かせないのは、日本自らも変わること。日本の交通ネットワークが開かれたものとなって初めて、「東アジア回廊」も生きてくる。

🡻国際開発センター『交通体系等から見た東アジアの相互依存深化』

# 東アジア回廊

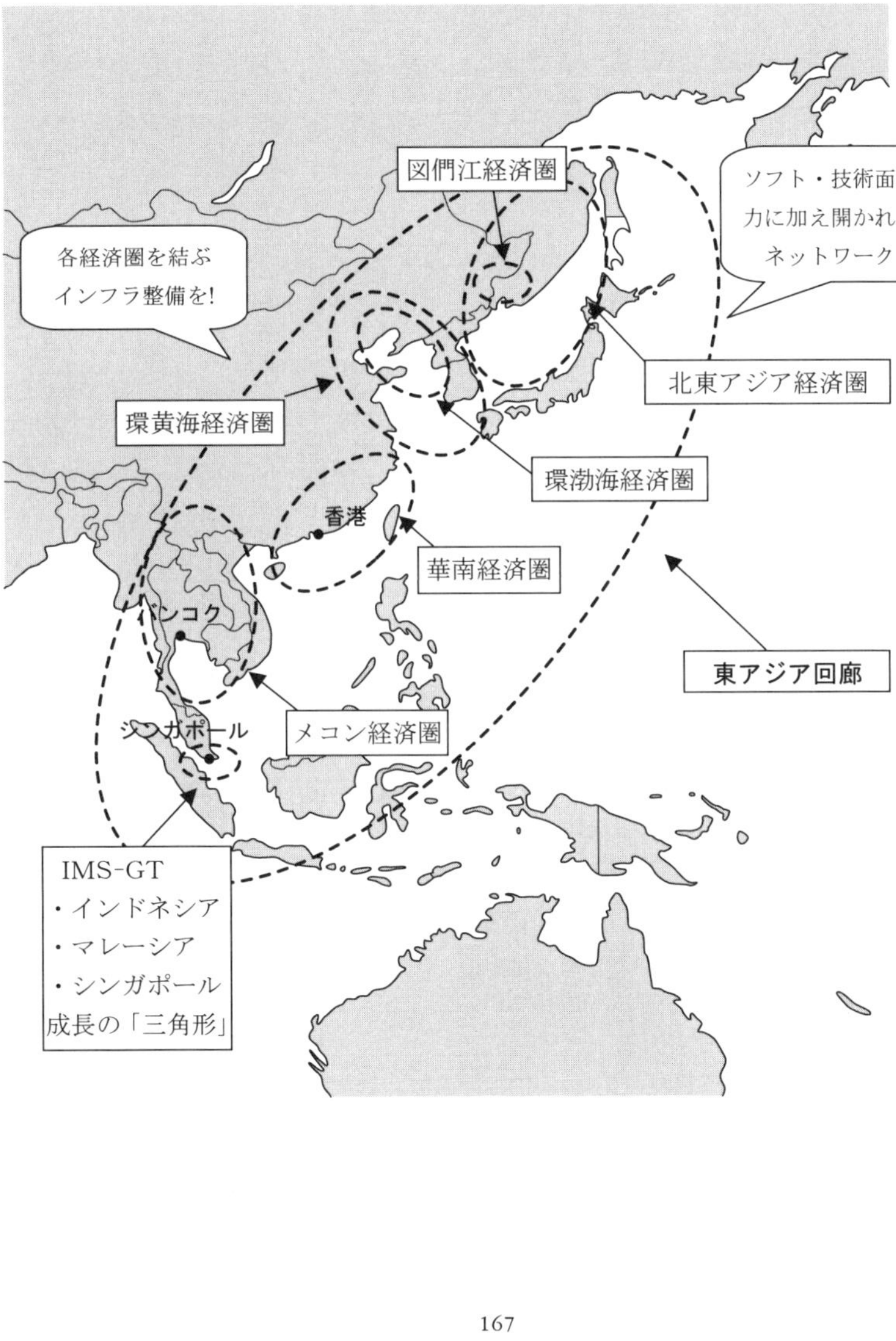
図們江経済圏
ソフト・技術面での協力に加え開かれた交通ネットワークを！
各経済圏を結ぶインフラ整備を!
北東アジア経済圏
環黄海経済圏
環渤海経済圏
香港
華南経済圏
ンコク
東アジア回廊
メコン経済圏
シンガポール
IMS-GT
・インドネシア
・マレーシア
・シンガポール
成長の「三角形」

## 72　国境を越えた交通インフラの成功例に学ぶ

交通のつながりが弱い東アジア。だが、一部では国境を越えたインフラをうまく整えた例もある。

### タイ－マレーシア間の越境鉄道

それが、タイ－マレーシア間の越境鉄道。バンコク経済圏とマレーシア西海岸地区をつなぎ、コンテナによる大量輸送を担う。経済圏の間でモノの流れを増やし、大成功を収めた。なぜうまくいったのか。

まず、需要の見積もりに無理がなかった。バンコクとシンガポールの間の海運コンテナ輸送の一部が移ると想定された。両国の間には、すでに旅客列車が走っており、技術的な問題は少なかった。問題は通関をどの施設で、どんな書類に基づき、いかに行うかという点に集中した。

結果的に、コンテナを実際に開けず書類だけで通関できるようになった。両国の当局が互いに信頼し合っているからだろう。通関と入国審査は二五分の停車時間中に終わる。

また、コンテナ輸送でもあり、港湾事業者との協力を進めたことも、円滑なしくみをつくる助けとなった。

こうした経験は、越境交通インフラを整えようとする他の地域にとっても参考となる。

### 越境交通インフラへの支援

東アジアの他の地域でも、越境交通インフラを整えることが課題だ。その際、特に効率的な通関システムを築くことが鍵となる。

もっとも、タイとマレーシアは、両国とも経済がある程度進んでおり、関係も良好であったため、自主的な取組みができた。他の多くの地域では、日本を含めた東アジア各国が協力して支援していくことが必要になるだろう。

近年、政府開発援助（ＯＤＡ）への風当たりは強い。援助の対象を「国」から「地域」に移し、より公共性の高い案件に絞ることが求められる。越境交通インフラへの支援は、この流れに沿うものだ。

➡国際開発センター「交通体系等から見た東アジアの相互依存深化」

## タイ～マレーシア越境鉄道

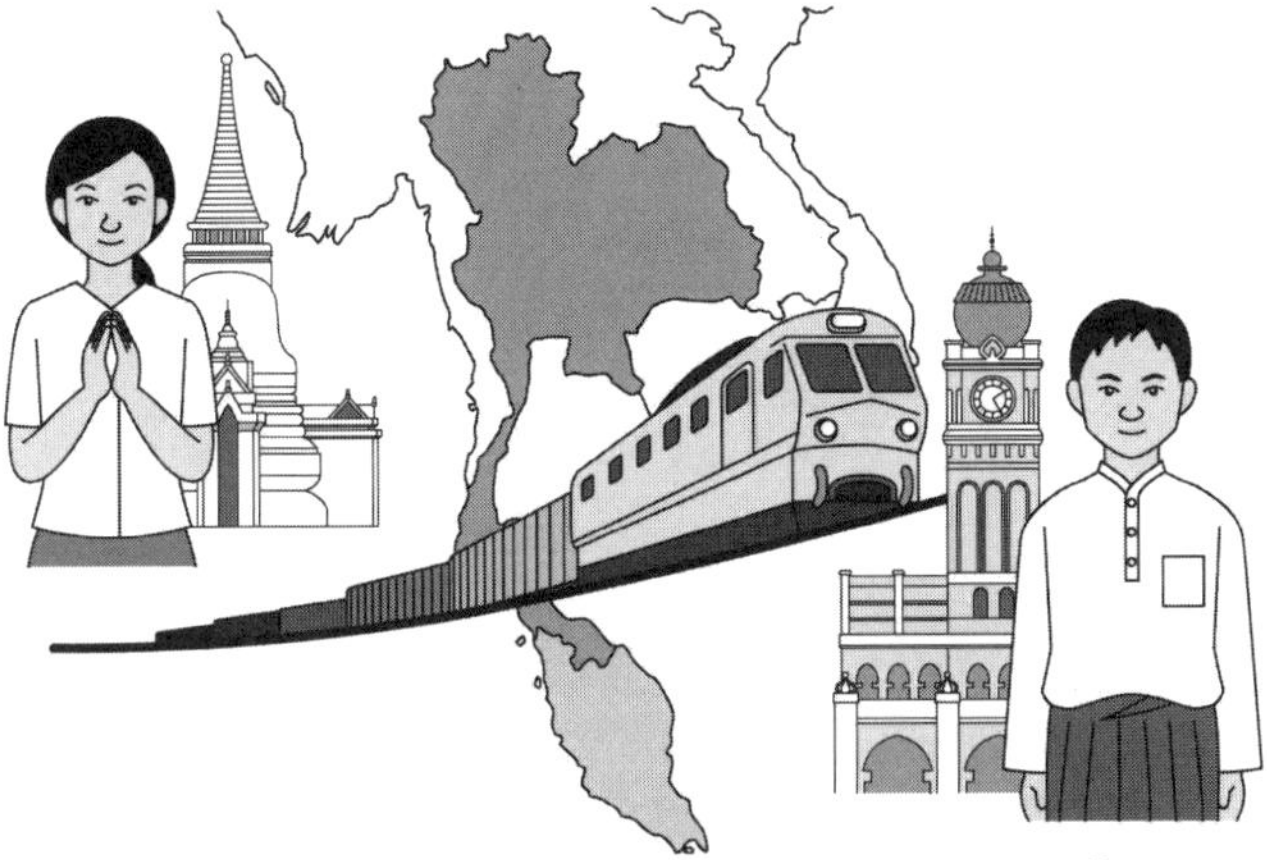

## 越境交通インフラ整備のポイント

【タイ～マレーシア越境鉄道の成功の要因】

- 無理のない需要予測
- 両国の当局の信頼関係（効率的な通関システム）
- 民間業者との協力（港湾事業者との協力）
- 経済的に進んでいた両国（自主的な取組みが可能）

⇩

**円滑なしくみの構築により、地域の発展に成功**

⇕

他の東アジア地域では自主的な取組みでの実現は困難
**→日本を含めた多国間の支援が必要不可欠**

## 73 北東アジアメディア・ネット

地域協力を深めていくための一つの手段に、メディア・ネットワークがある。

### ASEANのネットワーク

ASEANを中心に、メディアのネットワーク化が進んでいる。

一つは民主化を支えようという視点でつくられた「東南アジア・プレス同盟（SEAPA）」。タイ『ネーション』紙の記者などが発起人となって生まれ、米国の金融王ジョージ・ソロス氏のオープン・ソサエティ財団からのお金が入っている。

民主化と報道の自由を求め、米国メディアと価値観を共有するなど、多分に政治的な色合いが濃いのが特徴だ。マレーシアの反政府メディアを支援してきた。

第二は情報交換に重点を置いた「アジア・ニュース・ネットワーク（ANN）」。各国の英字日刊紙が記事を交換し、東アジア地域におけるメディアのネットワーク化を進めようとするものだ。

たとえば、タイ『ネーション』紙がインドネシア『ジャカルタ・ポスト』紙と毎日五本程度の記事をやりとりし、その中から必要なものを取り上げ、自分の新聞に載せることができるしくみ。毎年、編集者の会議が定期的に開かれ、お互いに信頼感を高め、情報交換を進めるなど、制度として定着してきた。

### 北東アジアでの可能性

ASEANのメディア・ネットワークは日本、中国、韓国も巻き込みつつあるが、北東アジア地域を重点にしたネットワークはまだない。日本、中国（香港、台湾）、韓国、北朝鮮、ロシア、モンゴルなどのメディアが手を携えれば、地域協力のための知的な基盤が生まれるはずだ。

各国における報道の自由の度合いは異なり、しっかりした制度に仕上げることは容易ではないが、情報交換が比較的しやすい文化・芸術・環境などの分野から徐々にネットワークをつくってはどうだろうか。

➔竹田いさみ「ASEAN メカニズムから見た北東アジア協力への提言」

# ASEANのメディア・ネット

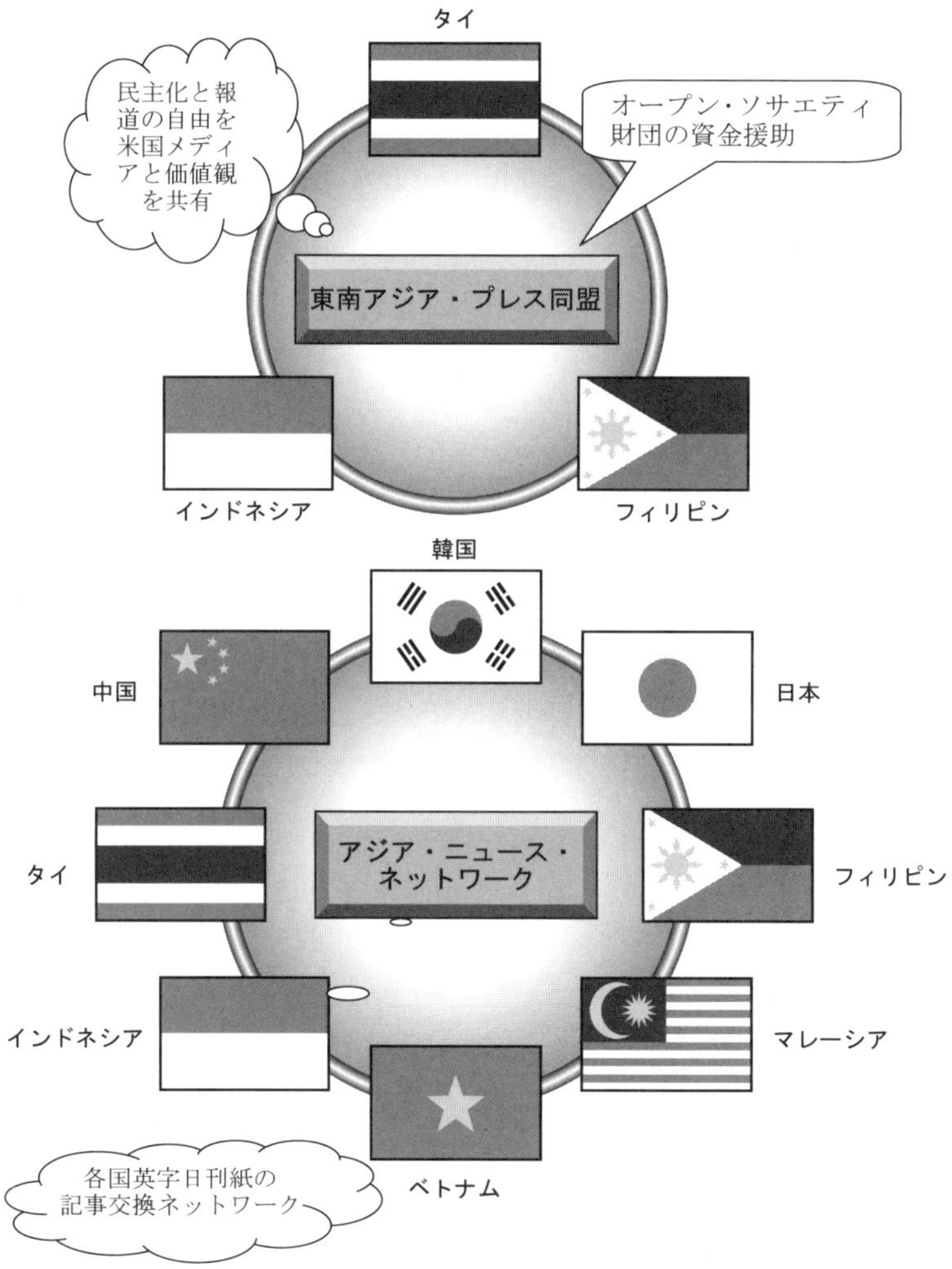
タイ
民主化と報道の自由を米国メディアと価値観を共有
オープン・ソサエティ財団の資金援助
東南アジア・プレス同盟
インドネシア
フィリピン
韓国
中国
日本
アジア・ニュース・ネットワーク
タイ
フィリピン
インドネシア
マレーシア
ベトナム
各国英字日刊紙の記事交換ネットワーク

# 2　アジアの開発を考える

74 北東アジアのグランドデザインを

日本、中国、韓国、北朝鮮、モンゴル、そして極東ロシアからなる北東アジア地域は、全体としてみると資金や技術、労働力、天然資源に恵まれている。しかし、先の大戦や冷戦の影響がいまだに残り、政治・経済体制が違うこともあって、この恵まれた環境を生かすための協力体制ができていなかった。

その結果、鉄道や電気などさまざまな部門の設備が、自国の必要性だけを考えて整えられてきた。

各国内の地域開発についても、全体が理想的に動くための部門間の調整が足りず、設備が不便、効率が低い、という場合が少なくない。

## 各国の設備をつなげる

鉄道を隣の国とつなげるためには、あらかじめ線路の配置を話し合う必要がある。線路幅が違えば同じ列車が通れず、荷物の積み替えに大変な手間がかかる。

電気も、隣国の発電所が近いのに、自国の発電所から長い送電線を建設するのはムダだ。電圧や送電線の太さが違うため、電力不足のとき融通できないのでは具合が悪い。

情報通信や観光ルートも、各国がばらばらに開発すると、うまく働かない。

産業や生活で国境を越えて協力するためには、設備を互いに円滑に使えるよう、調整することが必要だ。

## グランドデザインの必要性

広大な北東アジア地域の開発計画を全体的に調整するには、まず地域協力の考え方や枠組みをつくるべきだ。そのなかで、国ごと、部門ごとにどんな開発が検討されているか現状の整理から始める。

そのうえで、各都市や地域の課題と、その解決に必要な取組みなどを総合的に調整した「北東アジア総合開発計画（グランドデザイン）」をつくることが求められる。

ポイントは、域内、各国内の部門ごとの計画を同時に検討して、全体として大きな成果が得られるように、最も開発に適した場所を選ぶことだ。

🡻北東アジア・グランドデザイン研究会編著『北東アジアのグランドデザイン』

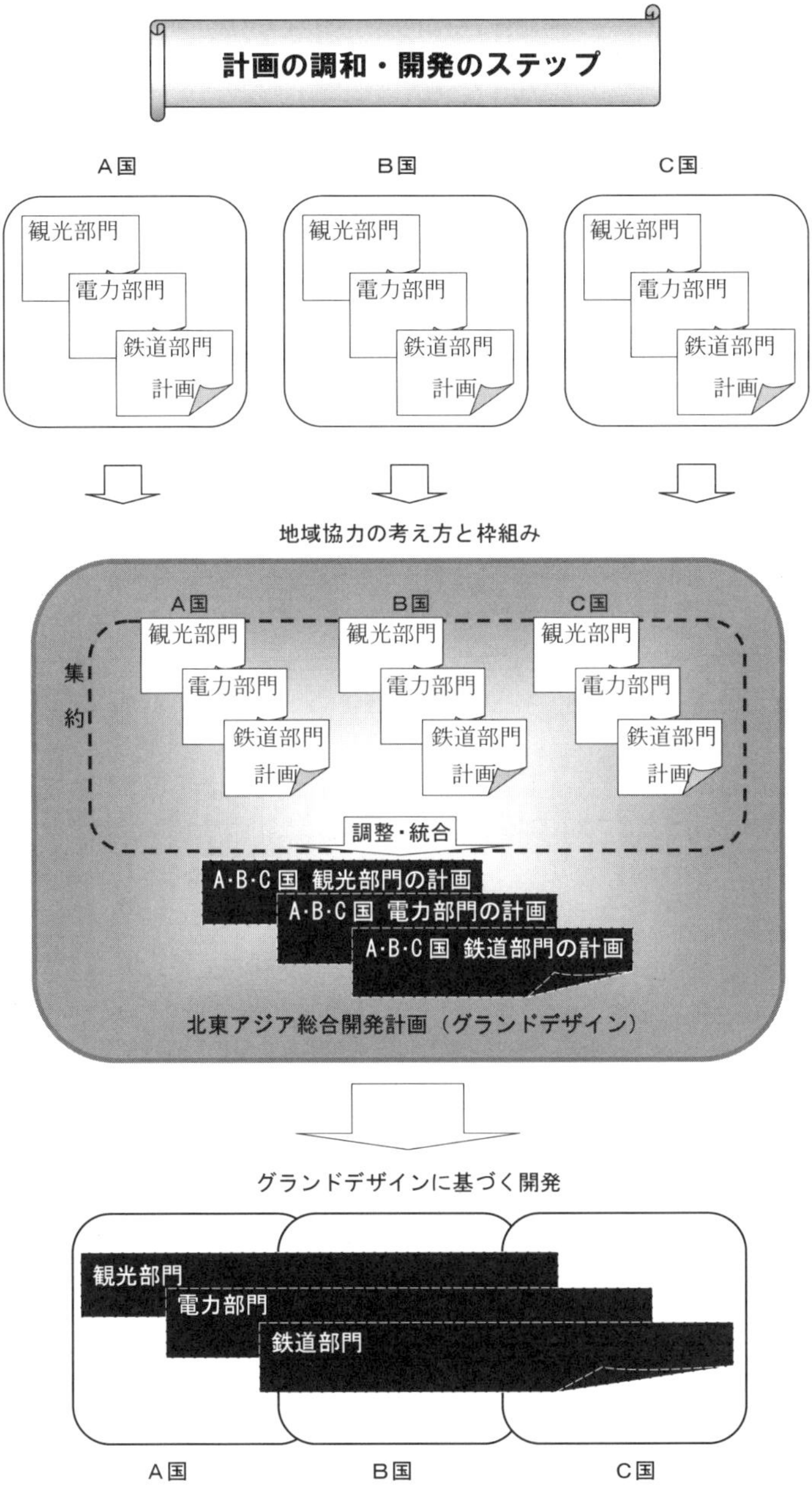
計画の調和・開発のステップ
A国
B国
C国
観光部門
電力部門
鉄道部門
計画
観光部門
電力部門
鉄道部門
計画
観光部門
電力部門
鉄道部門
計画
地域協力の考え方と枠組み
A国
B国
C国
集約
観光部門
電力部門
鉄道部門
計画
観光部門
電力部門
鉄道部門
計画
観光部門
電力部門
鉄道部門
計画
調整・統合
A·B·C国 観光部門の計画
A·B·C国 電力部門の計画
A·B·C国 鉄道部門の計画
北東アジア総合開発計画（グランドデザイン）
グランドデザインに基づく開発
観光部門
電力部門
鉄道部門
A国
B国
C国

## 75　極東ロシアの人口問題

広大な国土を持つロシア連邦は、ソ連崩壊後の長かった経済の低迷からやっと立ち直りつつある。

だが、ロシアの抱える課題は依然多く、その一つが人口問題だ。二〇五〇年の人口が、二〇〇〇年と比べ約三割減ると予測される。少子化が騒がれる日本でさえこの間の減り方は一割強にとどまるとされるから、これは驚くべき数字だ。

### 極東ロシアは「人のいない国土」に

ロシアの中でも、人口減少が特に深刻なのが日本に近い極東地域。かつての極東地域は、中央主導でなんとか経済が回ってきた。だがソ連崩壊後は開発が進まず、これが人口流出の一因となっている。ロシアの経済成長は、欧州に近い地域の出来事だ。

極東地域からの人口流出は、これまで制限されてきた移動の自由が認められた結果でもある。だが、このような事態は「人のいない国土」が広がることを意味し、将来的には国家の安全保障問題にもつながりかねない。

### 北東アジアとの連携に活路

極東ロシアに近い北東アジア地域を見ると、その中心となる日中韓などの国々はエネルギー資源を自給できない。この地域が今後とも伸びていくためには、エネルギーの確保が鍵となる。

その点、極東ロシアには手つかずの豊かな天然資源が眠る。これを軸とした優位性が生かせれば、北東アジアの発展を助けつつ、自らも経済を安定させることができる。また、壮大な自然は観光資源でもある。この面での開発もあわせて進めれば、地域としての魅力が生まれ、人口も定着するようになる。

極東ロシアには、遠い国々と協力して開発を進める選択肢もありうる。だが、ヒトやモノの交流を通じて地域全体の活性化をめざすのであれば、北東アジア地域との連携に重点を置くべきだろう。

➔北東アジア・グランドデザイン研究会編著『北東アジアのグランドデザイン』

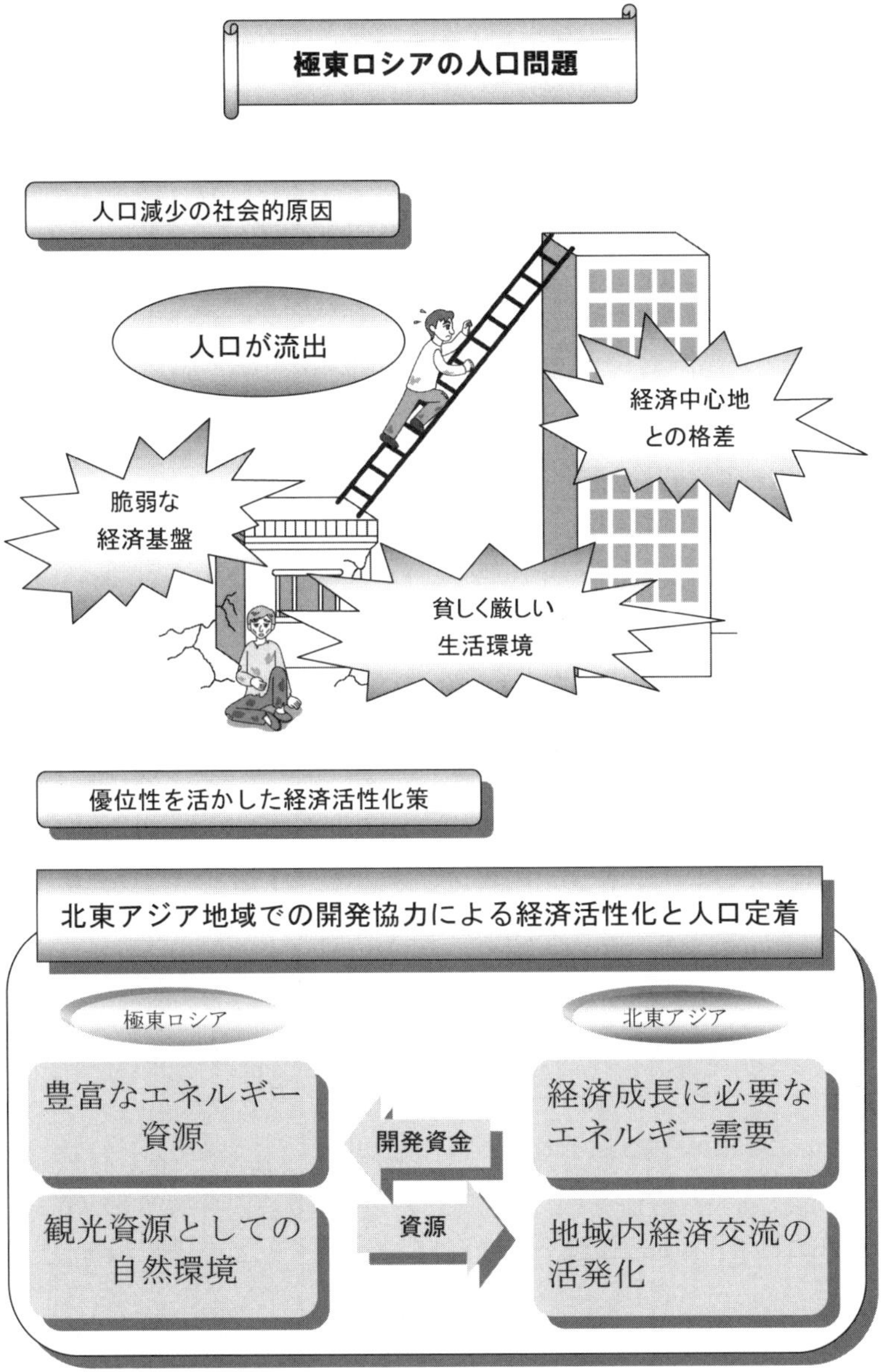
極東ロシアの人口問題
人口減少の社会的原因
人口が流出
経済中心地との格差
脆弱な経済基盤
貧しく厳しい生活環境
優位性を活かした経済活性化策
北東アジア地域での開発協力による経済活性化と人口定着
極東ロシア
北東アジア
豊富なエネルギー資源
観光資源としての自然環境
開発資金
資源
経済成長に必要なエネルギー需要
地域内経済交流の活発化

## 76 中央アジアを舞台に日本とドイツが協力

中央アジア（ウズベキスタン、カザフスタン、キルギス、タジキスタン、トルクメニスタン）諸国は、一九九一年一二月のソ連崩壊に伴い独立を果たした。日独は、この地域に早くから注目してきた。

### ドイツと中央アジアの関係

ロシア・ロマノフ王朝のエカテリーナ二世はドイツ出身。多くの農民や商工業者を連れロシアに入った。第二次大戦中、ヒトラーへの同調をおそれたスターリンは、ロシアに住むドイツ人を中央アジアに強制移住させた。現在でもカザフスタンにはドイツの血を引く者が多い。独立後は、ドイツから主な都市へ直行便が飛び、六カ国すべてにドイツ大使館がある。

### 日本の中央アジアに対する政策

日本は旧ソ連支援の一貫として九一年から研修員を受け入れ、専門家を送ってきた。中央アジア諸国は九三年一月に経済協力開発機構（OECD）の「政府開発援助」対象国リストに加えられたが、これは日本が他の先進諸国に働きかけた結果といわれる。

九七年七月、橋本首相は「ユーラシア外交」を唱え、「シルクロード地域」として中央アジアなどに対し積極的な外交を進めることとした。政治対話や経済・資源開発協力、核不拡散・民主化など幅広い内容だ。

### 協力に関する日独対話の促進を

この地域の課題の一つは、ソ連時代から続く「単一産業」構造から脱け出し、産業を高度化、多様化すること。幸い日独とも、中小企業、経営・職業教育に関して援助の実績がある。両国が、産業政策における政府の役割などについて、お互いの見方の違いを含め、意見を交わすことが有益だ。

民主化に向けた支援でも、日独の視点には温度差があり、それぞれ個性を生かした協力分野を見つけ出すことが期待される。

🡻『NIRA政策研究』二〇〇二年一〇月号

## 中央アジアを舞台に日本とドイツが協力

中央アジア

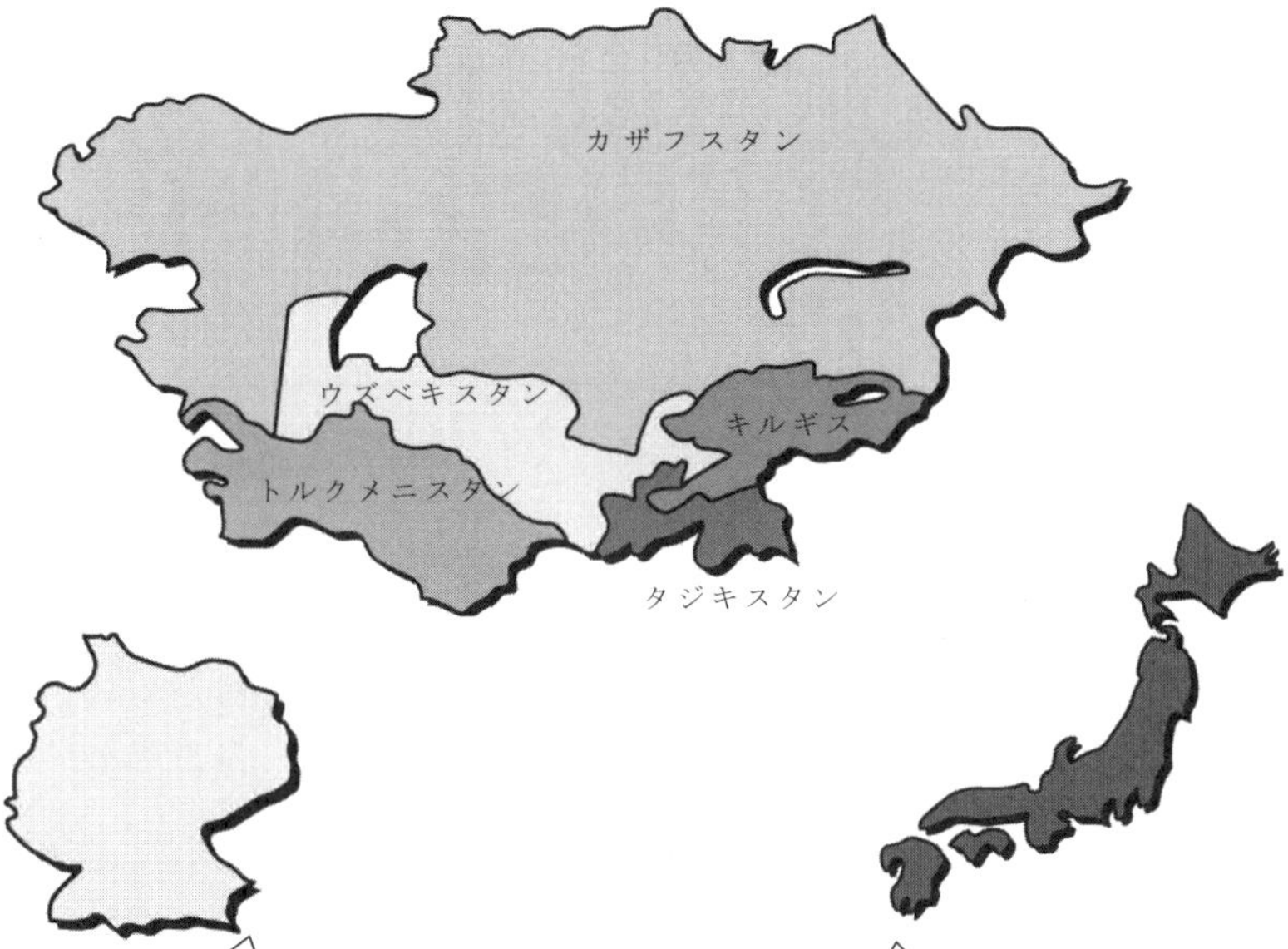


**ドイツ**

- エカテリーナ２世はドイツ出身
- カザフスタンにはドイツ人の血を引く者が多い
- 中央アジアに対する特別な感情

**日本**

- 政府開発援助で指導力
- ユーラシア外交
- シルクロード地域として積極的な外交を展開

**協力に関する日独対話の促進を**

- 「単一産業」構造からの転換
- 中小企業育成、職業教育
- 地域の民主化

## 77 シルクロードの再興を

日本は、かつて「シルクロード」を通じてユーラシア大陸から文化を取り入れた。そのかなめである中央アジアは、遠く地中海沿岸、西アジア、中国を通じる東西交流の接点だった。

### 陸と海で東西をつなぐ

この地域で画期的なプロジェクトが実を結びつつある。欧州から黒海、カスピ海、中央アジア、中国、太平洋に至る「欧州・コーカサス・アジア輸送回廊（トラセカ）計画」。

特徴は鉄道と海路の統合。日独間の距離はシベリア鉄道より二五〇〇キロ、海路より一万五〇〇〇キロ短くなる。地域諸国には、現金収入や投資の流入が期待される。日本も、中国連雲港から西安、カザフスタンを抜ける新シルクロード回廊で、中国・カザフスタン間のボトルネックだったドルジバ駅積み替え施設を改修するなど、古くなった交通インフラへの支援を行っている。

鉄道などのハードを生かすには、地域の国々も、国際的な枠組みのもと、いろいろな手を打つ必要がある。国境通過手続きを簡素にし、書類を減らして統一すべきだ。輸送を増やすためには、運送会社などへの働きかけも必要だ。

### 天然資源でも協力を

これらの取組みは、かつての中央アジアが果たしてきた東西の文化の橋渡し役を再現するもので、「東」の日本と「西」のドイツが積極的に関わっている。

今後は、交通網のほか、パイプライン、送電線などのネットワークを整えることも考えられる。さらに、「シルクロード再興」を触媒として、中央アジア諸国が地域協力を進めることを提言したい。

たとえば、カザフスタン、トルクメニスタンには石油・天然ガスが、キルギスタン、タジキスタンには水源が豊富にある。いかにこれらの天然資源を共有するか、その枠組みをこの地域を巡る協力構想に盛り込むことが重要だ。

🄫『ＮＩＲＡ政策研究』二〇〇二年一〇月号

## トラセカ・プロジェクト

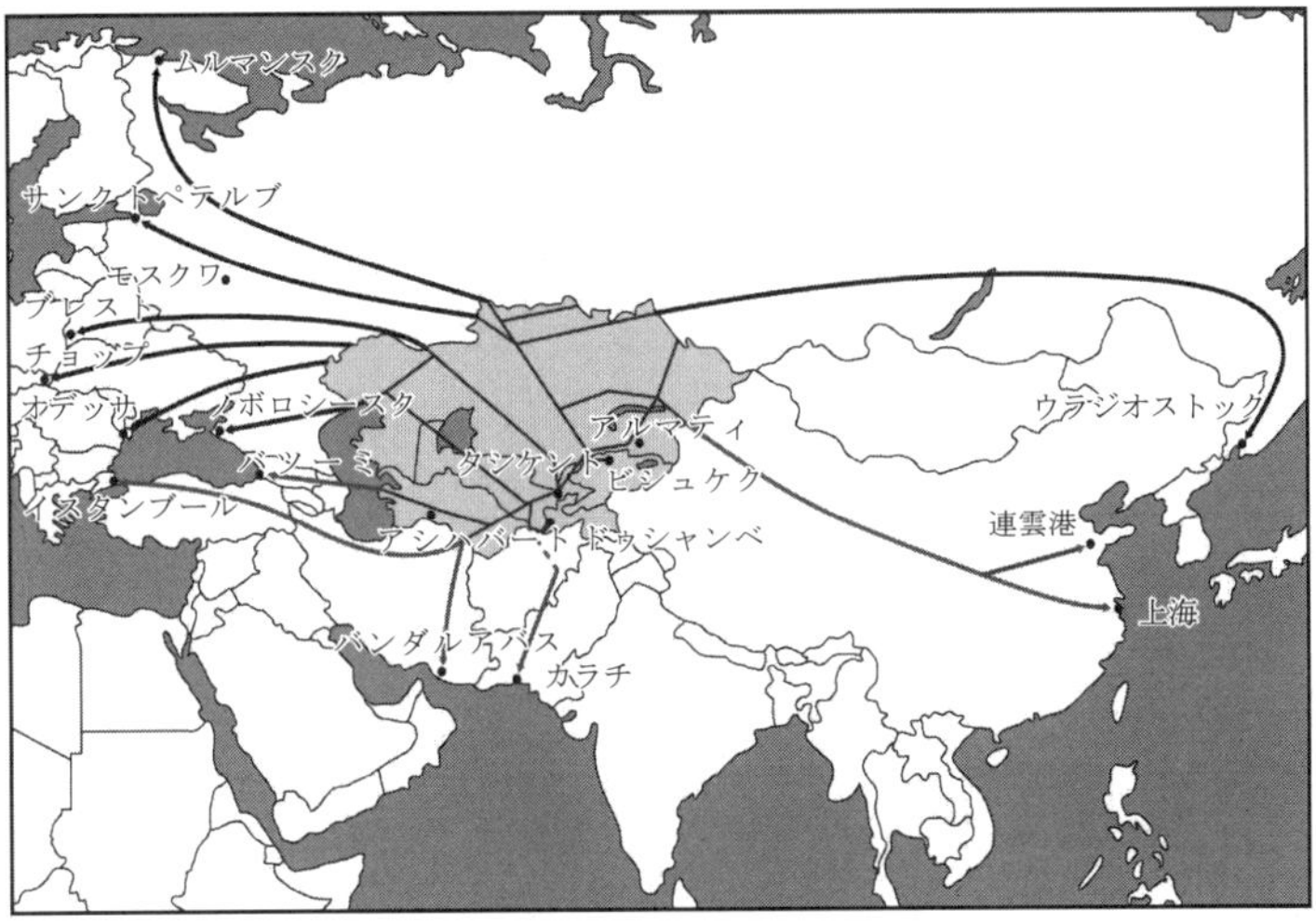
ムルマンスク
サンクトペテルブ
モスクワ
ブレスト
チョップ
オデッサ
ノボロシースク
バツーミ
イスタンブール
タシケント
アルマティ
ビシュケク
アシハバード
ドゥシャンベ
バンダルアバス
カラチ
ウラジオストック
連雲港
上海

## シルクロード再興

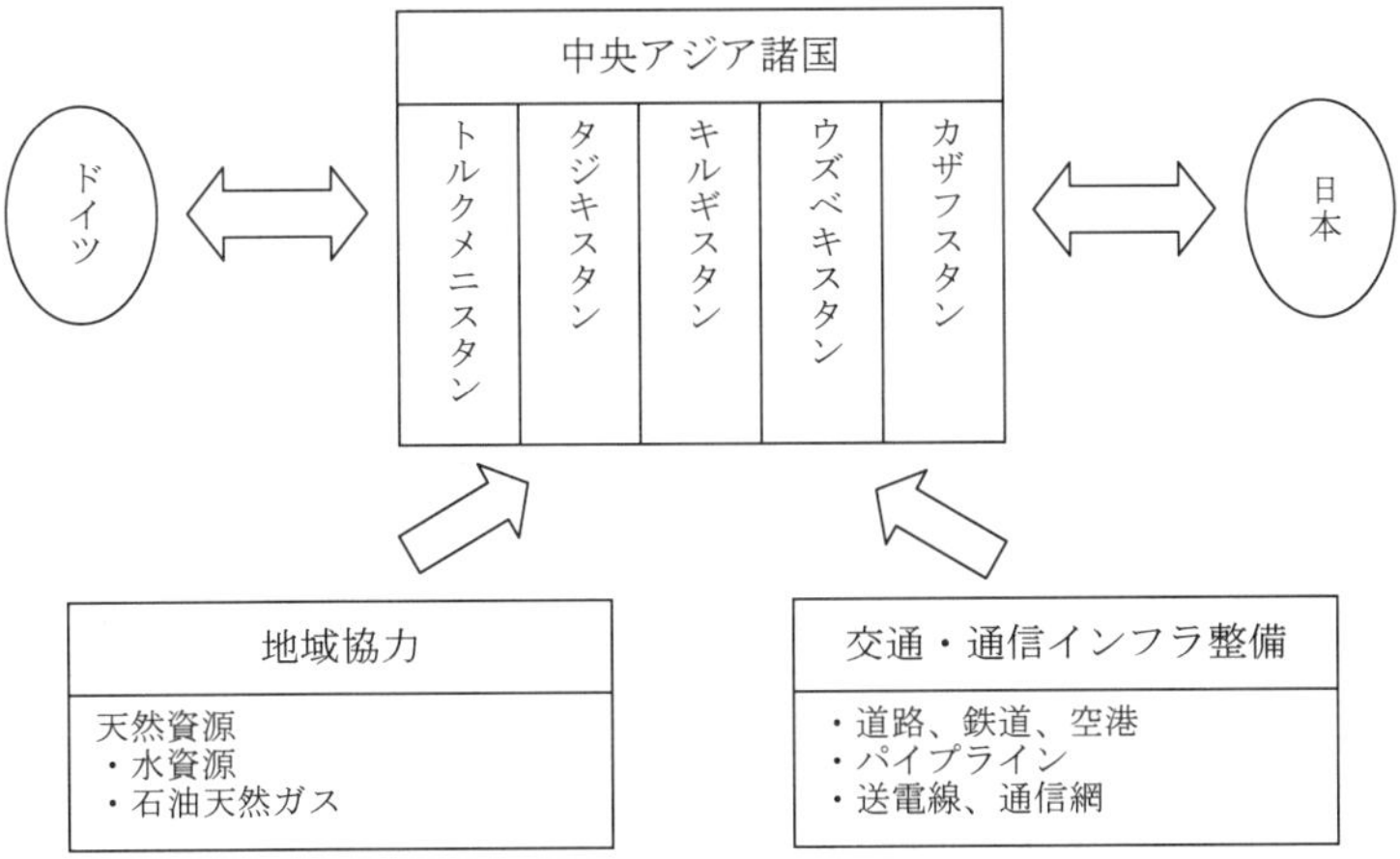
中央アジア諸国
トルクメニスタン
タジキスタン
キルギスタン
ウズベキスタン
カザフスタン
ドイツ
日本
地域協力
天然資源
・水資源
・石油天然ガス
交通・通信インフラ整備
・道路、鉄道、空港
・パイプライン
・送電線、通信網

## 78 アジアの地方行政のために

アジア諸国では、程度の差こそあれ、民主化の流れのなかで中央から地方へと権限が移りつつある。地方分権が成功すれば、ムダのない、住民本位の行政サービスができるだろう。

そのためには、十分な計画のもと、財源を含む分権化がなされ、自治体側でもマネジメント能力を持つことが欠かせない。だが、実際は、国ごとにさまざまな問題がある。

### 急速な分権化の帰結

フィリピンは東南アジアの中で最も早く地方分権にとりかかった。一九九一年以降は、地方財源が強化されてきたが、その配分を巡って農村部から不満の声が上がっている。

ここ数年で分権が進んだのがインドネシア。改革があまりに急で、地方側の準備が不足した。ボス支配と腐敗、公務員数の膨張、お金のムダづかいなどが次々と起きた。

### 分権化が遅れる国も

タイでも、自治体議員の直接選挙などの枠組みがつくられた。だが、内務省による地方支配は強く、自治体の職員数は平均一〇名未満。権限やヒトの移譲は進まず、分権化計画の実効性を疑問視する声も多い。

中国に至っては、臨海部で実質的な分権の動きはあるが、「地方自治」の考え方は否定されたままだ。地方行政機関は上級行政機関と地方の人民代表大会・党委員会から二重に指導を受けるが、中央と地方の権限関係があいまいとなっている。

### ひとづくりへの日本の協力

アジア諸国の分権化を支えるため、日本は人づくりで協力できる。権限を公正、有効に使える地方行政官の養成に、日本の経験が役に立つ。

一つのアイデアは、地方自治・地方行政の将来を担う若者に対する専門的職業人養成プログラム。理論の習得のほか日本の自治体での見習いや行政官との交流を組み込み、政策研究を行って学位を与える一年間コースを設けてはどうだろう。

➡ＮＩＲＡ『アジアの地方行政官人材開発支援に関する研究』

## アジア諸国の地方分権化

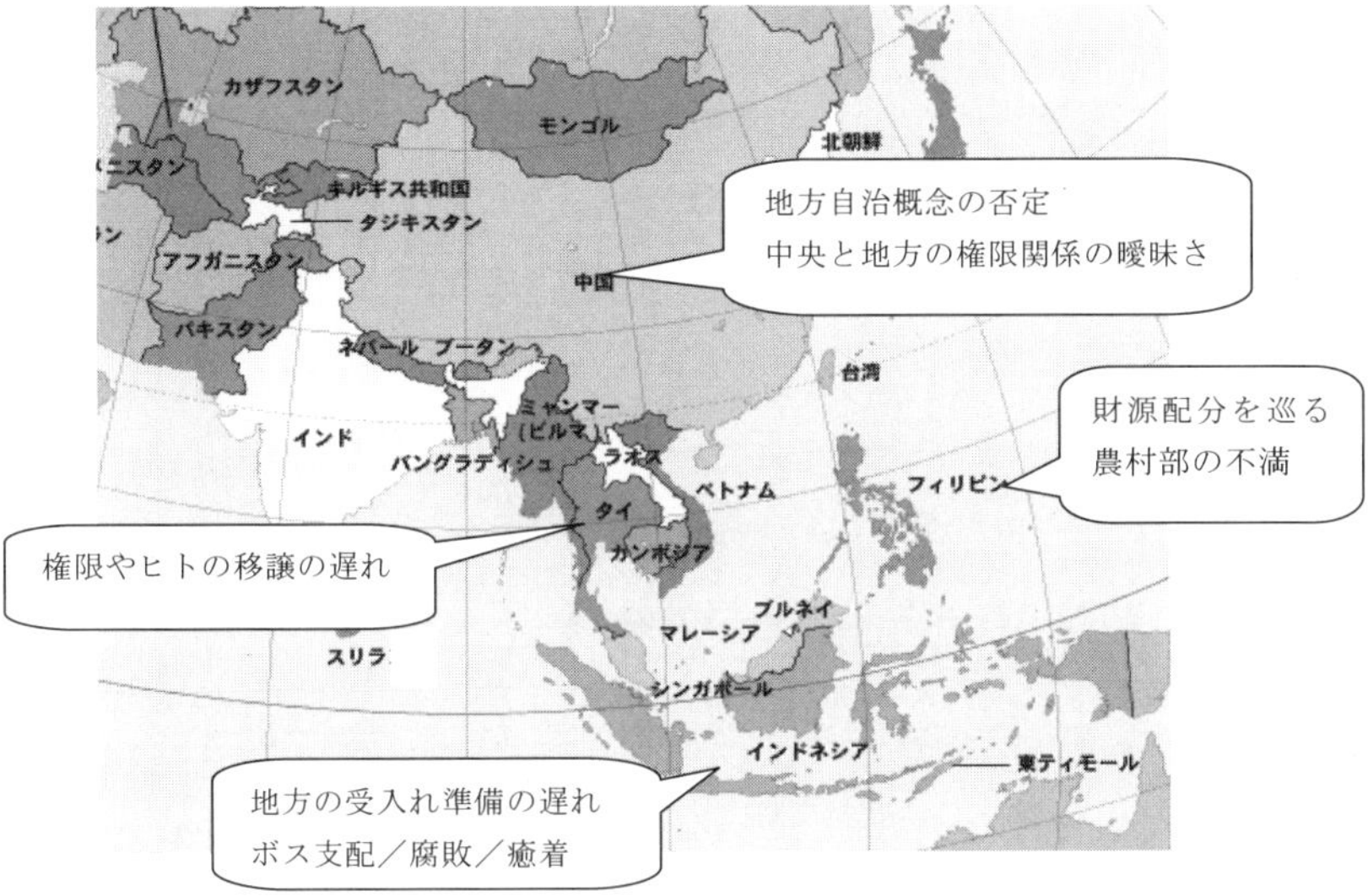


## 日本の協力

**専門的職業人の養成プログラムの提供**

○理論の習得
○自治体におけるインターンシップ
○行政官との交流
○学位の取得

⇒

**分権化の適正な推進**

公正・効果的な権限の執行

住民の望む行政サービスの提供

マネジメント能力の向上

## 79 インドネシアでの医療制度支援

インドネシアは、東アジアでは中国に次ぎ人口が多い。その発展は地域の将来にとって重要だ。だが、この国は通貨危機で大きな打撃を受け、その影響が数年間も残った。そのため弱者にしわ寄せが行き、社会の安全網《セーフティネット》として医療制度の見直しが課題として浮かび上がった。

### 母子手帳を入り口として

この国では、乳児死亡率が東アジア・太平洋地域の平均より高く、母子保健サービスの充実が必要だ。

そこで、意識の向上から始めようと、日本で定着している「母子手帳」をインドネシアに持ち込むことになった。日本政府は、国際協力事業団（JICA）を通じ、「母と子の健康手帳プロジェクト」を進めている。

### 加入者の少ない健康保険制度

インドネシアの健康保険は、アメリカ型の「管理医療」（治療内容に関係なく一定の金額が病院に支払われる人頭制）を基本とするしくみだ（JPKMと呼ばれる）。

自発的に入るのが原則のため、人口の一割に満たない加入率であり、アジア危機の際に安全網《セーフティネット》として不十分なことがわかった。インドネシア政府は、医療サービスが国民全体に行き渡るには、強制加入のしくみを取り入れることも重要と考え始めている。

### 国民皆保険に日本の経験を生かせ

日本は、一九六一年に国民皆保険となった。当時の政府は、市町村合併を押し進め、財政基盤や人材を確保し、行政の責任で加入者を増やした。また、戦後の貧しい時期に短期間で乳児死亡率を下げた。その経験をどう生かすか。

まず、これらの分野で日本とインドネシアの政策担当者、実務家が定期的に意見を交わす場をつくれば、知識が共有できる。そのうえで、同国における母子保健など社会的弱者対策と国民皆保険とをあわせて進めるよう協力してはどうだろう。

🅙NIRA『保健医療分野における東南アジア諸国間の地域パートナーシップの構築』

## インドネシアの地域健康保険制度

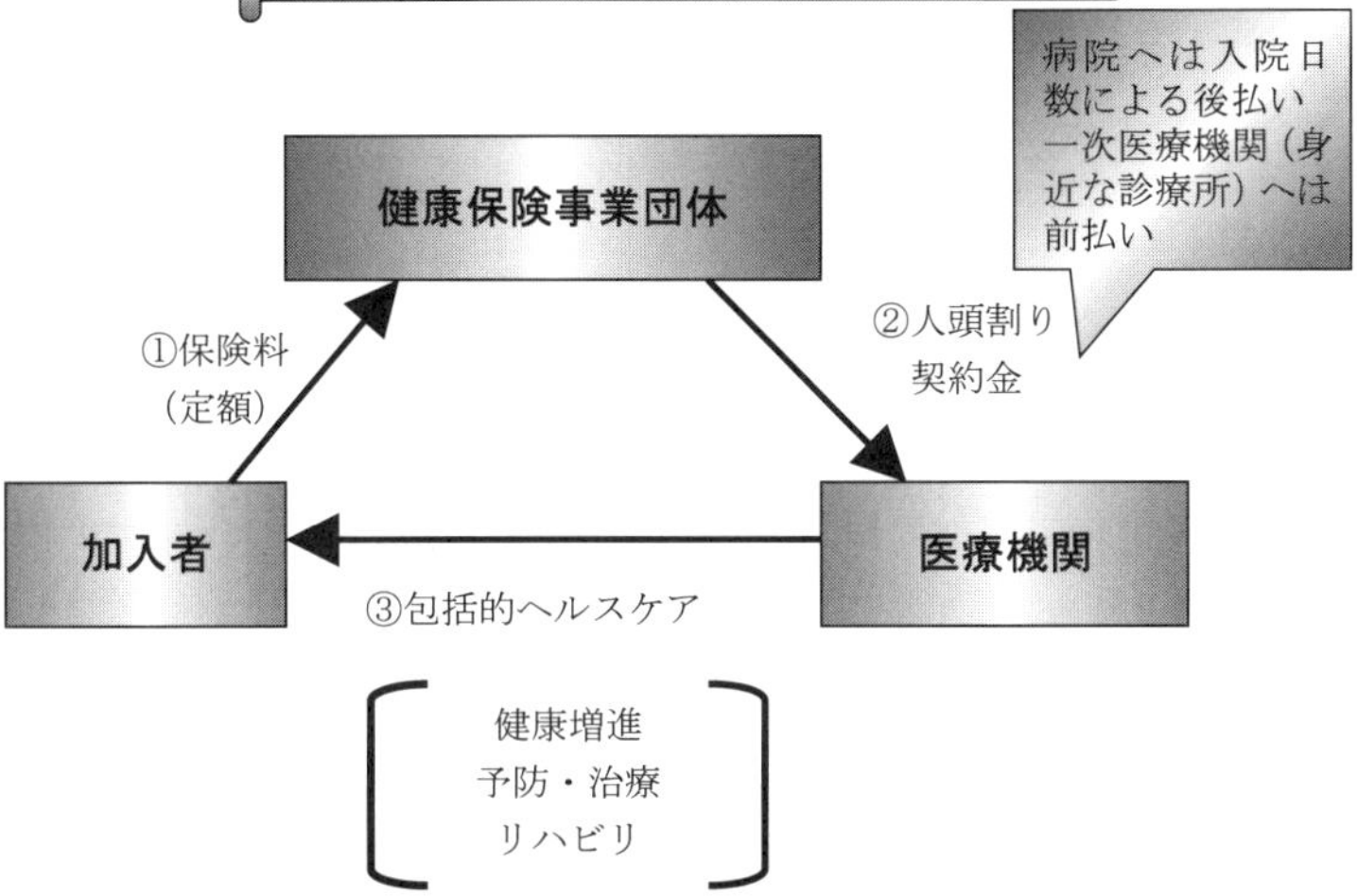


## インドネシアにおける健康保険への加入状況

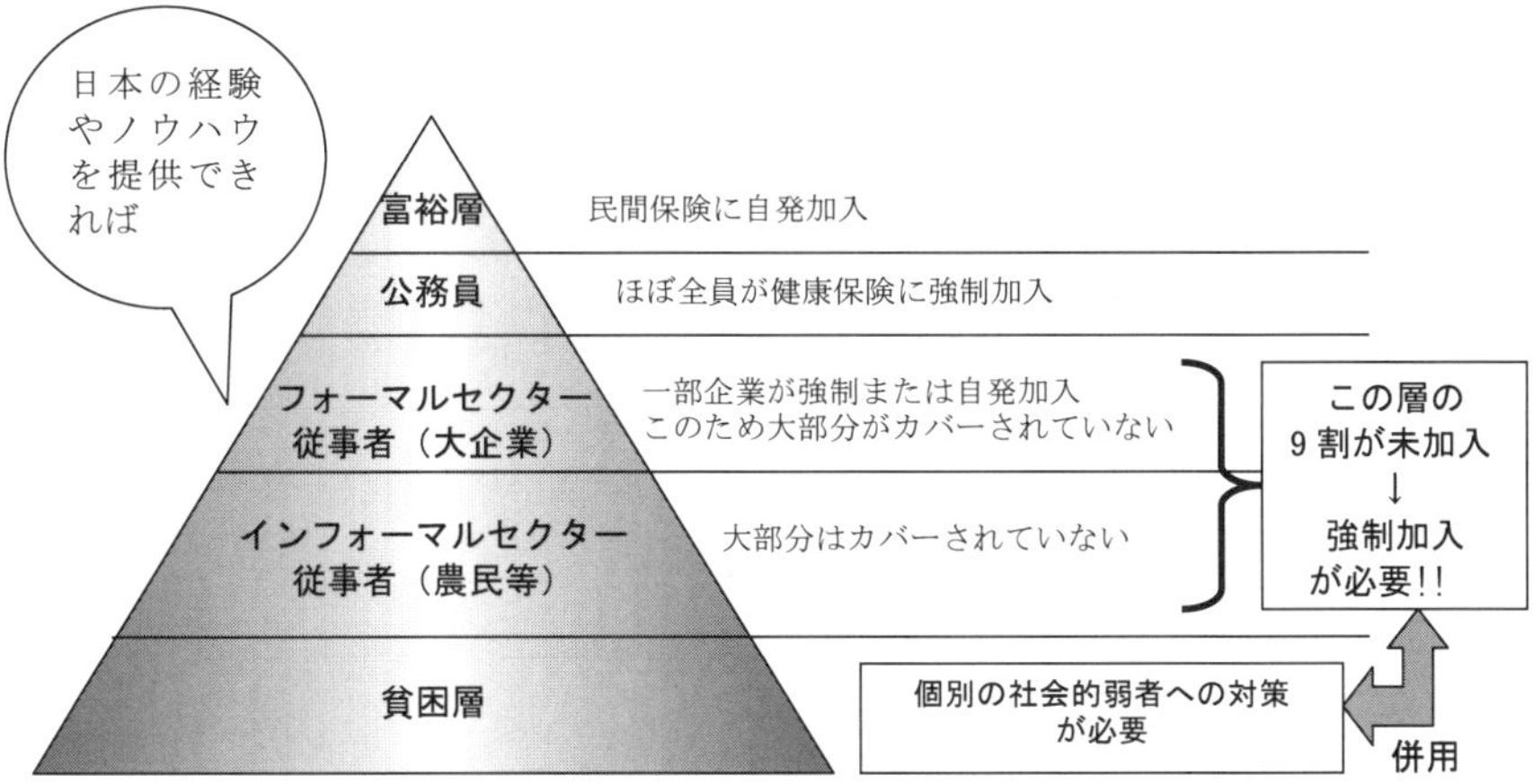

# 3

# 戦後復興を手伝う

# 80　紛争後復興支援のツボ

紛争後の復興支援は、「人間の安全保障」（⇩220頁）をめざすものだ。この原点に立ってこれまでの復興支援を振り返るといくつかの課題が浮かんでくる。

## 地域社会の再生からの出発

紛争の終わった地域に民主的な政府を立て、良い統治《ガバナンス》でそれを運営することは、国際社会の大きな関心事。各国政府、国際機関、NGOが力を入れてきた。

しかし同時に、そうした制度がどのような地域の状況の中で形づくられようとしているかを、まず見極める必要がある。紛争により地域社会が分裂しているときには、選挙をすることでかえって、対立する勢力を明らかにし、社会の分裂を煽ることになりかねない。

その場合は、コミュニティの再生を図ることが先。その前提となるのが人々の和解だ。遠回りのようだが、ここから始めねばならない。

和解に欠かせない条件として、「利益の共有」「価値の共有」「記憶の共有」があげられる。同じ利益を持てば、再び争えば高くつくので、紛争を避けやすい。基本的人権などの価値を皆が認めれば、争いに際して武力に訴える正当性が失われる。また、紛争をどのように記憶し、伝えていくかも重要だ。

## 援助をパッケージとして考える

紛争後に特徴的な障害として、自然環境の破壊、社会構造の軍事化、復興主体の分裂がある。これらを取り除こうとする場合、従来は「緊急・人道援助」「復旧・復興援助」「開発援助」が一直線上にあり、順次取り組むべきものと考えられた。しかし、たとえば経済の発展も紛争を防ぐ重要な手段なので、これらの援助は一つのパッケージとしてとらえるべきだ。

それぞれの援助を担う主体が異なるため、パッケージとして取り組む体制をつくるのは容易ではない。だが、紛争の再発を防ぐために、援助主体はその努力を怠ってはならない。

⬇大芝亮「従来の復興支援の問題点」

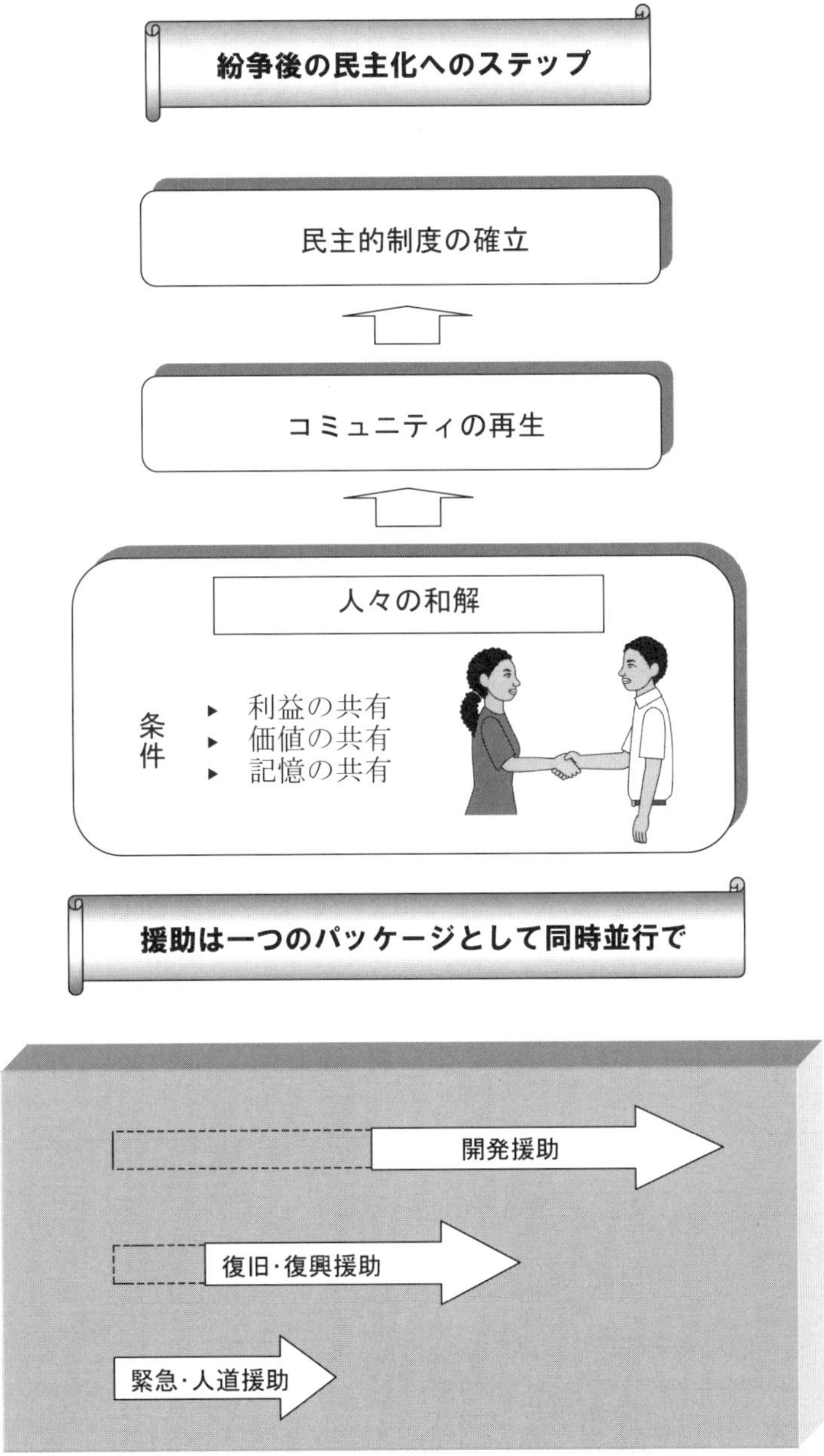
紛争後の民主化へのステップ
民主的制度の確立
コミュニティの再生
人々の和解
条件
利益の共有
価値の共有
記憶の共有
援助は一つのパッケージとして同時並行で
開発援助
復旧・復興援助
緊急・人道援助

81 紛争後の復興支援―自治体にできること

復興支援というと、その主体としてまず国連や各国政府そしてNGOが思い浮かぶ。それらの役割は確かに大きいが、一方で地方自治体だからこそ、という役割もある。

国レベルではとかく各国の利益や思惑が影響し、国連でも加盟国は協力を渋りがちだ。NGOは教育や医療などの現場で実績があるが、そうした協力を政府の仕事として組み立てる能力は乏しい。地方自治体は行政機構のノウハウがある。

これらは自治体の特性と合っている。

自治体は、行政組織としての専門技術を持つ一方で、中央政府のように外交や防衛の協議に加わることがなく、中立性を保ちやすい。またその都度、資金確保に走らねばならないNGOと比べ、長期的な関わりを約束できる。

**自治体にふさわしい領域**

自治体の行う復興支援の領域としては、次の三つが考えられる。

① ネットワーク機能
② フォーラム機能
③ 代理人《エージェント》機能

①は復興に関わるさまざまな集団を結び付け、効き目のあるプログラムに組み立てる働き。復興支援の作業全体をつかみ連絡・調整をする主体が必要だ。

②は、①とも重なるが、数多くの組織が関わるプロジェクトについて、それらが集まるフォーラムの場を提供し、議題を示すこと。研修や研究の働きが備わればさらに望ましい。

③は政治、社会、心理面での再生に向け、選挙支援、農業分野の技術協力、相談員や医師などの人材を養成・確保し、送り込むことだ。

こうした活動を中長期的な視野に入れることで、これまでとは違った国際貢献や地域の特色づくりの方向が見えてくる。

🅥藤原帰一「エピローグ」NIRA・広島県『記憶から復興へ』

**復興支援の五原則**

戦後復興支援に必要な原則は、中立性、文民性、長期性、具体性、公開性という五点にまとめられるが、

## 自治体は五原則にマッチ

復興支援五原則
中立性、文民性、長期性、具体性、公開性 OK！
外交上の都合も考慮！
長期継続できるかな？
自治体
国レベル
NGO

## 活動の三領域

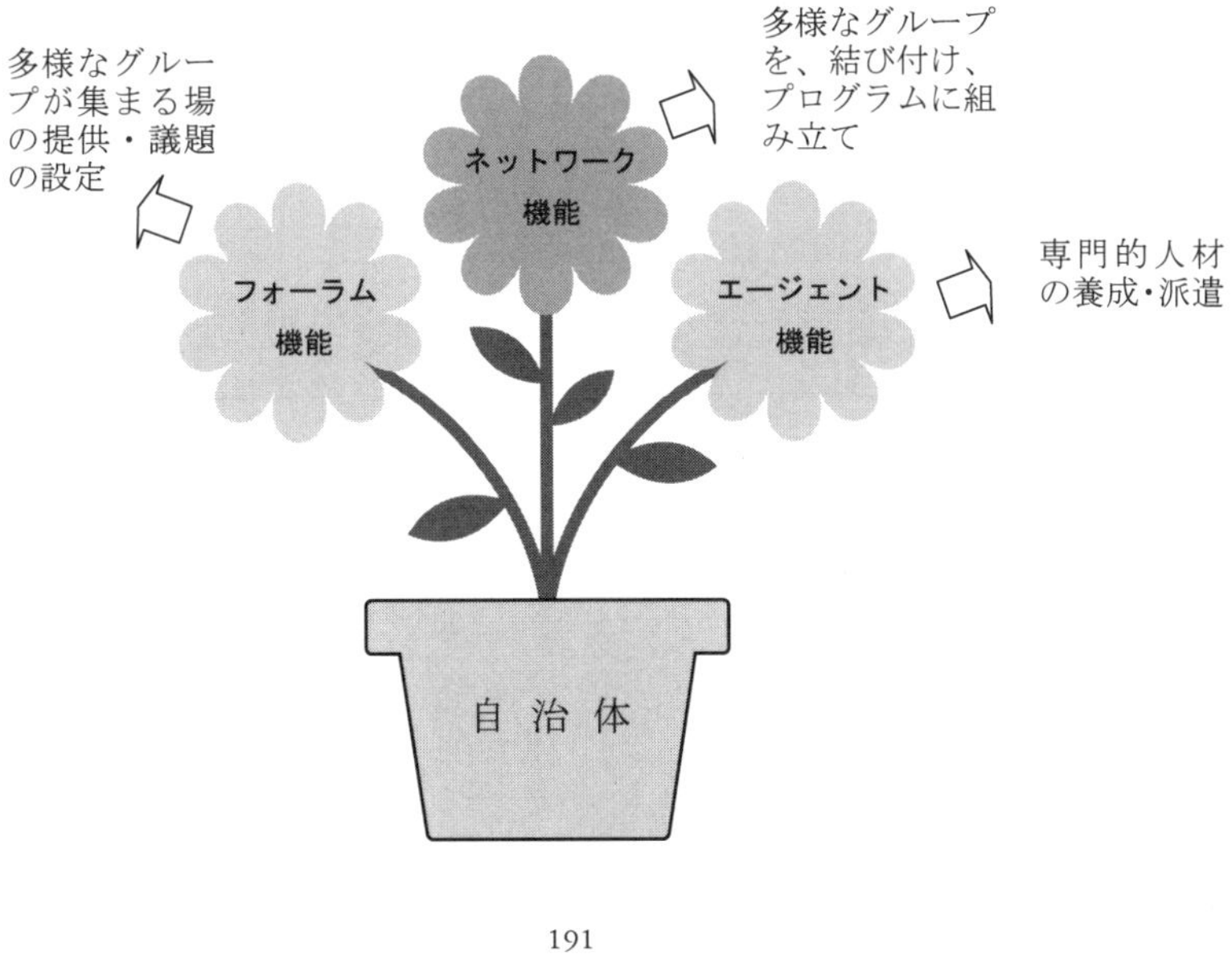
多様なグループが集まる場の提供・議題の設定
多様なグループを、結び付け、プログラムに組み立て
専門的人材の養成・派遣
フォーラム機能
ネットワーク機能
エージェント機能
自治体

## 82 アフガニスタンで何が起きているか

9・11事件が残したものは何だったのか。テロの温床となる国家の体をなさない国家はもはや放置できないということだ。ビンラディン氏とアル・カイーダを討つために、アフガニスタンへの空爆が続けられた。その結果、アフガニスタンでは今、何が起きているか。

### 対テロ戦争と軍閥支援

対テロ戦争の究極の目的が、住民の間に潜んでいるアル・カイーダやタリバン兵を捕らえることならば、その地域を支配する軍閥や住民の協力が欠かせない。米軍による空爆の陰で、軍閥に対し武器やお金が渡され続けてきた。それが軍閥を大きくし、彼らが直接、間接に力を振るうことで、さまざまな場での議論を歪め、国家の建て直しを危ういものにしている。二〇〇二年九月のカルザイ大統領の暗殺未遂事件は、軍閥どうしの対立が地方だけでなく中央政権内にまで及んでいることを示した。

最近は、国際赤十字などで援助に携わる人が殺される事件が相次ぎ、復興・開発支援も停滞しつつある。米軍への攻撃が繰り返され、カブール市内で国際治安支援部隊をねらったテロも起きた。さらに、援助からも国家再建からも取り残されたパシュトーン地域を中心に、タリバンが再び動き出している。

### 「対テロ戦争」の二律背反

短期的なテロ戦争のために軍閥を助けてきたことが、中長期的な「対テロ戦争」の重要な手段である復興・開発支援を阻むという二律背反をもたらしている。

アフガニスタンをめぐる攻防は、二一世紀の国際情勢をにらむ覇権争いとして今も続けられ、米ロと周辺諸国が依然軍閥を支えている。

それゆえ中立的な支援を行おうとする日本への期待は大きく、現状を踏まえた援助とすることが望まれる。何よりも、軍閥を強めてしまう政策の矛盾を訴えられるのは、覇権争いから距離を置いてきた日本だ。

➔NIRA『アフガニスタンにおける新たな国家再建プロセスと復興・開発支援』(仮題)

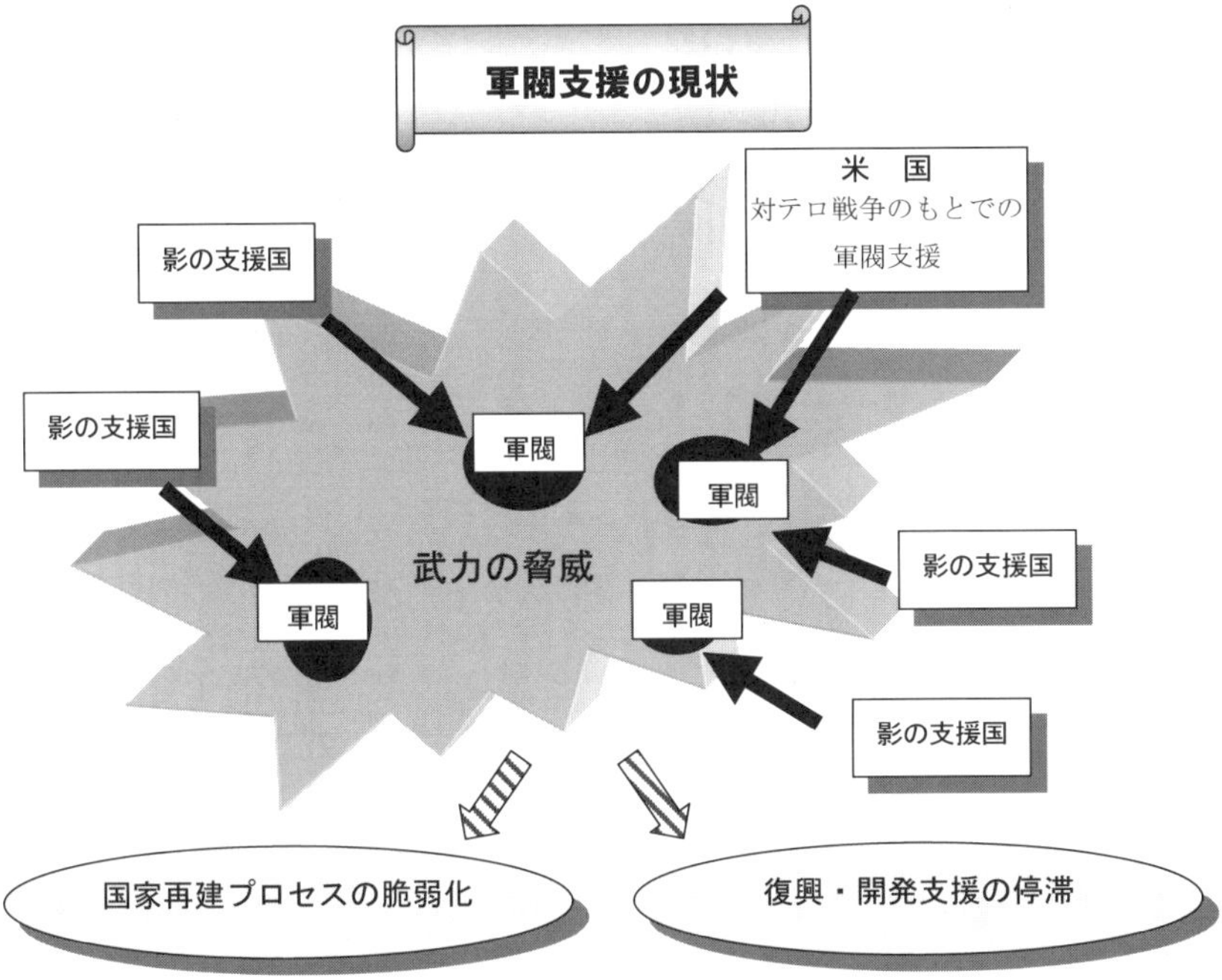
軍閥支援の現状
米　国
対テロ戦争のもとでの
軍閥支援
影の支援国
影の支援国
影の支援国
影の支援国
軍閥
軍閥
軍閥
軍閥
武力の脅威
国家再建プロセスの脆弱化
復興・開発支援の停滞

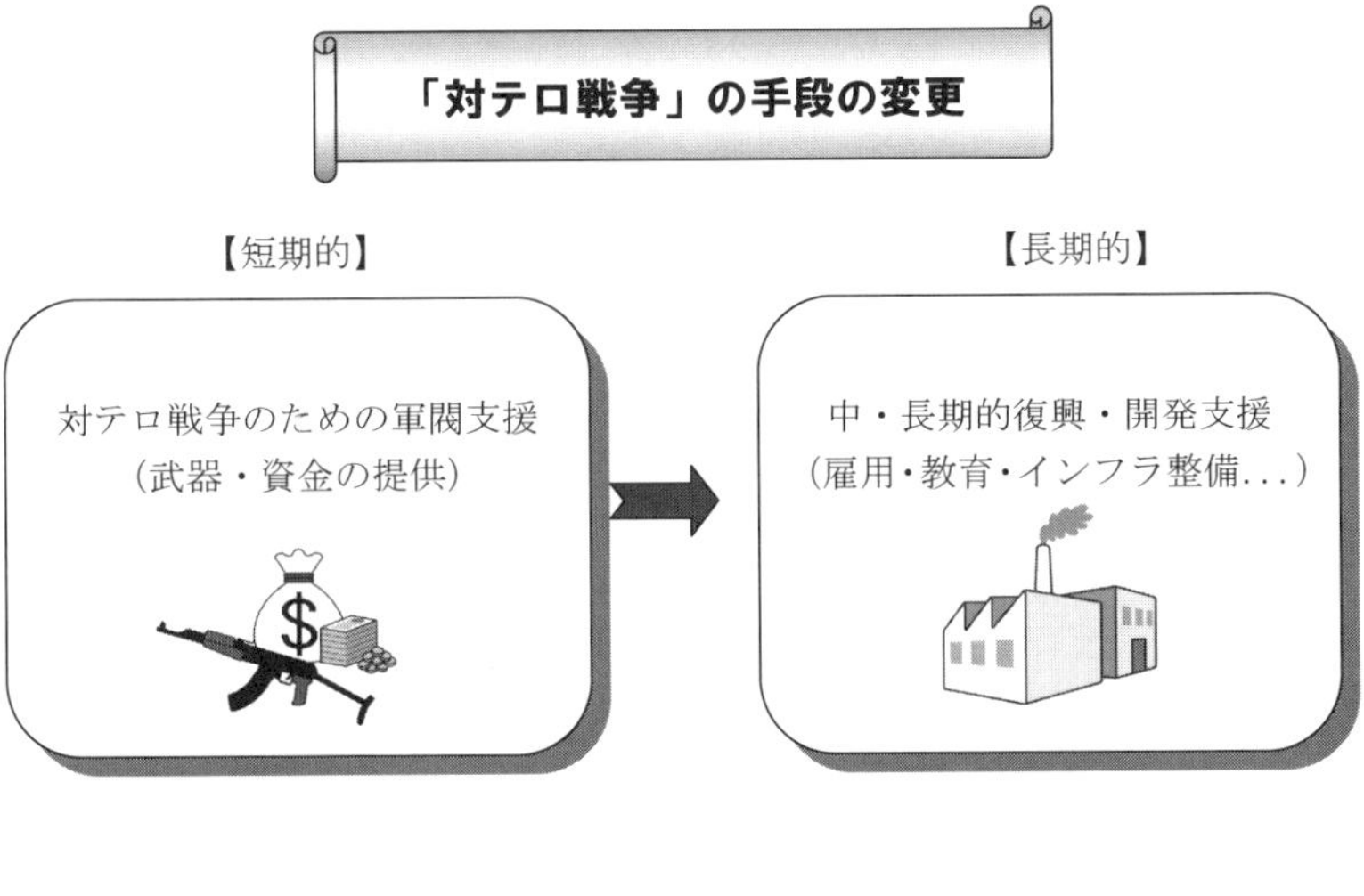
「対テロ戦争」の手段の変更
【短期的】
対テロ戦争のための軍閥支援
(武器・資金の提供)
【長期的】
中・長期的復興・開発支援
(雇用・教育・インフラ整備...)

## 83　アフガニスタンの治安を取り戻せ

戦乱やかんばつで荒廃したアフガニスタンの国土を再建するには、取り組むべき課題が山ほどある。なかでも土着の武装勢力である軍閥がいまだあちこちに残っているなかで、国内の治安を取り戻すことを最優先すべきだ。

**元兵士の社会復帰支援**

治安問題の解決へ向け、主な援助国は役割分担をしている。日本は元兵士の社会復帰支援の担当。民兵たちから武器を集めて軍閥を解体し、彼らが平和と安定に貢献するよう主導する。主体はアフガン移行政権（国防省）だが、日本は「国連アフガン支援ミッション」と共同で中心になってこれを支える。

日本は紛争後の諸国を支援した経験はあるが、この分野で主体的に構想を示したのは今回が初めて。お金は出したが、支援策を練り、実行するのがかなり遅れた。現地の複雑な事情を踏まえず、お金と引き換えれば自動的に武器を手放し、軍閥は解体すると簡単に考えていた。

**日本にはチャンスがある**

支援の主な目的は単に武器を取り上げることではなく、彼らを政治的に統制できる状態に置くことだ。

日本政府は、これを伝統的な援助の一つと位置づけてはならず、政治的役割を担う必要がある。軍閥の指導者、背後の支援国、軍閥を結果的に強化した米国と粘り強い交渉が欠かせない。また、アフガン国防省内部からも軍閥を除かなければ、その他の敵対勢力は協力しない。

日本には大きなチャンスがある。日本は、インフラ整備や社会開発にも関わっている。軍閥との交渉や武装解除の際、これら事業を戦略的に使えばよい。具体的には、協力した地域に見返りとしてかんがいや道路の工事をする、元民兵に教育や工事現場で働く機会を与える、などが考えられる。

そのためには、事業間でうまく連携するよう調整が求められる。

🅅ＮＩＲＡ『アフガニスタンにおける新たな国家再建プロセスと復興・開発支援』（仮題）

## 軍閥：武装解除の交渉→民兵の社会復帰を

米国
対テロ戦争のもとでの軍閥支援

日本
民兵の社会復帰構想を提出
・重大な政治的取り組みであることの認識を！
・米国や「影の支援国」との粘り強い交渉を！
・中央政府内の軍閥から実施スタートを！

パキスタン、ロシア、イランなど
「影の支援国」

## プロジェクト間連携で戦略的に

武装解除→社会復帰

武器と交換でお金を提供するだけでは足りない

協力する見返りとして

インフラ整備（道路・灌漑工事など）

社会開発（学校・職業訓練など）

## 84 アフガニスタンでの女性支援

アフガン攻撃では、タリバンから「女性を解放」することが大義の一つとされた。復興でも、女性支援は多くの援助機関の看板事業だ。日本もこれを重要な柱と位置づけ、新たにできた女性課題省に専門家を送ったり、女子教育の指導者に研修を行うなど事業を進めている。

戦後の変化は確かに大きい。女子教育が再開され、都市を中心に職場復帰する女性たちも増えた。女性閣僚も生まれた。だが、すべてのアフガン女性の地位が上がったわけではない。農村を中心に相変わらず状況は厳しい。

### 標的になる女性支援

そんな中、欧米などの援助機関の多くは、これまでの見方を変えつつある。すなわち、女性を苦しめてきたのはタリバンに限らず、イスラーム的、部族的ともいわれる「伝統」が問題であり、それらの克服が支援の中心的なテーマとなっている。

一方、アフガニスタンの治安は依然として不安定で、復興事業も進まないまま失業者があふれている。ところが女子教育支援などは、目に見える形で行われている。その結果、現状に強い不満を感じる人々にとって、女性支援は格好の標的となる。戦争の大義、国際社会の支援の象徴として、批判が集まる。

### 現地の文化を生かした取組みを

しかし、これはアフガンにとって初めてではない。過去にも、女性の地位向上が「近代化」の象徴とされ、「反イスラーム的」などの口実で攻撃された。今回は同じ失敗を繰り返してはならない。

支援する側が自分の価値観を相手に押し付けようとすれば、こうした事態を生みやすい。むしろイスラームなど現地の文化を生かすにはどうすればよいか、という視点で取り組むことが必要だろう。

「西洋的価値観」を突き放して見ることができる日本は、この点で大きく貢献できる。

➡NIRA『アフガニスタンにおける新たな国家再建プロセスと復興・開発支援』（仮題）

## アフガニスタンにおける女性支援の意味付け

大義としての女性解放

対テロ戦争（アフガン攻撃）
「タリバンから女性を解放せよ」

タリバン政権　崩壊後

復興支援看板事業としての女性支援

欧米を中心の援助機関の視点
「アフガン社会のイスラーム的・部族的慣習から女性を解放せよ」

「復興は一向に進まないのに恩恵を受けたのは女性だけ」

「女性支援は欧米の手先」

女性支援→現状に不満をもつ人びとからの非難の標的（？）

## 視点の転換を

援助する側の価値観を一方的に押しつけない！

西洋諸国の女性の地位をモデルに同様のレベルに引き上げよ
（短期的・結果主義）

女性のよりよい暮らしのため
現地社会の文化・宗教を生かした取り組みを
（長期的・プロセスとしての女性支援）

## 85 イラク復興にどうかかわるか

イラク戦争が一応終わったことを受け、復興支援の具体的な内容が議論されている。

重要なのは、これまでの日本・イラク関係を踏まえつつ、いかに日本の独自性を生かせるかという視点だ。当たり前のようだが、しばしば「欧米並みに」という掛け声のもとで忘れられているようにみえる。

### 対イラク協力における日本の実績

日本はすでにいくつかの分野で、対イラク協力のもと、友好関係を築いてきている。文化協力では、三〇年以上も前から、国士舘大学を中心とする考古学者チームがメソポタミア古代遺跡の発掘調査を行ってきた。湾岸戦争時と同様に今回も、略奪された文化財の回復のために力を尽くしている。

医療の分野では、一九八〇年代に、イラク国内の一三の病院に対して支援を行った実績がある。これらの病院が老朽化したため、日本政府はエジプトの医療チームと合同で、復旧計画を進めようとしている。

また、北イラクで九六年から人道支援に取り組んできた日本のＮＧＯもある。目下、その経験をもとに、日本政府の協力を得て、医療を中心とした緊急支援活動が進んでいる。

### 「友好の貯金」を生かす

欧米諸国と違い、日本は西アジア地域において歴史的な負い目もなく、現地の対日感情は良い。日本とは欧米的でない価値観を共有できることへの期待もある。復興支援で、これまで地道に蓄えてきた「友好の貯金」（片山邦雄元駐イラク大使による）をうまく生かし、日本の指導力が生かせる条件に恵まれている。

こうした利点を踏まえ、文化、医療、教育など民生的な分野の支援を強め、対話の場を設けるなど、日本が平和を築くための仲介者として積極的な役割を担う好機だ。

現地の期待に応え、「友好の貯金」を損なわないためにも、日本は欧米諸国とは異なる姿勢を貫くという選択肢もあるのではないか。

🔽『ＮＩＲＡ政策研究』二〇〇三年七月号

## 日本の対イラク協力

**文化協力**
- ✓ メソポタミア古代遺跡の発掘調査（30年以上前から）
- ✓ 略奪文化財の回復

**医療分野**
- ✓ 1980年代にイラク国内13の病院支援
- ✓ エジプトと合同で病院復旧計画

**人道支援**
- ✓ 北イラクにおける日本のNGOの人道支援（1996年～）
- ✓ 緊急人道支援活動

⇩

蓄積された「友好の貯金」

## 日本の独自性を生かした支援策を

【西アジア地域における日本の利点】

- ➢ 歴史的な負い目がない
- ➢ 現地の対日感情は良好
- ➢ 欧米的でない価値観の共有が可能

⇩

「友好の貯金」を生かしながら指導力を発揮できる条件に恵まれている

⇩

現地の声に応え、独自の立場から平和構築のための積極的な参加を！

## 86 イラク文化財を救うために

チグリス川とユーフラテス川の流域を擁するイラクは、メソポタミア文明発祥の地でもある。その起源は六〇〇〇年前にさかのぼり、世界で最初の文字とされる「くさび形文字」や太陰暦の発明で知られる。

不運にもイラク戦争による混乱のさなか、同文明の歩みを刻む数々の文化遺産が収められた国立バクダード博物館が、略奪の目標となった。貴重な文化財数千点が、組織的な暴徒により持ち去られた。

### ユネスコの役割と国際協力

同様の略奪騒動は、一九九一年の湾岸戦争の直後にも起きた。当時、イラク政府はユネスコに監督官を送るよう頼んだが、「一国内での略奪行為や不正取引の取り締まりは当事国の問題」と断られた。ユネスコといえども、国家主権の領域に踏み込むのは無理があり、やむをえないことだった。

今回、事態は一変した。イラクには、現在当事者能力を持つ政権がない。ユネスコは略奪の直後に調査団を送り、また国際機関や「一九七〇年ユネスコ条約」(「文化財不法輸出入等禁止条約」)を批准する九七カ国にも呼びかけ、国際的な協力を得つつ解決を図ろうと動き出した。

### 国内法をさらに強化せよ

日本も二〇〇二年一二月に「ユネスコ条約」の締結を受けて「文化財不法輸出入等規制法」を施行し、また文化庁が諸々の通達を出すなど、イラク文化遺産をめぐる国際協力に前向きだ。安保理の決議によってイラクに対する経済制裁が解かれると、日本政府は九〇年八月六日以降、イラクで不法に手に入れた文化財の輸入を禁止する手段を講じた。

だが、より厳しく対応するには、国内法の強化を急ぐべきだ。前述の「規制法」に、文化財の証明、また輸出許可がにせものでないかを確認するしくみや、違反者を罰する規定を盛り込むことが求められよう。

人類が共有する文化遺産を守るため、国際社会の一員である日本も大きな責任を負っている。

➔藤井秀夫「イラクの盗取文化財をどのようにして救済するか」

## 文化財保護への挑戦

【湾岸戦争直後】

イラク政府

監督官派遣要請 ⇩　⇧ 派遣できず

ユネスコ

一国内での取り締まりは当事者の問題
ユネスコに権限なし

【現在：イラク政権崩壊後】

当事者能力を持つ政権なし

⇩

ユネスコを中心に国際協力による解決への動きが広がる

## 文化遺産保護のための取り組みを

【日本の文化財保護の取り組み】

● 2002 年「ユネスコ条約」の批准
→文化庁通達
→「文化財不法輸出入等規制法」（2002 年 12 月施行）

⇩

日本も文化財保護に大きな責任を負っている

効果を高めるため国内法の強化を！
- 相手国の輸出許可の真偽を確認するしくみの確立
- 違反者への罰則規定の追加

# 4　異文化と交わる

# 87 「文明」・「文化」への眼差しを問い直す

9・11事件以降、世界情勢に対する不安感が「文明の衝突」として語られる風潮が一層強まった。紛争や摩擦の原因を「文明」や「文化」「宗教」の違いに求めることがアピールしやすい時代だ。人種でなく「文化」の違いによる差別（「ニュー・レイシズム」）が増えたとも言われる。

他方、「文明の対話」や「多文化共生」などの言葉もよく耳にする。前者は、イランのハタミ大統領が「文明の衝突」論に対抗する考え方として唱え、国連が二〇〇一年を「文明の対話」年と定めたため、時代の合言葉となった。

## 「文明」・「文化」は何を意味する？

ところで、「文明」や「文化」とはいったい何か。これらの語は、一見明らかな意味を持つようで、実はばく然と使われることが多い。

研究者の間でも、「文明」や「文化」の定義に共通の見解はない。「文化」は精神的で「文明」は物質的という大まかな区分がある一方、「文化」を衣類や農具など物質的な面も含めた生活様式とする見方もある。学問や芸術など学習で身につくのが「文明」、そうでない特殊なものが「文化」と呼ぶ人もいる。

## 「文明の衝突」論の罠に陥るな

懸念されるのは、「文明」や「文化」を自明と見ることで陥るかもしれない罠。「文明が衝突する」などという見方に慣らされると、紛争や摩擦の原因を「文明」・「文化」の違いのみに短絡的に還元しがちだ。往々にして紛争や摩擦の背後には、経済格差やレイシズム、政治の機能不全、大国間のパワーゲームなどの深刻で複雑に絡み合った問題があることを忘れてはならない。

「文明」や「文化」は決して固定的でなく、さまざまな影響を受けながら変容・再創造を繰り返している。現代社会の直面する問題解決に真剣に取り組むためには、「文明」・「文化」、「宗教」の意味を改めて問い直し、現状認識への視点をより研ぎ澄ませる努力が必要だ。

⬇ＮＩＲＡ・中牧弘允共編『現代世界と宗教』

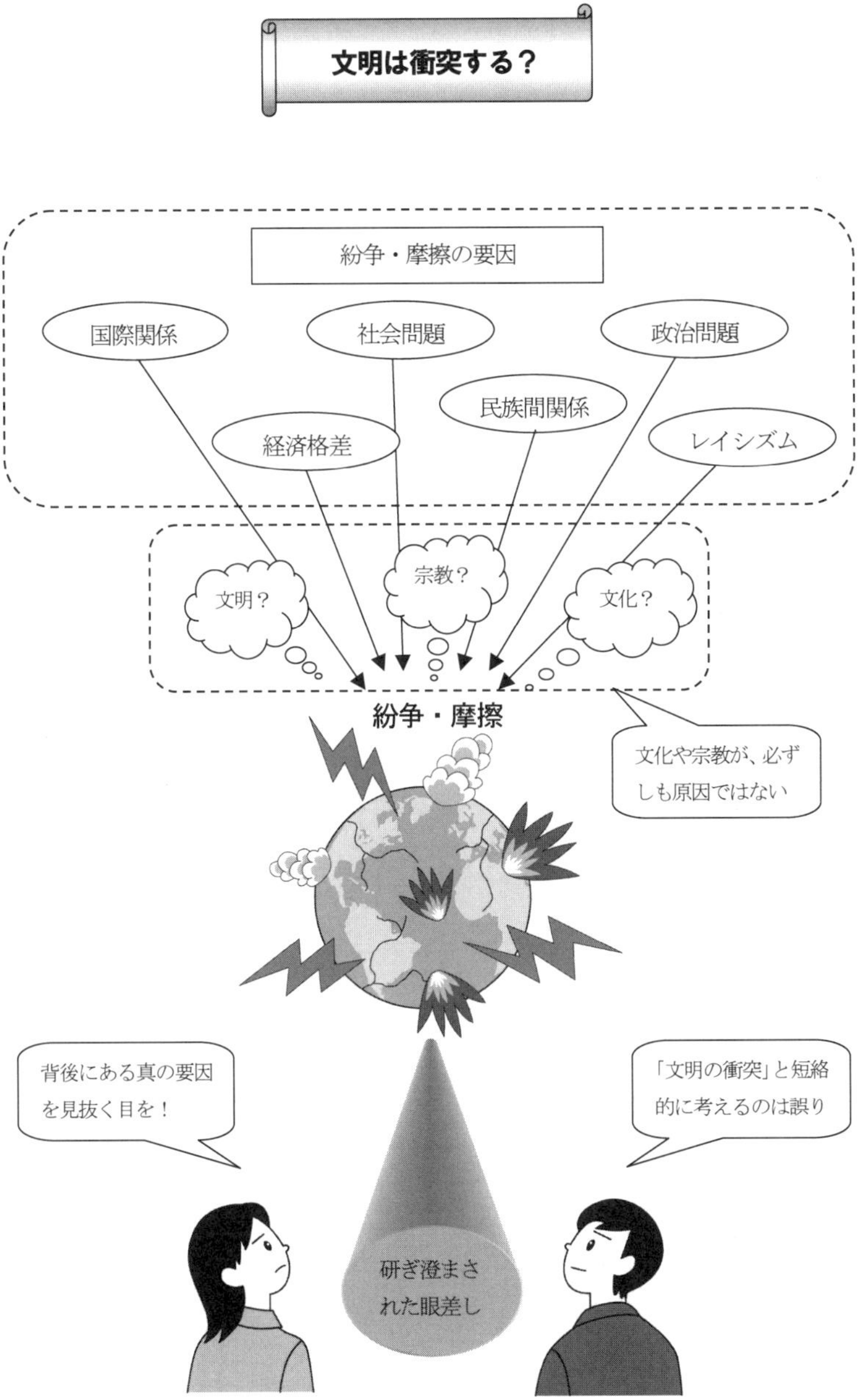
文明は衝突する？
紛争・摩擦の要因
国際関係
社会問題
政治問題
民族間関係
経済格差
レイシズム
文明？
宗教？
文化？
紛争・摩擦
文化や宗教が、必ずしも原因ではない
背後にある真の要因を見抜く目を！
「文明の衝突」と短絡的に考えるのは誤り
研ぎ澄まされた眼差し

## 88 日本人のアイデンティティと「文化」

「日本人としての自覚」や「国を愛する心」を促そうとする論調が高まりつつある。生まれた国、暮らしている国に愛着や誇りを持つことは重要だ。だが、日本人のアイデンティティが、民族性や文化的伝統の固有性と分かちがたく結びついて語られるならば、その意味を改めて問い直してみる必要がある。

そもそも「文化」は、過去に完成され、固定化され、ただ守るだけの存在ではない。それは、常に諸文化との接触と融合の中で変化を遂げてきた、価値観や生活様式が集まったもの。「日本文化」と称されているものも、その内実は複合的・流動的だ。

### 従来の日本人論

従来のアイデンティティ論は、歴史を通じて変化しにくいものを理想化して日本人・日本文化の本質ととらえ、その意義を過度に強調しがちだった。近代化に向け国民をまとめようとした幕末から明治の時代には、こうした「本質論的アイデンティティ観」が必要な面もあった。

だが、戦後の日本人論・日本文化論の多くにも、程度の差はあれ本質論的なアプローチが見られる。問題は、ある現象をとりあげ、それが日本にだけ見られるか否かを確かめずに、「日本文化」の独自性・固有性として説明すること。しかも「日本的」とされる特徴は、時代状況に応じて、国民の劣等感にも、また一転して自信にも結びついてきた。

### 外国との共通部分を「発見」せよ

国家や地域間の関係が深まり、人の移動が増える二一世紀。本質論的な内向きの発想にこだわるだけでは、新たな時代を切り拓くことはできない。従来の日本人論が外国との違いばかりを強調してきたとするならば、共通の部分の「発見」にもっと多くの力を注ぐべきだ。

現代にふさわしいのは、対等の、さまざまな他者の存在を織り込んだ、重なりあい開かれたアイデンティティ観。新たな「日本文化」の発見や展開も、そうした観点からこそ可能となろう。

⬇園田英弘編著『流動化する日本の「文化」』

## 文化とアイデンティティ論

【文化とは？】

・諸文化との融合の中で変化しつづけるもの
・価値観や生活様式の集まり

⇔

【本質論的アイデンティティ論の傾向】

・歴史を通じ変化しにくいものを理想化、本質ととらえる
・本質的なものの意義を強調

⇩

【文化と本質論的アイデンティティ論の結びつきの問題点】

ある現象を日本にだけ見られるか否かを確認せず、
「日本文化」の独自性・固有性として説明してしまう

## 開かれたアイデンティティ観の確立を

【21世紀の国際関係】

・国家／地域間の関係の深まり
・ボーダーレス化の進展

⇩

内向きな本質論的発想では通用しない

⇕

重なり合い開かれたアイデンティティ観

・外国との共通部分の発見
・対等の様々な他者の存在を織り込む
・新たな「日本文化」の発見、展開につながる

## 89 イスラーム理解に向けて

イスラーム世界は日本人の多くにとって依然として遠く、不可解な世界だ。日常的存在というより、海外の民族・宗教対立に関するマスコミ報道の中で出てくることが多い。

とりわけ9・11事件以降は、テロや「聖戦《ジハード》」と結びついた「好戦性」が強調されがち。女性のヴェールや一夫多妻は、女性蔑視や非近代性を象徴するものに映りやすい。多くの人のイスラーム観は、無意識にこうした固定観念に支配されている。

### 「オリエンタリズム」の克服

イスラーム世界は、中東のみならず、中央アジアやインド亜大陸、東南アジア、さらにはアフリカの一部をも含む広大な地域に及ぶ。地域によってさまざまな風土や文化環境の中で、イスラームの現れ方もまたさまざまだ。土着の文化とイスラームの慣習が混同されている場合も少なくない。

イスラーム世界に対する知識の量は、日本では極めて少ない。加えて、それらの情報のほとんどが欧米経由。その結果、欧米の認識が私たちのイスラーム観に深く根づいている。西洋的なものとは本質的に異なるものに対する偏見（E・サイード氏のいうところの「オリエンタリズム」）に支配されている自らのイスラーム観にいかに気づき、乗り越えていくかが課題だ。

### コーラン破棄事件からの教訓

二〇〇一年、富山県でパキスタン人の経営する中古車販売店に「コーラン」が破られ投げ込まれる事件が起きた。イスラーム系住民らの抗議集会が東京で開かれ、外交問題になりかねない事態となった。事件は、イスラームはもはや「海外の文化」でないこと、異文化への理解を欠いた行為が重大な結果をもたらしうることを気づかせてくれた。

日本の学校やマスメディアは、欧米中心の物の見方を推し進めた面がある。今後は、イスラーム世界についての知識が社会で共有されるよう努力することが求められる。

➡日本イスラム協会『文化摩擦にみるイスラム世界の虚像と実像』

## イスラーム世界―広大な地域に広がる多様なイスラーム

## イスラームを理解する知識を社会で共有するために

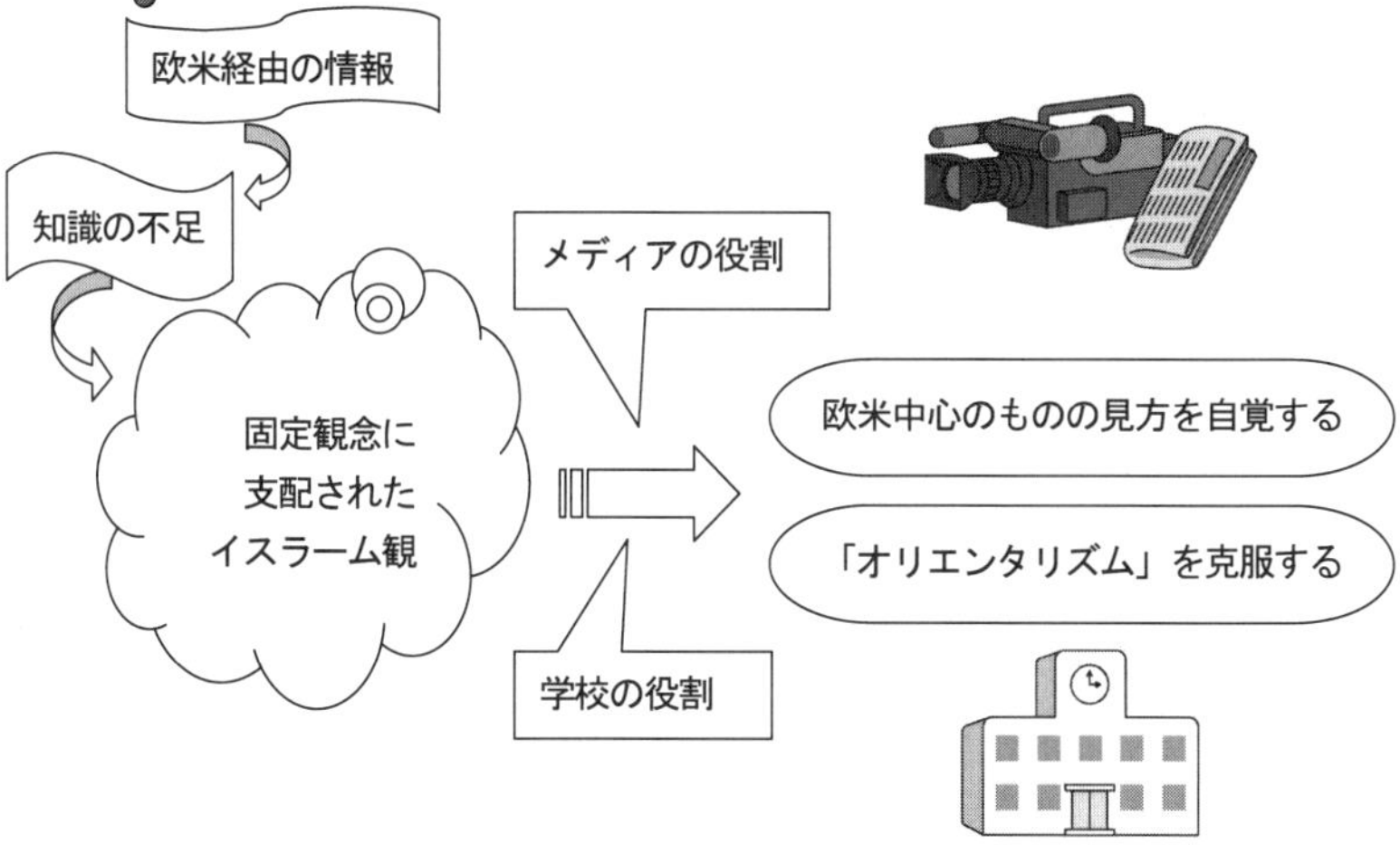

## 90 韓国若者の意識と日本語教材

韓国では日本の大衆文化の開放とスポーツの交流を通じ、日本への関心が高まっている。だが同時に互いの国に対する意識やイメージがつかみにくい関係でもあった。

韓国で日本語を学ぶ高校生・大学生一五〇〇人あまりに調査した日本の知識やイメージを紹介しよう。

**日本・日本人のイメージ**

日本のイメージは、「経済大国」「緻密な計画性」「先端技術大国」「高品質の製品」など工業や産業に基づくものが多かった。国民に関しては、「協調性のある国民性」と「傲慢な国民性」がほぼ同じ割合で正と負が両面性を持って交錯している。

日本に伝えたい韓国のイメージは、「人情深い」「東邦礼儀之国」「歴史と伝統に対する誇り」「分断国家（南北統一問題）」が上位にあげられ、「経済発展」は意外に低い。

文化、芸能では、鉄腕アトムなどアニメ、歴史教科書で植民地支配の「元凶」とされる伊藤博文、広島原爆ドームが高い認知度。調べた時期によるのか、小泉純一郎、田中角栄は宇多田ヒカルや木村拓哉より知られてない。大衆文化開放で、韓国の若者の日本理解に偏りが見られる。

**文化理解のため映像教材の開発を**

外国語教育の目標は世界的に読解や文法学習中心から、コミュニケーション能力と文化情報の獲得へ移っている。韓国でも英語教育ではかなり以前から実行に移されてきたが、日本語教育の内容や方法が問われるようになったのは最近だ。

現在、書店には大量の日本語教科書が並び、CDやテープで独習できるものも多い。ここ数年で大きく事情が改善したように見える。だが、コミュニケーション、文化情報をどう学習に取り込むかはなお検討の余地がある。教育方法を具体化するため映像教材の開発が急務だ。文化的、非言語的情報の得られやすい映像教材の特質を生かし、日韓双方向の文化理解をめざしたい。

🅥ＮＨＫインターナショナル『日韓の文化交流を深めるための日本語テレビ・ビデオ教材の研究と開発』

## 韓国の若者の日本理解

【日本と日本人のイメージ】

| | | | | | |
|---|---|---|---|---|---|
| 経済大国 | 750 | 協調性のある国民性 | 386 | 礼儀正しさ | 241 |
| 緻密な計画性 | 744 | 傲慢な国民性 | 377 | 勤勉、働き者 | 214 |
| 先端技術大国 | 516 | 島国根性 | 271 | 言論、思想が自由 | 137 |
| 高品質の製品 | 503 | サムライの国 | 257 | 歴史と伝統の豊かさ | 45 |

【日本の文化、地名、芸能の認知度】

| | | | | | |
|---|---|---|---|---|---|
| 鉄腕アトム | 1273 | 小泉純一郎 | 348 | 厳島神社 | 173 |
| 伊藤博文 | 1192 | 靖国神社 | 320 | 人形浄瑠璃 | 136 |
| ドラえもん | 829 | 狂言 | 265 | 田中角栄 | 77 |
| 広島原爆ドーム | 803 | 柳美里 | 236 | 日光東照宮 | 77 |
| 宇多田ヒカル | 482 | 三浦綾子 | 235 | 瀬戸大橋 | 34 |
| 法隆寺 | 372 | 坂本龍一 | 214 | 団伊玖磨 | 29 |
| 木村拓哉 | 355 | 夏目漱石 | 192 | 瀬戸内寂聴 | 19 |

(回答者総数:1547,複数回答)

## 韓国における日本語教育の課題

＜目標＞

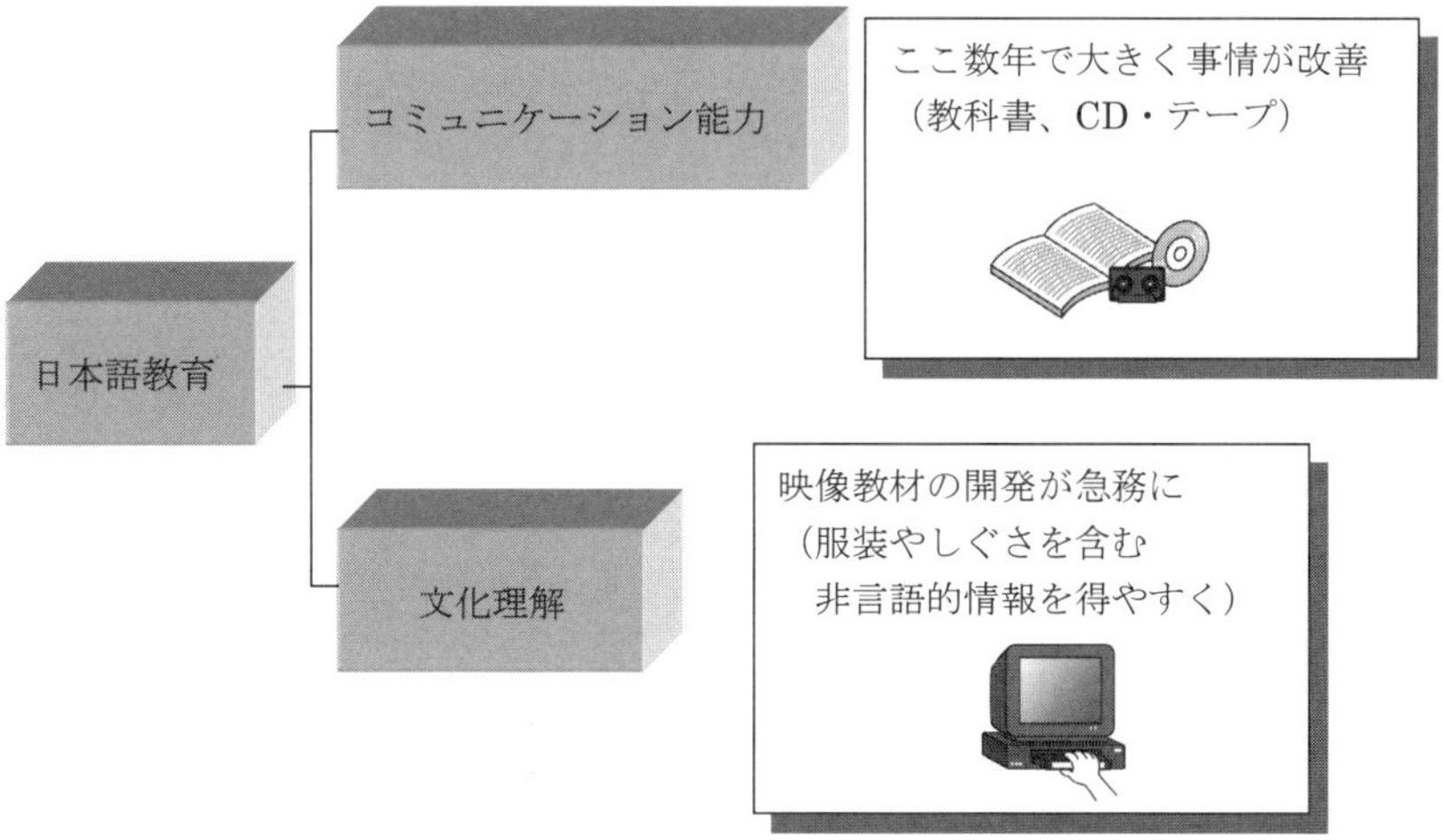

## 91 日英の報道番組比較

衛星放送やケーブルテレビ、高速インターネットのおかげで、情報は国や文化を超えてやりとりできるようになった。一方、情報ソフトについて、日本は立ち遅れている。日英一八の報道番組を比べたメディア研究から紹介しよう。

**キャスターは意見を言うか?**

英国の報道番組ではキャスターの名前が字幕で示されなかった。ニュースの中で感想を述べたり意見を語る専門家には例外なく名前と肩書きが示されるが、キャスターにはあえて字幕を使わない。日本のテレビニュースではすべての番組でキャスターやレギュラー出演者に名前を出すのと対照的だ。

日米報道比較シンポジウムで、日本のキャスターが意見をいうケースが多く米国では皆無と報告された。これに対し、確かに米国のキャスターが直接意見を述べることはないが、肩をすくめたり、表情をつくったりして意思をにじませることはよくあるという声も。キャスターの意見に沿った出演者に代わりに意見をいわせているという見方も出た。米国でキャスターが意見を述べないのは、反対者の信頼を失うからとの説もある。

英国の場合はみごとに無名性を保ち、にこりともしない。すべての放送局を通してそうらしい。

**キャスターのあり方を選択**

メディアは歴史的に政府からさまざまな介入を受けてきたが、統制がもっともなじまない分野だ。社会、文化、受け手の意識、送り手の意識が関連して一つの「メディアの常識」がつくられていることを考えれば、国によってさまざまな「メディアの常識」があることを視聴者が知ったうえで、キャスターのあり方を選べる条件づくりが大切だ。

英国のニュース番組では事実に関して伝えた後、対立する意見の双方を追加情報として報道する例が見られた。一方的なキャスターのコメントの形ではなく、複数の対立する見解を公平な討論という形で視聴者に示すことも一つの工夫だ。

🄬坂元多「日英の報道（ニュース）番組」

## 国によって違うキャスターの表情

にこりともしない英国 | しぐさで示す米国 | 意見を言う日本

## キャスターのあり方を選べるしくみを

いろいろなタイプのキャスターがいることを知ることで
↓
「メディアの常識」が多様なことを知り
↓
オプションとしてキャスターのあり方を選べるしくみを

対立する意見はディスカッションの形で提供する工夫も

# 92　日本のCMは芸能人が多い？

CMはテレビ放送量の相当部分を占め、生活に大きな影響を与えている。消費者の声に応えるだけでなく、無意識的な欲求を汲みとって生み出される。まさに、現代社会の向かう先を読み解く鍵の一つだ。

日英の午後三時から午前三時までの一二時間のCMを比べてみた。

**芸能人の多い日本のCM**

日本の二局では、CM約一〇〇〇本に延べ五六四人の芸能人が出た。およそ二本に一本だ。一方、英国の二局では、合計四七九本のCMに一八人だけだった。

このように芸能人を多く使うことは、日本の大きな特徴だ。英国ではCM出演は俳優としての格を落とすと考えられている。もっとも、日本でもテレビCMの初期、映画俳優の出演は格を落とすといわれ、大手映画会社が協定を結んで所属俳優の出演を禁止した歴史がある。

日本人のタレント好きは、「個」が育っていないことに原因があると研究者は推論している。みんなが知っている有名人を自分も知っているということで安心をするというわけだ。

**CMの健全な批評の場を**

CMの表現で、画面に何が写し出されているか、どのような表現が使われているかということも、社会の態度、文化の質を映している。これらを改善するには、視聴者が賢くならなければならないし、そのためには、一般の視聴者によるCM批評の場が必要だ。

有識者による批評の媒体としては、「広告批評」「宣伝会議」「コマーシャル・フォト」などの雑誌が長く続いている。放送済みのCMに対する苦情処理機関として日本広告審査機構がある。だが苦情の申し出は一七年間で一〇〇〇件に満たない。知名度不足も一因だが苦情という形で出てこない事情も大きい。

CMについての比較研究が広く公表されることで、国民が意識を変え、企業も対応してCMが着実に改善されていくことが望ましい。

🡇古賀暁子「日英のCM」

## 芸能人が多い日本のＣＭ

| | CM本数 | 延人数 | 男 | 女 |
|---|---|---|---|---|
| 日本Ａ局 | 582 | 341 | 43.6% | 39.0% |
| 日本Ｂ局 | 422 | 223 | 59.2% | 40.8% |
| 計 | 1004 | 564 | 60.3% | 39.7% |

| | CM本数 | 延人数 | 備考 |
|---|---|---|---|
| 英国Ａ局 | 237 | 11 | 米女優：4、コメディアン：4<br>サッカー選手：1、体操選手：1<br>宇宙飛行士：1 |
| 英国Ｂ局 | 242 | 7 | 米女優：1、コメディアン：3<br>サッカー選手：1、女子体操選手：1<br>スーパーモデル：1 |
| 計 | 479 | 18 | |

## ＣＭに気軽に意見を

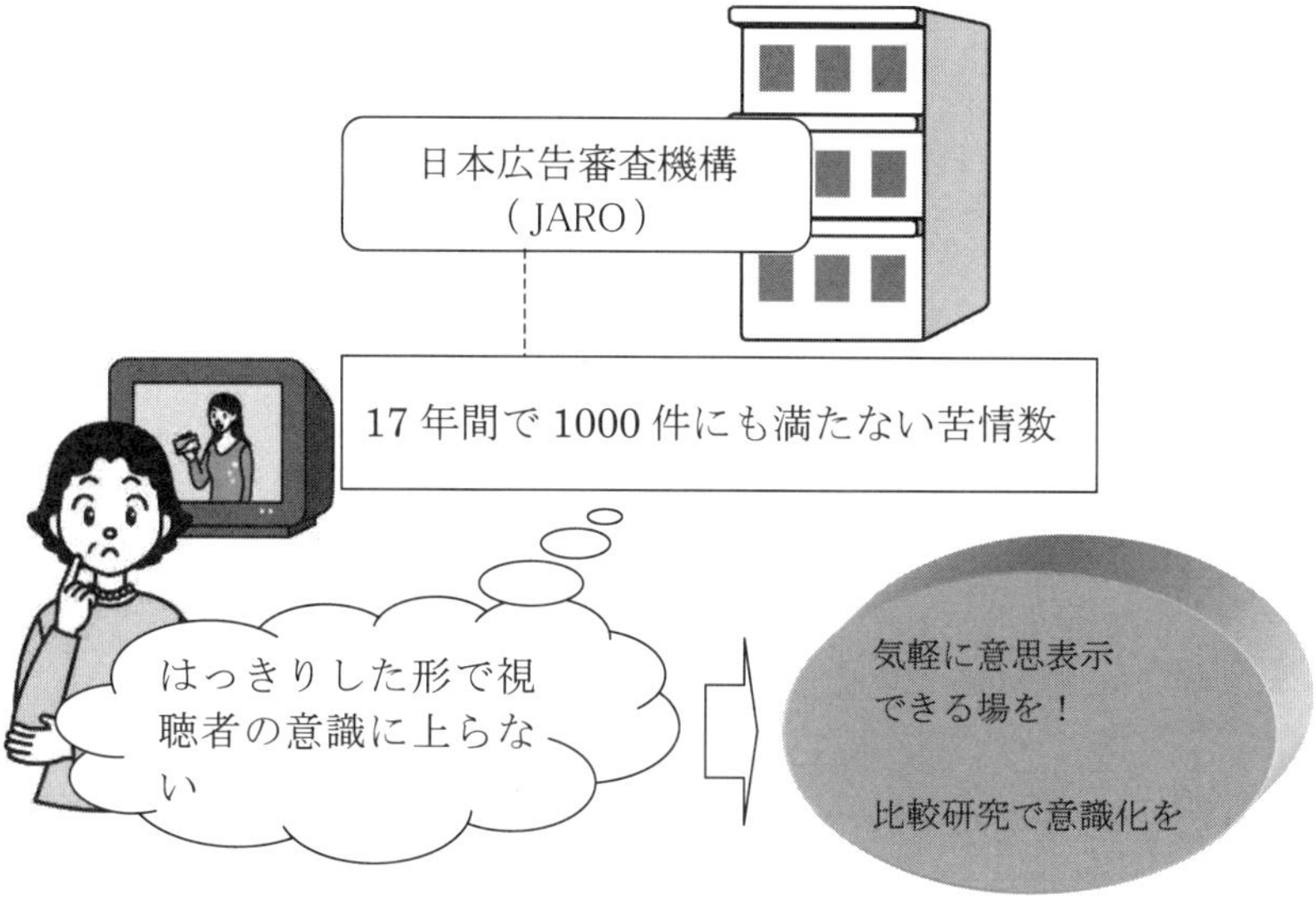

## 93　独仏和解と市民意識

独仏はお互いを「特別のパートナー」とみなし欧州統合の推進役を果たしてきた。第二次大戦後数年にしてフランスが対独復讐政策を改め、和解と統合への道に踏み出したのは驚くべきことだ。

### 復讐から和解へ

和解への底流には「欧州運動」があった。大戦中、全欧州で繰り広げられた対独抵抗運動は、国民国家が欧州を分断してきたことを大戦の原因ととらえ、戦後の欧州統一を構想した。

だが、現実の統合は、フランスの復興政策と結びついて始まった。フランスは戦勝国となったが、戦中はドイツに占領され、英米に対し弱い立場に置かれた。ドイツの力を弱めようとする復讐主義的な政策は、両国の同意を得られなかった。特にドイツ復興を軸に据え欧州復興をめざすマーシャル・プランの交渉に際し、米国はフランスに姿勢を改めるよう迫った。こうして、仏独和解への道が開かれた。

### 市民意識の背景

一九五〇年に公式の対独和解政策が発表されたが、国民の不信感を拭うにはさらに時間を要した。

五四年のフランスの世論調査では、ドイツとの国境のアルザス地域の市民は他地域より和解の意識がはるかに進んでいた。西ベルリンのフランス占領地区でも、国民の意識は本国より早く和解へと向かった。

これらの地域では、両国の市民が日々の暮らしで関わりあっていた。こうした人的な接触が相互理解につながり、相手に対する伝統的な「集合イメージ」を次第に変えた。

五五年のフランスの調査では、学歴が高まるにつれ、「ドイツ及びドイツ人を知る必要を感じる」人が増え、初等教育だけの人が二八％だったのに、高等教育を受けた人では七四％に達していた。豊かな知識が隣国の人々への理解を助けた。

これらの経験は、新たな協力関係をめざして話し合いを進めるアジアの国々にとっても、参考になる。

➔廣田功「和解から相互信頼へ―欧州統合と独仏関係の変化」

## 復讐から和解へ

誘導

ドイツとの和解

・ドイツ復興
・欧州統合

マーシャル・プラン交渉

仏経済政策への支援と引換（米）

圧力

フランスの復讐主義

・ドイツを分割
・経済力を弱める

和解への底流に「欧州運動」。対独レジスタンス運動に根ざす。
国民国家が欧州を分断したことが大戦の原因⇒欧州統一を構想

## 市民意識の背景

**Ⅰ．人的な接触が相互理解につながり、伝統的「集合イメージ」を変化**

・ドイツ国境地域のフランス人はドイツとの和解に進んだ意識
・フランス占領地区の西ベルリン市民も本国より進んだ意識

**Ⅱ．学歴が高い人ほど「ドイツとドイツ人を知る必要を感じる」**

・初等教育だけの人　28%
・高等教育を受けた人　74%

新たな協力関係を目指した話し合いを進める
アジアの国々にとっても参考に

# 5　世界の中で生きる

## 94 人々の視点から見た「人間の安全保障」

二〇〇三年五月、日本と国連が主導してつくられた「人間の安全保障委員会」の報告書が出た。故小渕総理の提案で、国連には「人間の安全保障基金」が置かれている。人間の安全保障は、日本の外交政策にとっても、国際社会の新たな理念としても、ますます重要になりつつある。

**なぜ人間の安全保障なのか**

冷戦終結後の世界の平和と安全を脅かしているのは、国内紛争や大量虐殺《ジェノサイド》であり、大量の難民や国内避難民が生み出されている。経済のグローバル化がもたらす恩恵の影で、飢え、失業や貧困の悪化、水や食料、基礎的な保健・医療へのアクセスの問題など、途上国を中心に最も弱い立場に置かれた人々の日々の生活の安全が脅かされている。極端な経済格差、環境破壊、感染症のまん延などが、社会や地球の安全保障を脅かす。

これに対し、従来の国家を中心とする開発援助や軍事中心の安全保障政策を見直し、人間中心の視点からもう一つの社会のあり方を提起しているのが、人間の安全保障だ。

**現地の状況に応じ細やかな支援を**

国連開発計画（ＵＮＤＰ）人間開発報告書によれば、人間の安全保障は、人間の生存、生活、尊厳に立脚した人々の日々の生活における包括的な安全保障で、「恐怖からの自由」と「欠乏からの自由」からなる。

だが、「恐怖からの自由」の名による人道的介入は、現地の人々のためになったか。介入する側の都合に合わせて弱者が選ばれ、逆に問題を悪化させていないか。「欠乏からの自由」のための援助も、たとえ善意ではあっても、直接モノを届けるだけの援助が、依存体質を生むだけに終わっていないか。

今、求められるのは、画一的なその場しのぎの援助や介入ではなく、刻一刻と変わる現地の状況に応じた細やかな支援だ。現地の人々の視点から問題の本質を問い直し続けていく姿勢が求められる。

➡勝保誠編著『グローバル化と人間の安全保障』

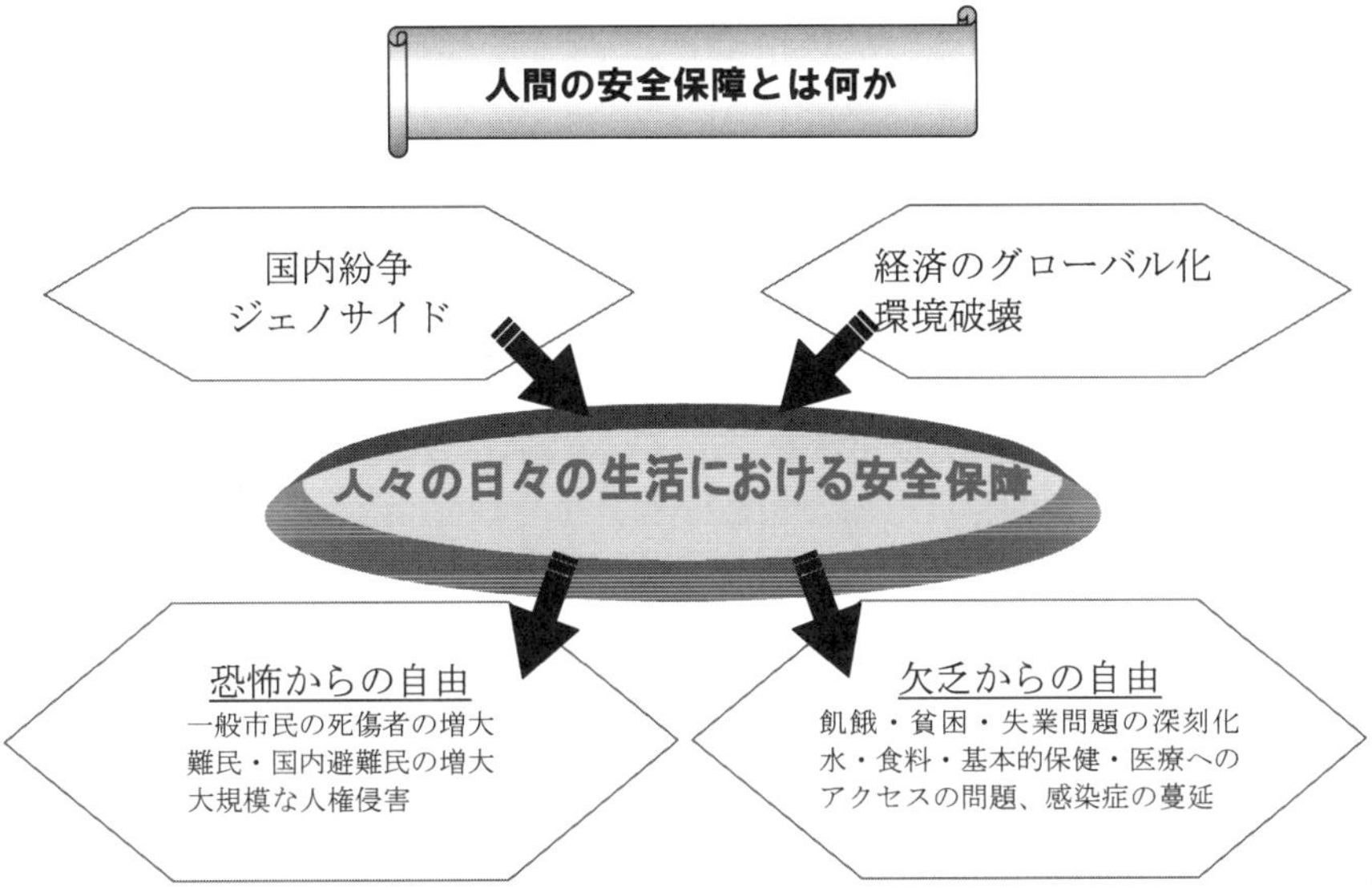
人間の安全保障とは何か
国内紛争
ジェノサイド
経済のグローバル化
環境破壊
人々の日々の生活における安全保障
恐怖からの自由
一般市民の死傷者の増大
難民・国内避難民の増大
大規模な人権侵害
欠乏からの自由
飢餓・貧困・失業問題の深刻化
水・食料・基本的保健・医療への
アクセスの問題、感染症の蔓延

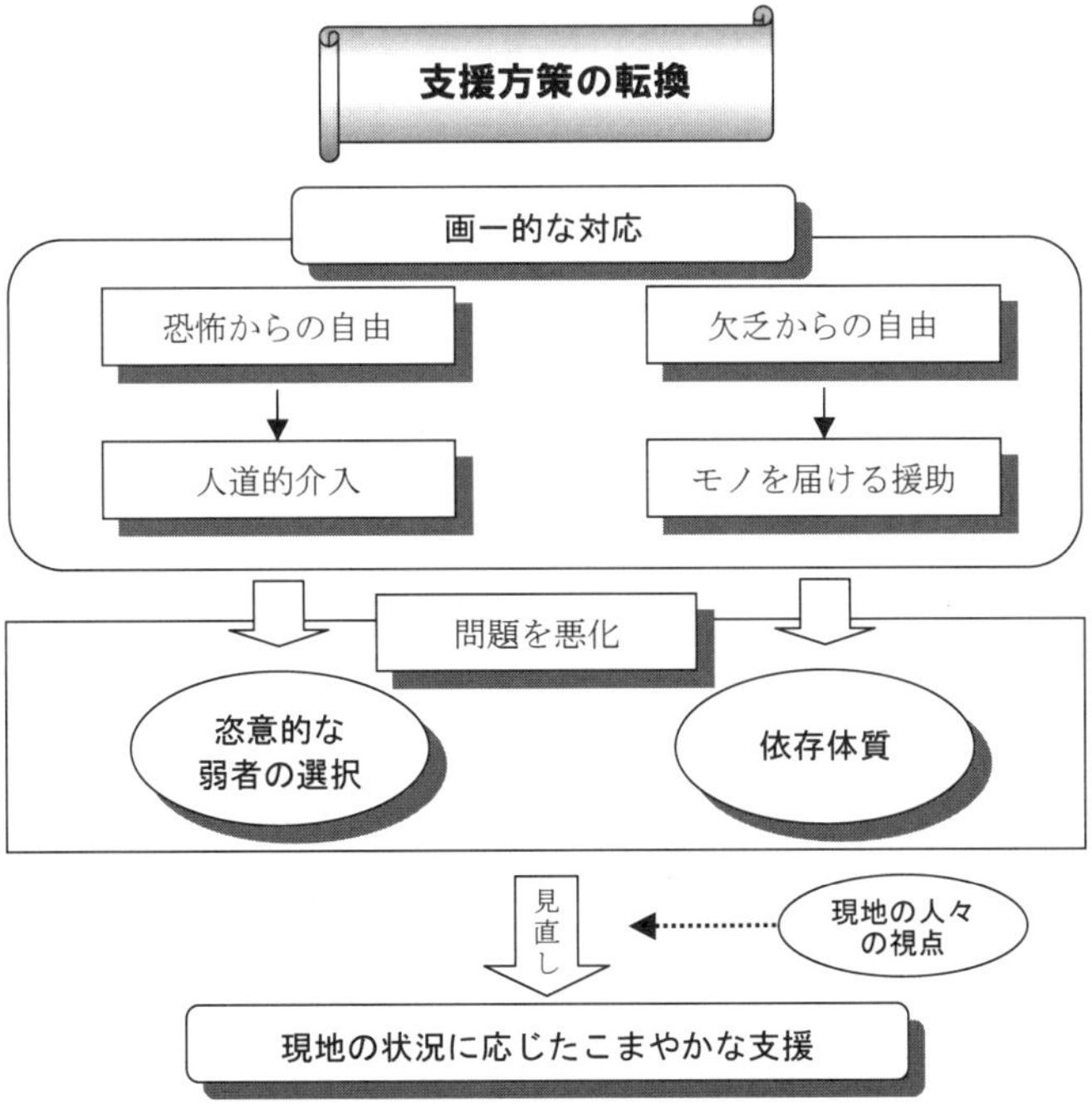
支援方策の転換
画一的な対応
恐怖からの自由
欠乏からの自由
人道的介入
モノを届ける援助
問題を悪化
恣意的な
弱者の選択
依存体質
見直し
現地の人々
の視点
現地の状況に応じたこまやかな支援

## 95 予防外交による平和をめざせ

スウェーデンのウプサラ大学平和紛争研究所によれば、冷戦後（一九八九～二〇〇〇年）の「紛争」(年間の戦死者二五名以上）は一一一件。七件が国際紛争、それ以外はすべて国内紛争だ。

米ソ対立のもとにこれまで封じ込められ、凍結されてきた国内紛争の火種が、冷戦が終わるとともに、噴き出しはじめた。

### 「平和への課題」と予防外交

ガリ前国連事務総長が「平和への課題」を発表したのは、国内紛争の発生が冷戦後ピークを迎えた九二年。この中で、「武力紛争の発生を未然に防ぐため」の予防外交が唱えられ、注目を集めた。報告書をきっかけに、今日では、国連だけでなく、欧州安全協力機構、ASEAN地域フォーラムなどの地域機関、国、非政府組織などが予防外交に取り組んでいる。

### 多様な手段の組み合わせが効果的

武力紛争を予防するために、国連では事務総長をはじめ特別代表や個人使節が事実の調査や調停を行い、マケドニアでは平和維持活動（PKO）が予防的に行われた。

紛争を根本的な原因から解決するため、紛争前に平和を築く道が探られている。民主化がかえって争いを生むこともあり、選挙や人権改革などへの支援が、政府の求めにより積極的に進められている。さらに、関係者の信頼をつくっていくこと、紛争を平和的に解決するためのルールをつくることが、予防外交を支える基盤になる。

外交や軍事力で紛争を防ぐだけでなく、政治・経済・社会・軍縮など多様な手段を使う「総合的」予防外交が効果的といえよう。

「テロに対する戦い」のもと、唯一の超大国である米国が、武力を含む強制力を使う例が増えた。だが、武力に訴えても、戦後改めて外交による問題の解決が必要だ。予防外交を粘り強く進めることが、人道的見地からも求められる。

🄽NIRA予防外交研究会　森本敏・横田洋三編著『予防外交』

## 国家間・国内武力紛争の推移

| 紛争形態 | 1990 | 1995 | 2000 |
|---|---|---|---|
| 国内紛争 | 44 | 34 | 30 |
| 外国の介入を伴う国内紛争 | 2 | 0 | 1 |
| 国家間紛争 | 3 | 1 | 2 |
| 総数 | 49 | 35 | 33 |

（備考）Peter Wallensteen & Margareta Sollenberg, Armed Conflict, 1989-2000, Journal of Peace Research, London: Sage Publications, Vol. 36, No. 5, 2000, p. 632 から抜粋和訳。

## 平和活動のプロセスと予防

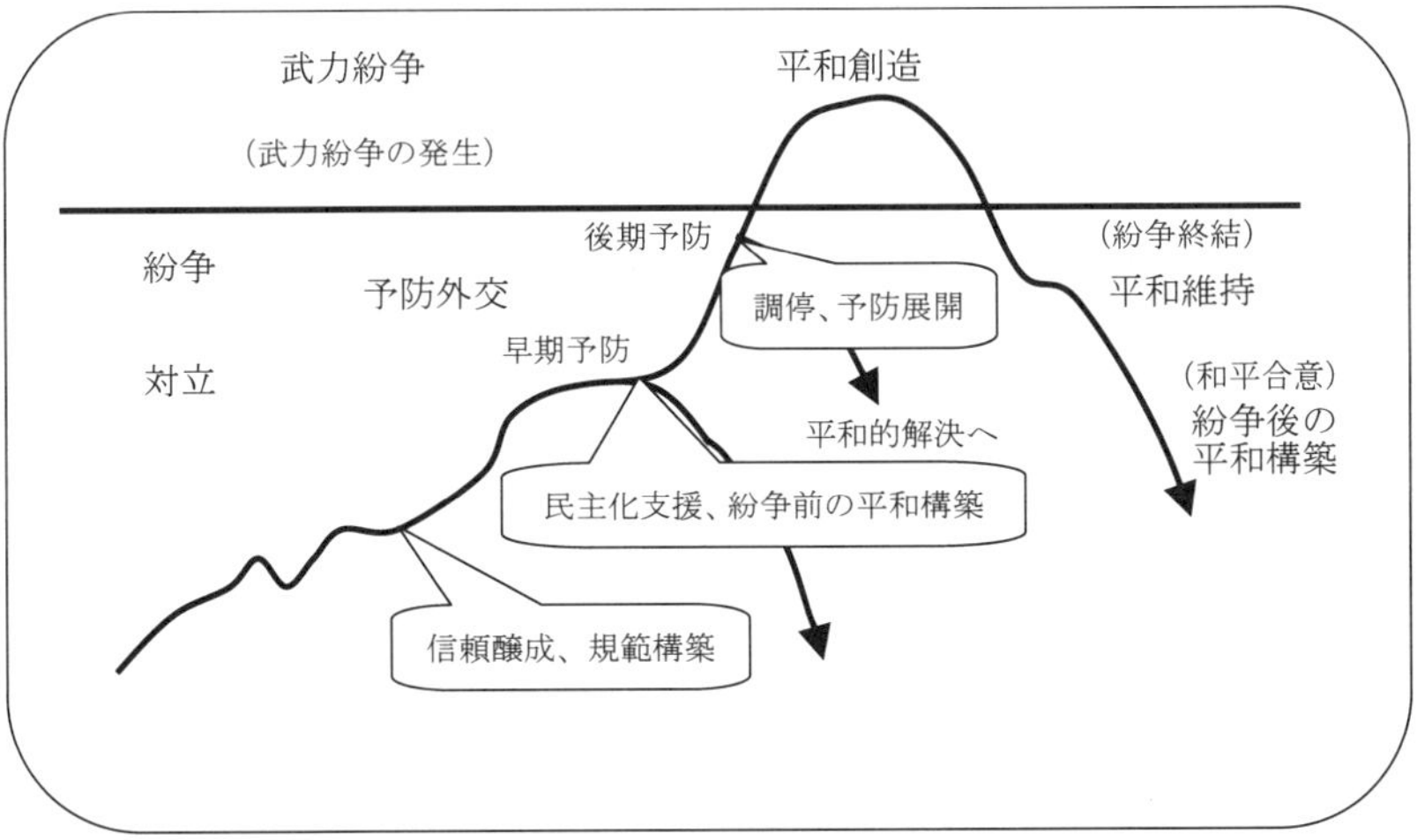


（備考）Gareth Evans, *Cooperation for Peace: The Global Agenda for the 1990s and Beyond*, St. Leonards: Urwin, 1993, p.91をもとに作成。

## 96 アフリカの紛争と国際社会

アフリカでは激しい国内紛争が続発している。国内紛争では、死傷者のほとんどが一般市民で、多くの難民や国内避難民が生まれる。

ブルンジ、ルワンダでは数十万規模の大量虐殺《ジェノサイド》があり、隣人どうしが闘う恐怖が、市民の生活基盤を奪い去った。ソマリアでは、国家自体が崩壊した。中部アフリカや西アフリカ地域では、周辺諸国を巻き込んだ「複合的地域紛争」の様相を呈し、紛争の広がりが懸念されている。

**国際社会の功罪**

国内紛争はなぜ起きているのか。こう問いかける時、アフリカで起きている紛争の一つひとつが、今日の世界とつながってくる。

アフリカは、冷戦時代には東西対立の下での軍事援助、冷戦後には余った武器や旧式の武器のはけ口とされた。東西の援助合戦に支えられてきた軍事政権や独裁政権が、冷戦後には、市場経済化と並んで「民主化」を迫られている。

国内紛争の多くは、国家(政府)と、反政府勢力や民族・宗教・地域などに基づく少数者集団との対立であることが多い。民主化は、まさにこうした対立を平和的に解決する手段として進められる。

**画一的な民主化支援から脱却せよ**

だが、国内に対立を抱える中での民主化とは、国内における富や利権を巡る新たな闘争でもある。天然資源や海外からの援助のほか、構造改革で減らされた予算の配分、公務員の雇用までが争いの的となる。そのため、民主化の途中で、かえって紛争が起きやすくなっている。

他方で注目すべき動きがある。南アフリカでは、少数政党からも議員を出しやすい比例代表、権力の分かち合いと合意に基づく政治のしくみをつくった。ソマリアでは、氏族の長老による評議会とイスラーム法廷が、社会秩序を保っている。

複数政党制・多数決原理だけが「民主化」ではない。画一的な民主化支援から脱け出したい。

🡻NIRA・横田洋三共編『アフリカの国内紛争と予防外交』、『NIRA政策研究』二〇〇〇年六月号

## 武力紛争の地域別発生数

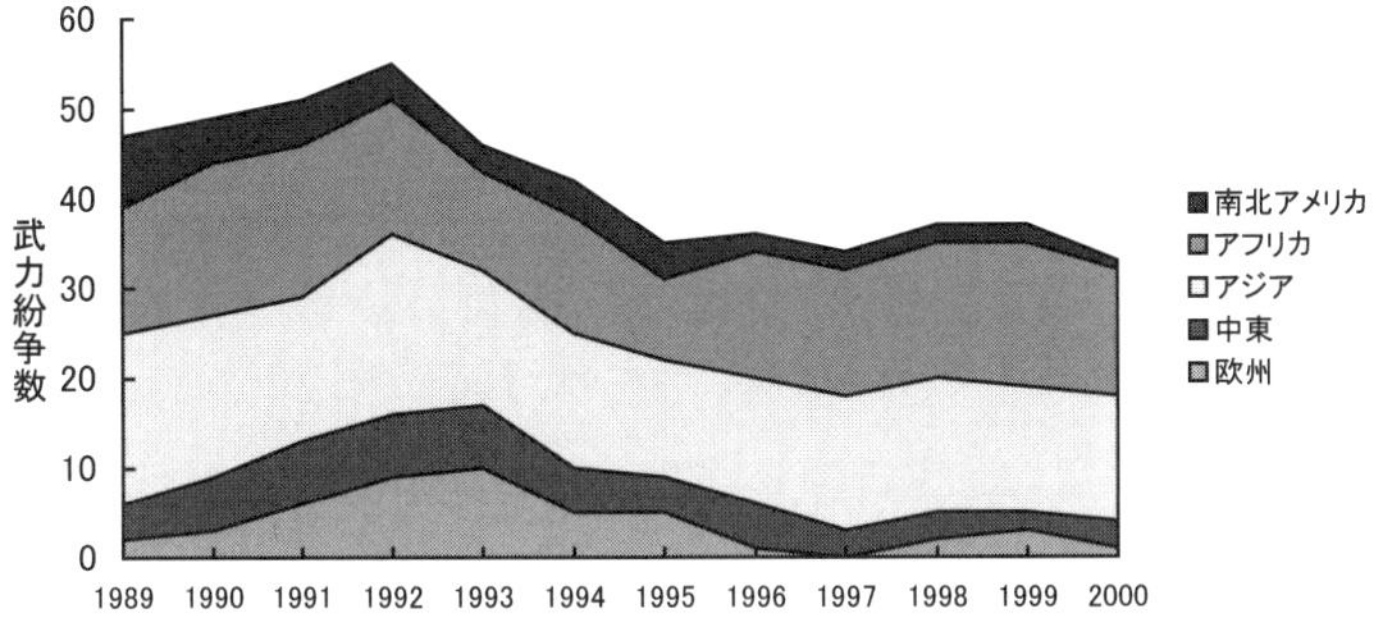


（備考）Peter Wallensteen & Margareta Sollenberg, “Armed Conflict, 1989-2000,” Journal of Peace Research, London: Sage Publications, Vol. 36, No. 5, 2000, p. 632 より作成。

## 画一的な民主化支援の問題点

民主化（民族・宗教・地域の政治）
→ 富や利権を巡る新たな闘争
- 天然資源
- 海外からの援助
- 予算の配分
- 公務員の雇用　など
← 構造改革

複数政党制／多数決原理　以外の道も考えよ！
・少数政党への配慮
・合意に基づく政治
・伝統的制度の活用
　（長老による評議会など）

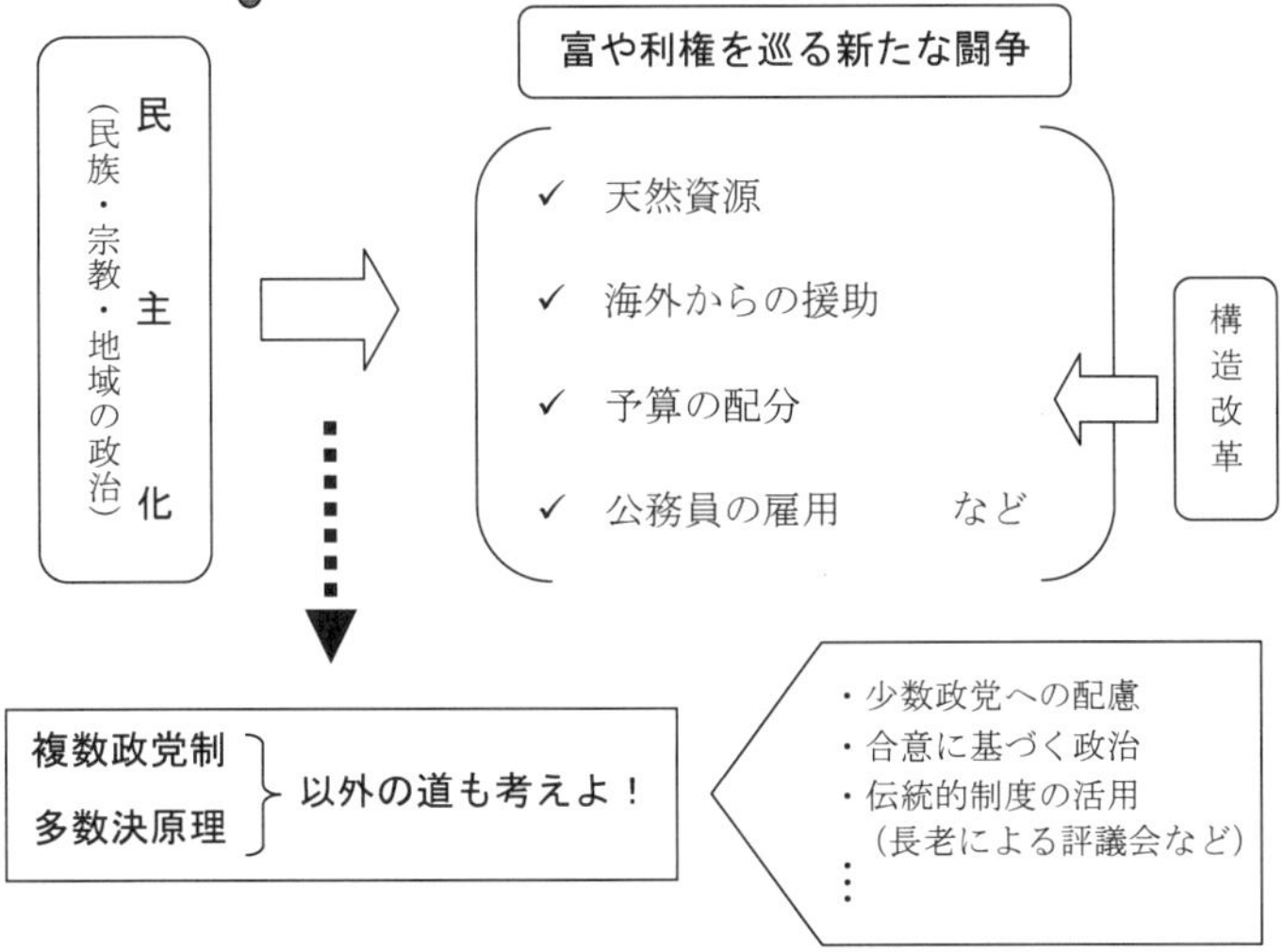

## 97 国際機関をどう評価するか

国連や世界銀行など国際機関はわかりにくい存在だが、案外私たちの生活や国益に関わっている。

たとえば、国連では、日本主導で究極的核廃絶決議が行われ、国際電気通信連合では、日欧が連携して米国と交渉し、通信分野の国際標準がつくられた。日本の周辺地域での安全保障や、病気のまん延防止にも国際機関は大きな役割を担ってきた。

### ヒト・カネからみた国際機関

外交や理念により語られがちな国際機関も、ヒトやカネを調達して機能する組織としてとらえられる。

これらの機関が行う活動は、平和維持活動（ＰＫＯ）、人権条約の締結から、貧困削減プロジェクトの実施まで幅広い。これに対し、投入される人材と資金は限られる。国連行財政問題諮問委員会委員を務めた猪又忠徳氏の推計では、「国連システム」といわれる三一の機関と世銀グループに投入された人材は一〇万人（一年以上の雇用）、資金の総額は年間約二五〇億ドルにすぎない。

### ヒト・カネ、活動、成果をつかめ

各機関では自らの活動を評価し、ヒトとカネを上手に使うための自己改革の動きがみられる。その一つが国連システムで始まった結果指向予算。結果を重視した戦略的な資金配分をねらう。世銀など開発機関では、援助活動の効果を評価するしくみが整いつつある。

加盟国も、国際機関に効率的な活動を求め、目的を限定した予算外資金を増やすなど、これら機関に対する戦略策定の動きが始まっている。

多額のカネの出し手である日本には、特にこのような視点が求められる。まず、各機関の目標に対応して、投入されたヒトやカネ（インプット）、行われた活動（アウトプット）、得られた成果（アウトカム）を的確につかむことが必要だ。そのうえで、これら機関の役割について、幅広い国益および国際公益の観点から評価していくべきだ。

🅹ＮＩＲＡ『国際機関の評価と日本の政策』（仮題）

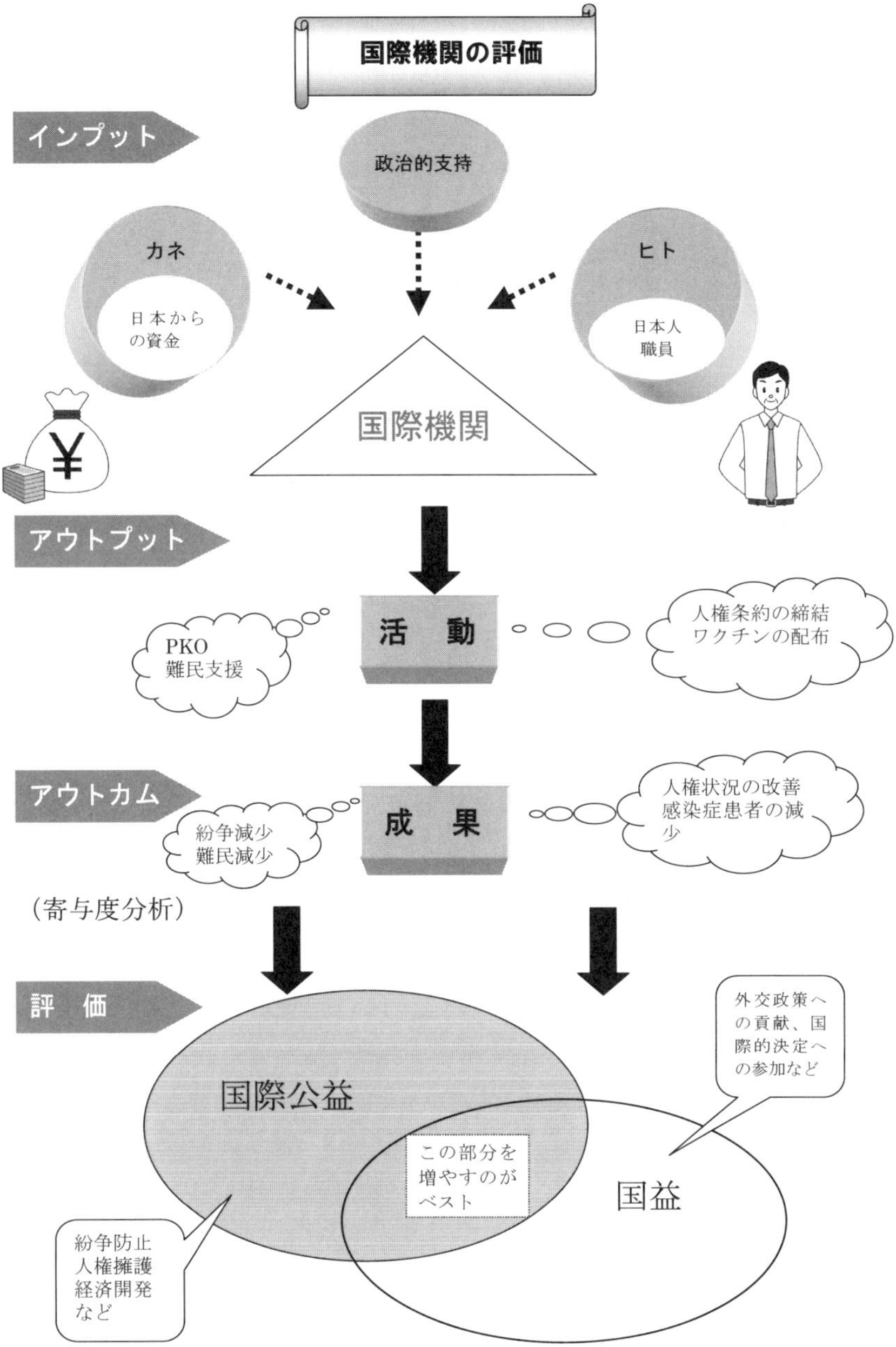
国際機関の評価
インプット
政治的支持
カネ
日本からの資金
ヒト
日本人職員
国際機関
アウトプット
活　動
PKO
難民支援
人権条約の締結
ワクチンの配布
アウトカム
成　果
紛争減少
難民減少
人権状況の改善
感染症患者の減少
（寄与度分析）
評　価
国際公益
国益
この部分を増やすのがベスト
外交政策への貢献、国際的決定への参加など
紛争防止
人権擁護
経済開発
など

## 98　国際機関への戦略を持とう

日本は国連や世界銀行に何を求め、何を実現させたいのか。残念ながら、日本の国際機関に対する政策は、これまであまり明確でなかった。

他方、わが国の財政状況は厳しさが増し、対外政策でも限られた資金や人材を戦略的に配分し効果を上げることが求められる。国際機関に対する総合的な戦略を打ち立て、国内外に示すことが必要ではないか。

### これまでの日本のかかわり方

ヒト・カネの面で日本は国際機関にどうかかわってきたか。ヒトについては、国連でも現在一〇〇人程度しか日本人はいない。これは、人口や拠出金からみて望ましいとされる三〇〇人前後を大きく下回る。国際機関に職員志望者を送る奨学金制度などで、女性を中心に若手の雇用はそれなりに増えた。だが、政策立案の鍵となる部課長級の人材が増えないのが問題だ。

カネの面では、各省庁がいろいろな機関にバラバラにお金を出しており、全体の姿がつかみにくい。

### 情報をガラス張りに

日本として、国際機関を通じて国際公益に貢献し、同時に国益を実現していくには、まず、各省庁に集まる関連情報を、誰でも利用できる形にして公表することが必要だ。複雑な国際機関に対するカネ（分担金、拠出金、出資金）の流れも、ヒトの動きも一目でわかる、「国際機関白書」を定期的に刊行してはどうか。

### ヒトを育てる

国際機関の職員は国の利益代表ではないが、質の高い日本人職員が増えれば日本の評価も高まる。国際公務員が不利益を蒙るような国内制度をなくす一方、国際的に活躍できる有能な人材を育てたい。

たとえば、将来の国際機関勤務を希望する人材を国家公務員として採用してはどうか。部課長ポストを増やすには、専門性を持つ候補者に絞った研修コースや、国際機関に在職する日本人職員も含めた総合的な人事戦略が必要だろう。

➔ＮＩＲＡ『国際機関の評価と日本の政策』（仮題）

## 国際機関における日本人職員数

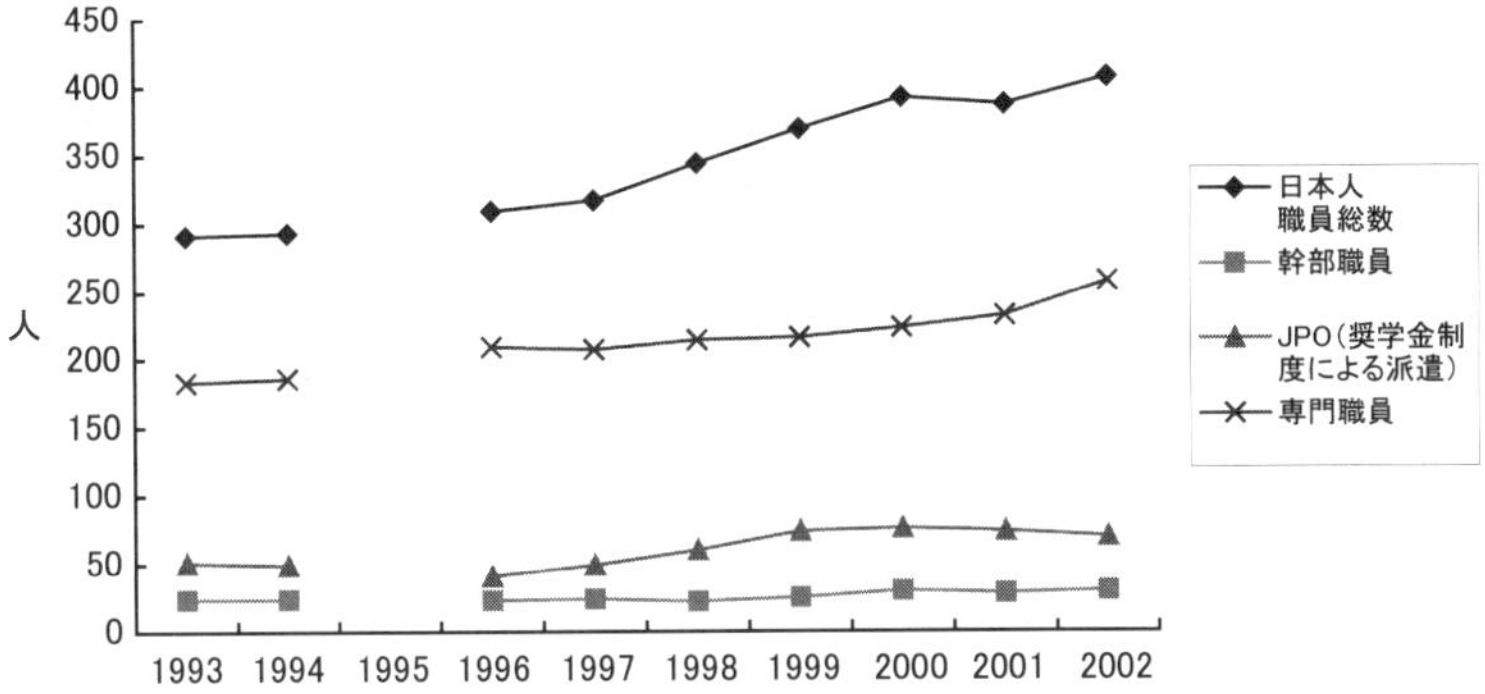


（備考）UN, UNHCR, UNDP, UNICEF, UNESCO, WHO, ITUの日本人職員数を対象とする。なお、95年はデータが存在しない。

## 日本の国際機関への戦略

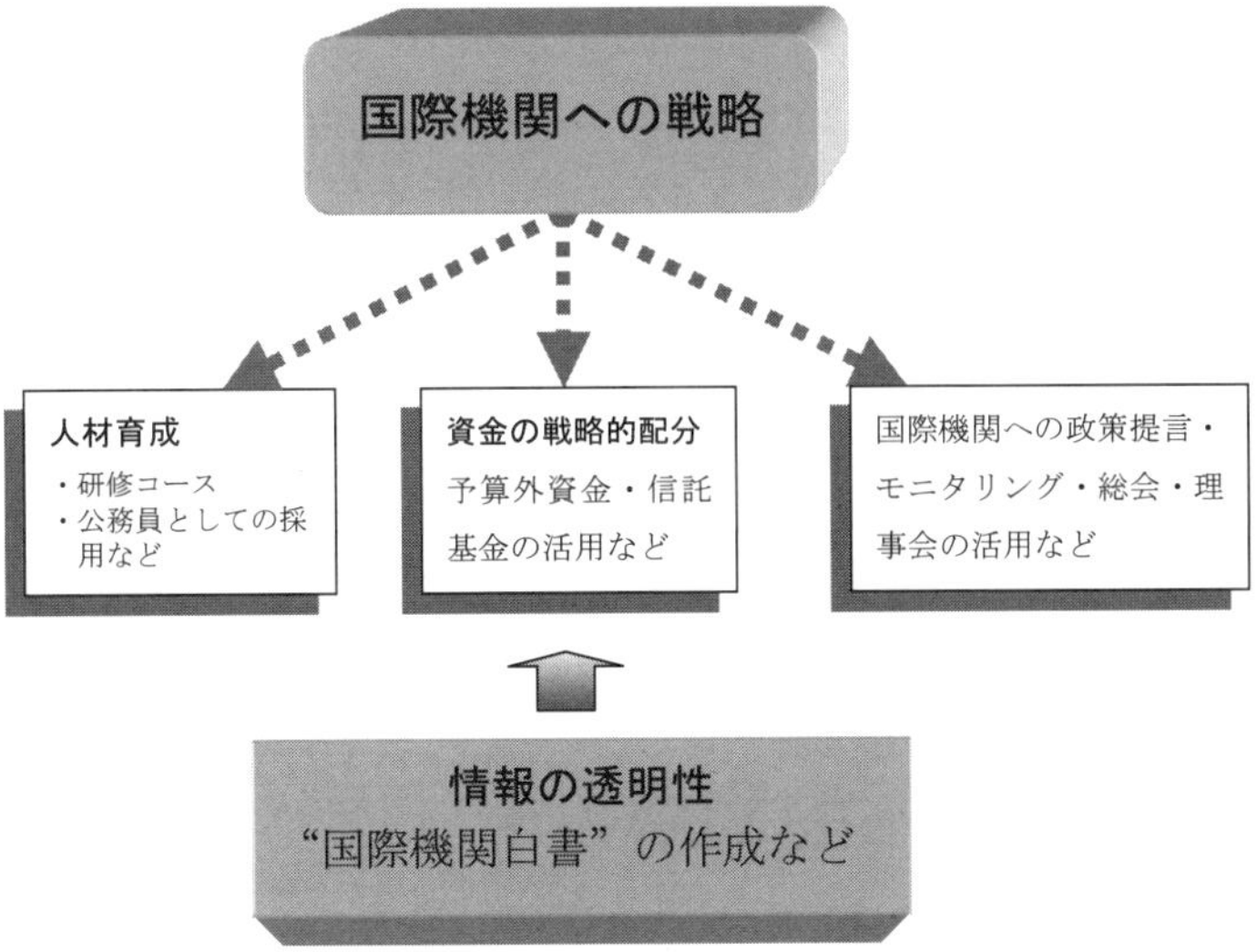

## 99 非政府組織にみる市民社会の新たな連携

近年、非政府組織（NGO）どうし、あるいはNGOと政府が、従来の枠を越え協力する動きが目立つ。

一九九二年の地球サミットは、数千のNGOが公式会議や並行して開かれるフォーラムに参加する「メガ世界会議」の幕開けを告げた。九七年にノーベル平和賞を受けた対人地雷廃絶運動は、国境を越え手を組んだ数百ものNGOが、目標を共有する諸国とともに、条約という大きな成果を生んだ。

### 国際機関との関係

こうした関係も今に始まったものではない。NGOは国連の経済社会理事会のNGO協議制度など、政府間協議にオブザーバー資格で参加し、重要な役割を果たしてきた。七二年の国連人間環境会議をはじめ、人権、社会開発、女性など地球的な問題について「世界会議」、「国際年」、「国連特別総会」が、NGOの参加・協力のもとで開かれてきた。

世界のNGOが各国のNGOを動かし、各国政府への働きかけを促すとともに、各国内の動きが世界に影響を及ぼしてきた。

### 日本における課題

日本で国連におけるNGO協議制度が知られるようになったのは、ごく最近。NGOの参加を前提とする国連外交で、国連に提出する報告書を事前に協議するなど、政府とNGOとが協力すべき課題も多い。

開発の分野では、草の根無償援助など、NGOへの資金提供が急に増えている。二〇〇〇年には、政府、企業、NGOが手を携えて緊急人道支援に取り組む「ジャパン・プラットフォーム」が生まれた。地雷除去のNGOに外務省、企業が人材を送った例もある。

一方で、安上がりにサービスする存在として、NGOが政府の下請け化していないか。「ウォッチ・ドッグ（監視役）」としての市民社会が、政府、企業の対等なパートナーとして役割を果たせるような環境づくりが、さまざまな場で求められる。

⊻『NIRA政策研究』二〇〇一年一〇月号、大橋正明「開発NGOと人間の安全保障」

## 草の根無償資金協力の総予算額の推移

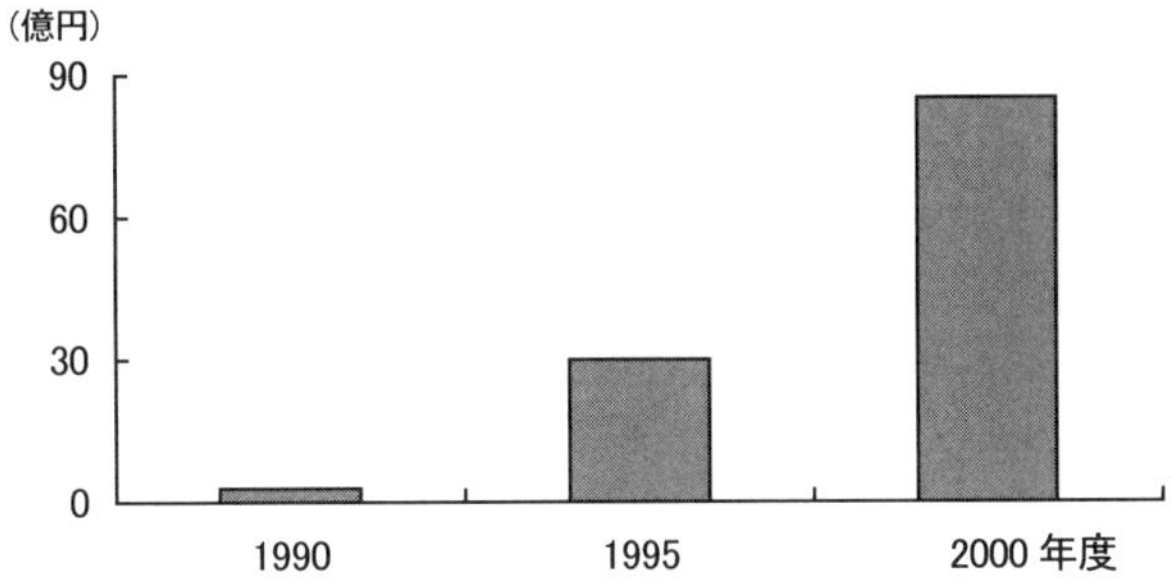


（備考）外務省 ODA 一般会計予算概要より作成。

## ジャパン・プラットフォームのしくみ

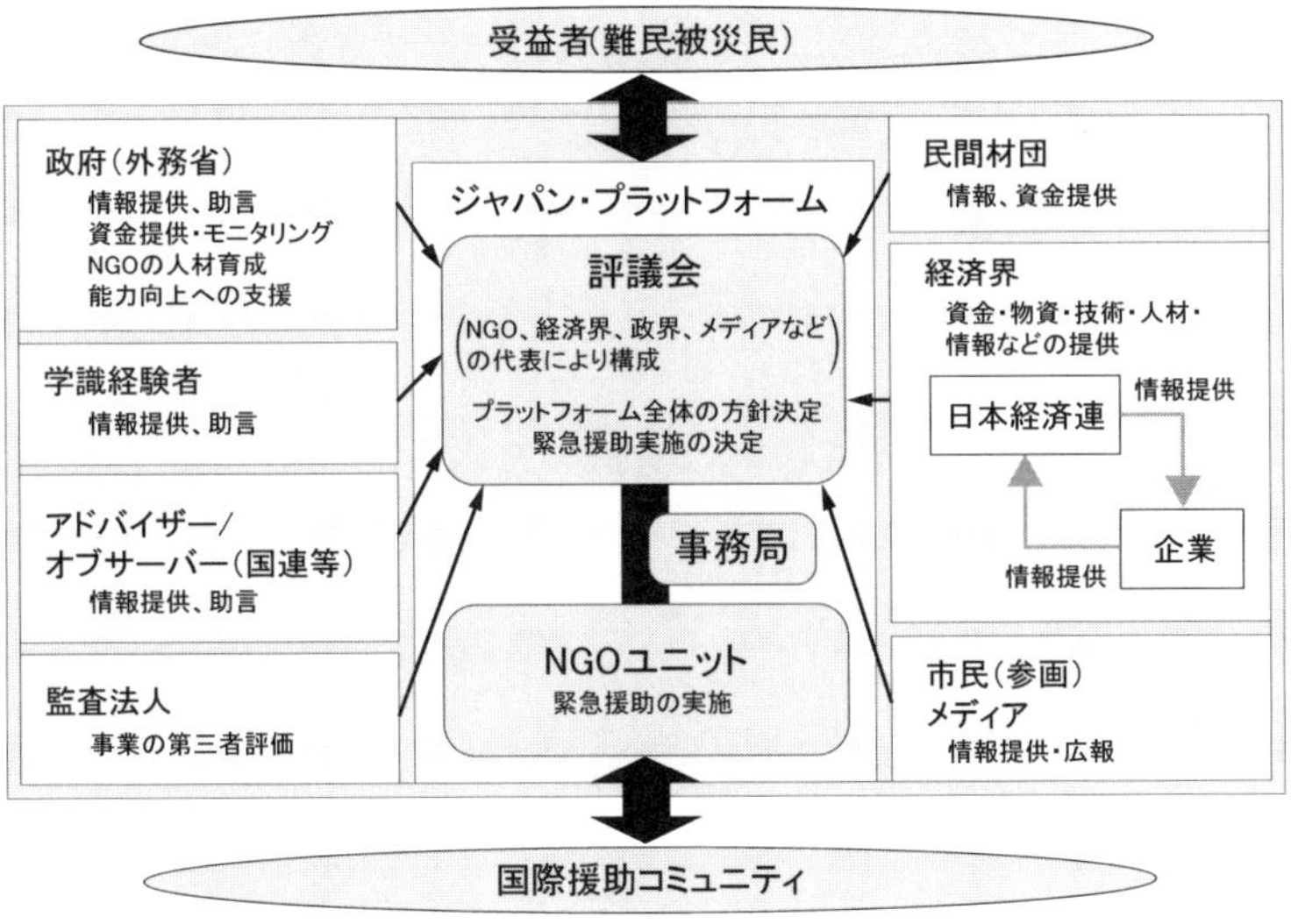


（備考）http://www.japanplatform.org/work/index.html# より。

## 100 国際協力による地域づくり

かつて国際協力は、国と国との関係を軸にしたものばかりが目立った。その代表が政府開発援助（ODA）。豊かな北の国が貧しい南の国を助けるしくみだ。

こうした協力は、今日でも依然重要だ。だが、環境問題などの地球的課題や、貧困のぼく滅など伝統的な分野でも、具体的取組みには非政府組織（NGO）が欠かせない。最近では、これに地方自治体が加わるようになっている。

**さまざまな取組みの事例**

自治体が国際協力に取り組む際、興味深い現象が見られる。まちづくり、村おこしの一環として進めるやり方だ。事例を見てみよう。

岐阜県藤橋村では、タイのタカ村から木彫技術者を招いた。技術者が受け取る賃金は、母国ではかなりの価値になる。一方で、村民が木彫りの技術を学ぶことで、新たな特産物をつくろうというねらいがある。

愛知県旭町では、国連の地域開発センターが受け入れた途上国の研修生を招いたのをきっかけに、地方行政から伝統芸能に至る幅広い交流活動を行った。最初は町役場が中心となったが、その後、地区の自治組織が前面に出て工夫を凝らし裾野が広がった。

同じく愛知県の足助《あすけ》町には、すでに手仕事などの生活文化を柱とする観光施設があった。そこで、このノウハウを伝えることを中心に、ベトナムとの交流を行った。

**「共利協力」の発想**

これらに共通するのは、外国の自治体や住民と対等の位置に立ち、お互いに学び、持っている資源を交換しあう考え方。ここから、自治体による国際協力と地域の活性化を結ぶ論理が出てくる。

国やNGOが表向きは「片利協力」であるのに対し、双方に利益をもたらす「共利協力」の発想。豊かな市民生活を考える上で外国から得られるものは意外に多い。自治体の国際協力は、恋人探しと同じだ。

➡地域問題研究所『国際協力による地域活性化方策の整備』

## 国際協力の枠組みの変化

| | 従来の枠組み | 新しい枠組み |
|---|---|---|
| 援助目的 | 経済インフラ整備 | 地域密着型公共サービスの供給<br>グッド・ローカル・ガバナンスの確立<br>地球規模の課題の解決 |
| 国際協力の主体 | 国家 | 自治体、NGO |
| 協力関係 | 援助 | 連携、パートナーシップ |
| 協力地域 | 南北 | 南南、北北 |

## 国際協力の分類

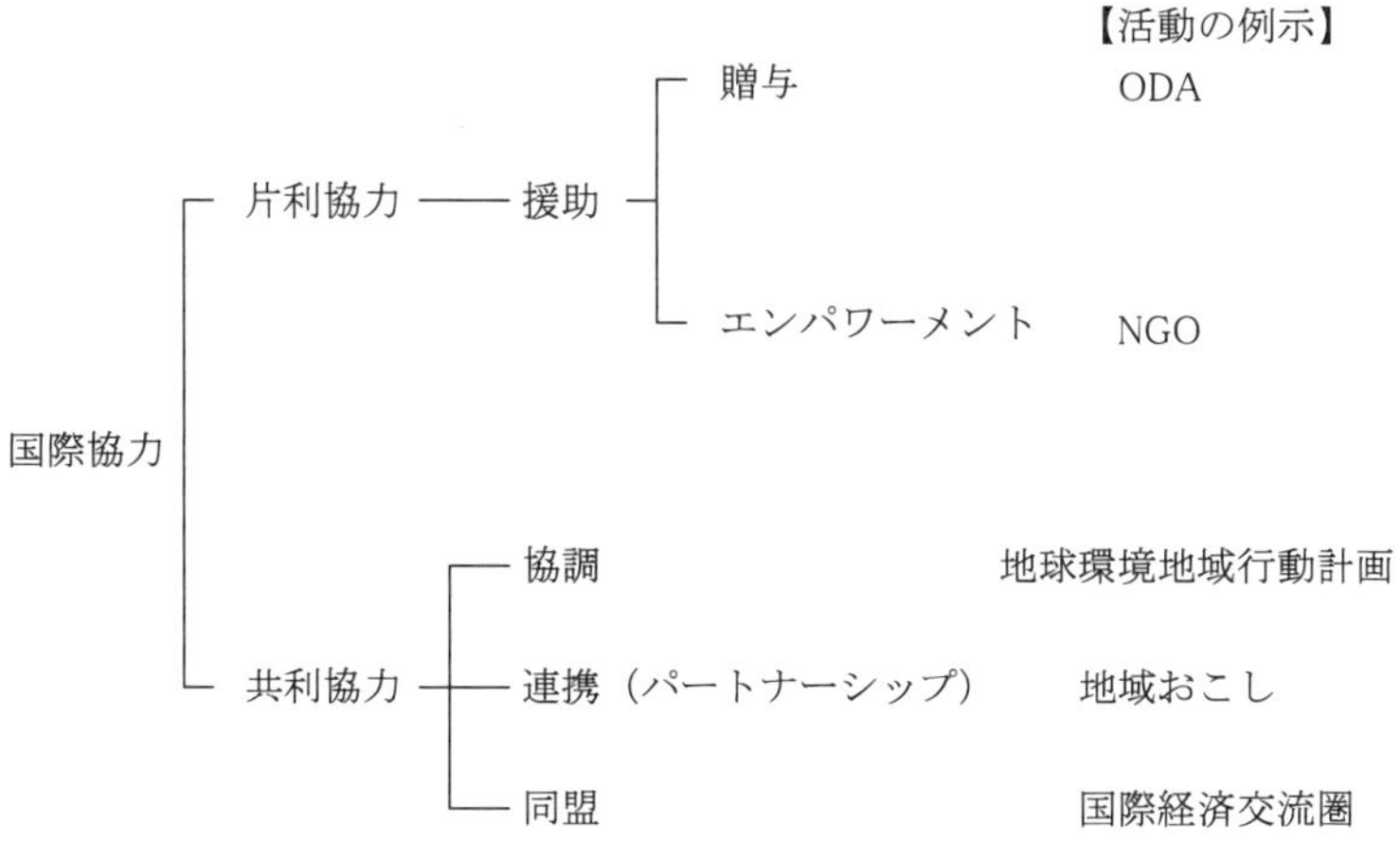

## 101　外国人市民と共生する社会

二〇〇一年、「外国人集住都市会議」が浜松市で発足した。メンバーは全国の一四市町村で、いずれもニューカマーと呼ばれる南米日系人を中心に外国籍の住民が多く住む自治体。外国人登録者数を見ると、大泉町（群馬県）では人口の一五％に達し、また浜松市では三・五％、人数では二万五千人を超える。

分権時代にふさわしい関係を築き、外国人市民との共存をめざして積極的に取り組むことが同会議の目的だ。すでに、必要な制度について、具体的な提言をまとめて関係する機関に働きかけている。

### 現行システムの「制度疲労」

「外国人問題」という言葉が示すように、日本では、外国人住民を周辺的な存在としてとらえてきた。だが、地域差はあっても、日本には多様な文化的背景を持つ外国籍の人々が暮らし、経済活動を行いつつ、社会の一員となっていることは確かだ。

しかし、制度が現実に追いついていない。「都市会議」で指摘されたように、日本国籍の人たちだけを念頭につくられた現行のしくみは、「制度疲労」をきたしている。

たとえば、小中学校には希望すれば通えるが、義務ではない。不登校は放っておかれ、子どもの将来は深刻。健康保険など社会保障は、八〇年代後半に国籍を条件とはしない建前となったが、永住者以外には不利なしくみだ。

### 外国人の市民権

世界的な人々の行き来が増える現在、社会の成員としての資格のあり方を、いかに問い直すか。ここでは「外国人の市民権」の考え方を提案したい。日本国籍は持たなくても、外国人が市民として暮らしていく上で欠かせない権利・義務を、教育、雇用、福祉などの領域で根本から見直す出発点となる。

政治参加の問題もある。一年以上の合法滞在者は住民税を納めているが、地方参政権がない。条件は必要だが、参加を前向きに考えたい。

🅥ＮＩＲＡ・シティズンシップ研究会編著『多文化社会の選択』

## 外国人住民をとりまく問題

【従来のとらえ方】

**外国人住民＝周辺的な存在**

⇕

【外国人居住の現状】

**社会の一員**

（例）外国人登録者数の人口割合
大泉町 15%、浜松市 3.5%（25,000人超）

⇩

**現行システムの制度疲労**（日本国籍を持つ人だけを考えた制度の限界）
（例）保障されない教育をうける権利、永住者以外に不利な社会保障制度

## 共存のためのとりくみ

時代に適した社会の成員としての資格のあり方とは？

⇩

**「外国人の市民権」の提案**

教育　労働　社会保障　政治参加

⇩

外国人が「市民」として暮らすために**不可欠な権利・義務**の見直しを！

## 休憩室　21 世紀日本の同盟国は!?

21 世紀に日本はどこへ向かおうとしているのでしょうか。その到来を目前にした西暦 2000 年末，面白いアイデアが出てきました。

☆☆☆

19 世紀がイギリスの世紀としますと，20 世紀はどうしてもアメリカの世紀。アメリカン・デモクラシーに対抗してソ連の社会主義が生まれ，滅んだ世紀といえます。大量生産・大量消費の世紀でもありましたが，これもアメリカン・ウェイ・オブ・ライフの実現だったという具合に常にアメリカの影がつきまとっています。

アメリカはヨーロッパの植民地として始まり，18 世紀にヨーロッパから脱け出しました。これがフランスに飛び火して第 1 次の革命の波となり，大成功を収めました。ところが途上国は手っ取り早く資本主義諸国に追いつくための革命をしました。トルコにはじまり，中国，ロシアへと。途上国型の革命が半世紀の間試され，結局うまくいかないので滅びたのがソ連です。

☆☆☆

これからの日本が友として手を握り合っていく国は ABC 3 国。オーストラリア，ブラジル，カナダです。これら 3 国はみな中級国家で超大国になれない国です。これで国家連合がまとまれば 21 世紀の日本はかなりうまくいきます。日本は西を向いて大陸へ行こうとするのは，もうおやめなさいということです。これからは海洋国家として生きていくことが重要で，そのために最も頼りになる相手はオーストラリアです。西太平洋同経度国家連合といっています。

ブラジルとカナダは日本にとっての資源供給基地です。カナダは森林資源があります。ブラジルは地形的に太平洋に面していません。ABCJ 関係を結ぶ上でちょっと都合が悪いのですが，非常に良い解決方法があります。それは，アンデス山脈にトンネルを開けることです。そこを通じてブラジルの豊富な資源が太平洋へ出られるようになれば日本は安定します。

☆☆☆

奇想天外な新世紀の「夢」を語っていただいたのは，国立民族学博物館顧問の梅棹忠夫先生でした。

➔『NIRA 政策研究』2001 年 1 月号

# 関連・参考文献

## 第Ⅰ章　1


1　NIRA『自立的市民社会の育成に資する資金循環システムの構築とその基盤整備の方策に関する研究』（仮題・近刊）、二〇〇三

2　協同組合プランニングネットワーク東北『市民活動を支える地域ファンド設立へのアプローチ』（NIRA助成研究）、二〇〇二

3　大江純子「欧米における市民社会組織」、NIRA『市民社会のガバナンス―ソーシャル・ガバナンスの構図』（仮題・近刊）、東洋経済新報社、二〇〇三

4　神戸都市問題研究所『地域を支え活性化するコミュニティ・ビジネスの課題と新たな方向性』（NIRA助成研究）、二〇〇二

5　NIRA『市民社会のガバナンス―ソーシャル・ガバナンスの構図』（仮題・近刊）、東洋経済新報社、二〇〇三


## 2


6　伏屋譲次「私地公景の国土づくり」、日端康雄編著『市民参加の国土デザイン―豊かさは多様な価値観から』NIRAチャレンジブックス、日本経済評論社、二〇〇一

7　関西総合研究所『NPOハウジングを通じた21世紀型住宅供給・更新施策の展望』（NIRA助成研究）、二〇〇三

8　シンクタンク宮崎『成熟社会の地域間交流―国内版ワーキングホリデーの導入に向けて』（NIRA助成研究）、一九九八

9　静岡総合研究機構「市民の手による「みなとまるごと博物館」運動の展開」、NIRA・地方シンクタンク協議会『「あそび」をとり入れた地域づくり』、一九九九

10　協同組合プランニングネットワーク東北「遊び伝承による過疎コミュニティ再建―能舞と福浦歌舞伎に学ぶ」、NIRA・地方シンクタンク協議会『「あそび」をとり入れた地域づくり』、一九九九

11　関西総合研究所「公共的空間における「あそび」の検証―まちはアートを許せるか」、NIRA・地方シンクタンク協議会

12 ＮＩＲＡ『アートマネジメントと文化政策―我が国の文化政策の将来構想に関する研究』、一九九八
『「あそび」をとり入れた地域づくり』、一九九九

3

13 井堀利宏「望ましいガバナンスへの移行戦略―予算システム」、宮川公男・山本清編著『パブリック・ガバナンス―改革と戦略』ＮＩＲＡチャレンジブックス、日本経済評論社、二〇〇二
14 上野真城子、Ｒ・ペナー「日本のための予算政策分析機関モデル」、ＮＩＲＡ『高齢化社会における政策優先性に関する研究―日米共通の視点から』（仮題・近刊）、二〇〇三
15 中林美恵子「米国の公共政策決定における会計情報のインパクト―クリントン国民皆保険制度案を例に」、ＮＩＲＡ『高齢化社会における政策優先性に関する研究―日米共通の視点から』（仮題・近刊）、二〇〇三
16 大山耕輔「望ましいガバナンスへの移行戦略―規制システム」、宮川公男・山本清編著『パブリック・ガバナンス―改革と戦略』ＮＩＲＡチャレンジブックス、日本経済評論社、二〇〇二
17 佐々木亮「プログラム評価の実践例」、『ＮＩＲＡ政策研究』二〇〇三年五月号
18 ＮＩＲＡ『社会資本整備の透明性・効率性向上を目的とした三者構造執行形態導入の必要性に関する研究』、二〇〇二
19 中村円「公共政策研究―人材育成の視点から」、『ＮＩＲＡ政策研究』二〇〇三年二月号
松井孝治「政治行政と政策研究」、『ＮＩＲＡ政策研究』二〇〇三年二月号
20 上野真城子「政策研究―コーディネーションとマネジメント」、『ＮＩＲＡ政策研究』二〇〇三年二月号
21 レイモンド・ストライク「国境を超えたシンクタンク・ネットワーク」、『ＮＩＲＡ政策研究』二〇〇一年四月号

4

22 ＮＩＲＡ『ＮＰＭ（ニュー・パブリック・マネジメント）手法の地方自治体への導入』、二〇〇三
23 ＮＩＲＡ『ベンチマーキング手法の地方自治体への導入』、二〇〇三
24 神戸都市問題研究所「目標管理型コスト分析に基づく行政経営の戦略的ガイドライン創出」、ＮＩＲＡ・地方シンクタンク協議会『ベンチマーキングの導入によるアーバン・マネジメントの改善』、二〇〇三
25 ＮＩＲＡ『ＮＰＭ（ニュー・パブリック・マネジメント）手法の地方自治体への導入』、二〇〇三

26-27　犬飼重仁「戦略的な地方債市場改革への提言」、『NIRA政策研究』二〇〇三年八月号

28　NIRA『「信頼と自立の社会」への提言―21世紀の未来を担う子供達のために』、二〇〇三
NIRA『イノベーションできない人は去りなさい』PHP研究所、二〇〇三

29　特定非営利活動法人NPOぐんま「自治体「外交」としての地域連携―制度定着のためのシステム設計」、NIRA・地方シンクタンク協議会『地域づくりと連携』、二〇〇一

30　北村喜宣「地方分権時代におけるまちづくり条例」、日端康雄編著『市民参加の国土デザイン―豊かさは多様な価値観から』NIRAチャレンジブックス、日本経済評論社、二〇〇一

休憩室　その1　NIRA「国内の有識者等からの意見聴取結果についてC地方シンクタンク協議会　代表幹事　土倉毅氏」、第三回「我が国におけるシンクタンクのあり方に関する懇談会」配布資料3、http://www.nira.go.jp/newsj/arikata/3/3_shiryou3.pdf
NIRA「内外からの意見聴取結果について（追加分）3　神戸都市問題研究所理事長新野幸次郎」、第四回「我が国におけるシンクタンクのあり方に関する懇談会」配布資料1、http://www.nira.go.jp/newsj/arikata/4/4_shiryou1.pdf

**第II章　1**

31　NIRA『「信頼と自立の社会」への提言―21世紀の未来を担う子供達のために』、二〇〇三
NIRA『イノベーションできない人は去りなさい』PHP研究所、二〇〇三

32-33　犬飼重仁「アジアに学ぶわが国「債券市場インフラ」構築」、『NIRA政策研究』二〇〇三年八月号

34　永田守男「社会の柔軟な変化をもたらす情報システム技術」、高橋徹・永田守男・安田浩編著『次代のIT戦略―改革のためのサイバー・ガバナンス』NIRAチャレンジブックス、日本経済評論社、二〇〇二

35　深川由起子「日本からみた北東アジア地域協力―成長ダイナミズムの取り込みを目指して」、阿部一知・浦田秀次郎編著『中国のWTO加盟と日中韓貿易の将来―3国シンクタンクの共同研究』NIRAチャレンジブックス、日本経済評論社、二〇〇二

36　阿部一知「日中韓貿易の概観」、阿部一知・浦田秀次郎編著『中国のWTO加盟と日中韓貿易の将来―3国シンクタンクの共同研究』NIRAチャレンジブックス、日本経済評論社、二〇〇二

37　ＮＩＲＡ他「日中韓共同研究　中国・日本・韓国間の経済協力に関する報告書及び政策提言」、阿部一知・浦田秀次郎編著『中国のＷＴＯ加盟と日中韓貿易の将来―３国シンクタンクの共同研究』ＮＩＲＡチャレンジブックス、日本経済評論社、二〇〇二

38　深川由起子「日本からみた北東アジア地域協力―成長ダイナミズムの取り込みを目指して」、阿部一知・浦田秀次郎編著『中国のＷＴＯ加盟と日中韓貿易の将来―３国シンクタンクの共同研究』ＮＩＲＡチャレンジブックス、日本経済評論社、二〇〇二

39　日本リサーチ総合研究所「ベンチャー企業支援のあり方に関する研究」（ＮＩＲＡ委託研究）、一九九七

## 2

40　Ｇ・スターリ「日本経済の構造改革―高齢化に対処するための基本的枠組み」、ＮＩＲＡ『高齢化社会における政策優先性に関する研究―日米共通の視点から』（仮題・近刊）、二〇〇三

41-42　小塩隆士「年金純債務、世代間公平と年金制度改革」、ＮＩＲＡ『高齢化社会における政策優先性に関する研究―日米共通の視点から』（仮題・近刊）、二〇〇三

43　玉木伸介「わが国の公的年金積立金の自主運用を巡る諸問題―政府はいかに機関投資家たるべきか」、ＮＩＲＡ『高齢化社会における政策優先性に関する研究―日米共通の視点から』（仮題・近刊）、二〇〇三

44　北崎朋子・山内直人・鈴木亘「訪問介護市場における業態間競争とパフォーマンス比較」、ＮＩＲＡ『高齢化社会における政策優先性に関する研究―日米共通の視点から』（仮題・近刊）、二〇〇三

45　ＮＩＲＡ『高齢者の生活資金確保のための居住資産の活用に関する研究』、二〇〇一

46　地域計画医療研究所『介護保険と住民主体の団地型福祉コミュニティに係わる調査研究』（ＮＩＲＡ助成研究）、二〇〇一

47　神戸都市問題研究所「復興コミュニティを支える住民主体のネットワーク」、ＮＩＲＡ・地方シンクタンク協議会『地域づくりと連携』、二〇〇一

48　徳島経済研究所「高齢者福祉策の連携による地域づくり―「ご用聞き」の有効活用」、ＮＩＲＡ・地方シンクタンク協議会『地域づくりと連携』、二〇〇一

49　関西ビジネスインフォメーション「女性が互いに支えあう地域社会―地域保育としての家庭的保育」、ＮＩＲＡ・地方シンクタンク協議会『女性が活躍する地域社会』、二〇〇〇

3

50　システム科学研究所「住民からの電力供給によるカーシェアリングシステムの導入に向けて」、NIRA・地方シンクタンク協議会『循環型社会の構築に向けて』、二〇〇二

熊本開発研究センター「循環型地域社会システムの考察―水俣市における環境行政の分析」、NIRA・地方シンクタンク協議会『循環型社会の構築に向けて』、二〇〇二

51　北海道未来総合研究所「家畜ふん尿リサイクル―資源循環型農業の展開」、NIRA・地方シンクタンク協議会『循環型社会の構築に向けて』、二〇〇二

鹿児島総合研究所「離島地域の家電リサイクルの実態と循環型社会構築への対応」、NIRA・地方シンクタンク協議会『循環型社会の構築に向けて』、二〇〇二

52　倉阪秀史「ボランタリーな経済と中山間地域の環境保全」、総合研究開発機構／植田和弘共編『循環型社会の先進空間―新しい日本を示唆する中山間地域』農文協、二〇〇〇

53-56　NIRA『北東アジアにおける環境配慮型エネルギー利用』（仮題・近刊）、日本経済評論社

57　NIRA『食料・農業分野における東アジア諸国の連携に関する研究』、二〇〇一

4

58　NIRA『薬害等再発防止システムに関する研究』、一九九九

59　NIRA・ジャパンソサエティ「生物テロに関する日米ラウンド・テーブル報告―生物テロと被害管理：日米安全保障協力への新たなアプローチ」、『NIRA政策研究』二〇〇三年三月号

60　神戸都市問題研究所『大都市直下型震災時における被災地域住民の行動実態調査』（NIRA委託研究）、一九九五

61　地域問題研究所「市民参加による災害救援活動の広域連携に向けた政策評価指標の活用」、NIRA・地方シンクタンク協議会『ベンチマーキングの導入によるアーバン・マネジメントの改善』、二〇〇三

5

62-63　NIRA『生命倫理法案―生殖医療・親子関係・クローンをめぐって』（仮題・近刊）

64　大貫裕二「社会のガバナンスと電子政府」、高橋徹・永田守男・安田浩編著『次代のIT戦略―改革のためのサイバー・ガバナンス』NIRAチャレンジブックス、日本経済評論社、二〇〇二

65　会津泉「インターネットのグローバルガバナンス」、高橋徹・永田守男・安田浩編『次代のIT戦略―改革のためのサイバー・ガバナンス』NIRAチャレンジブックス、日本経済評論社、二〇〇二

66　木場隆夫「専門家と市民―知識社会の担い手の関係」、NIRA・木場編著『知識社会のゆくえ―プチ専門家症候群を超えて』日本経済評論社、二〇〇三

休憩室　その2　杉田茂之「日本のバブルとマスメディア」、松村岐夫・奥野正寛編『平成バブルの研究（上）形成編―バブルの発生とその背景構造』東洋経済新報社、二〇〇二

## 第III章　1

67　『NIRA政策研究』二〇〇三年四月号

68　NIRA他「日中韓共同研究　中国・日本・韓国間の経済協力に関する報告書及び政策提言」、阿部一知・浦田秀次郎編著『中国のWTO加盟と日中韓貿易の将来―3国シンクタンクの共同研究』NIRAチャレンジブックス、日本経済評論社、二〇〇二

69　九州経済調査協会『アジア経済危機後の環黄海都市ネットワーク戦略』（NIRA助成研究）、二〇〇〇

70　NIRA・E-Asia研究チーム「東アジアにおける通貨政策の連携とその深化」、NIRA・E-Asia研究チーム編著『東アジア回廊の形成―経済共生の追求』NIRAチャレンジブックス、日本経済評論社、二〇〇一

71-72　国際開発センター『交通体系等から見た東アジアの相互依存深化』（NIRA委託研究）、二〇〇一

73　竹田いさみ「ASEAN　メカニズムから見た北東アジア協力への提言」、『NIRA政策研究』二〇〇三年一月号

## 2

74-75　北東アジア・グランドデザイン研究会編著『北東アジアのグランドデザイン―発展と共生へのシナリオ』NIRAチャレンジブックス、日本経済評論社、二〇〇三

76-77　『NIRA政策研究』二〇〇二年一〇月号

78 NIRA『アジアの地方行政官人材開発支援に関する研究』、二〇〇三
79 NIRA『保健医療分野における東南アジア諸国間の地域パートナーシップの構築―通貨危機に見舞われたインドネシアを手掛かりとして』、二〇〇一

3

80 大芝亮「従来の復興支援の問題点」、NIRA・広島県『記憶から復興へ―紛争地域における復興支援と自治体の役割』、二〇〇二
81 藤原帰一「エピローグ」、NIRA・広島県『記憶から復興へ―紛争地域における復興支援と自治体の役割』、二〇〇二
82-84 NIRA『アフガニスタンにおける新たな国家再建プロセスと復興・開発支援』（仮題・近刊）
85 『NIRA政策研究』二〇〇三年七月号
86 藤井秀夫「イラクの盗取文化財をどのようにして救済するか」、『NIRA政策研究』二〇〇三年七月号

4

87 NIRA・中牧弘允共編『現代世界と宗教』国際書院、二〇〇〇
88 園田英弘編著『流動化する日本の「文化」―グローバル時代の自己認識』NIRAチャレンジブックス、日本経済評論社、二〇〇一
89 日本イスラム協会『文化摩擦にみるイスラム世界の虚像と実像』（NIRA委託研究）、二〇〇〇
90 NHKインターナショナル『日韓の文化交流を深めるための日本語テレビ・ビデオ教材の研究と開発』（NIRA委託研究）、二〇〇二
91 坂元多「日英の報道（ニュース）番組」、学校法人愛知淑徳大学『グローバル・スタンダードから見た日本のメディア報道』（NIRA委託研究）、二〇〇〇
92 古賀暁子「日英のCM」、学校法人愛知淑徳大学『グローバル・スタンダードから見た日本のメディア報道』（NIRA委託研究）、二〇〇〇
93 廣田功「和解から相互信頼へ―欧州統合と独仏関係の変化」、『NIRA政策研究』二〇〇一年一二月号

94　勝俣誠編著『グローバル化と人間の安全保障―行動する市民社会』ＮＩＲＡチャレンジブックス、日本経済評論社、二〇〇一
95　ＮＩＲＡ予防外交研究会　森本敏・横田洋三編著『予防外交』国際書院、一九九六
『ＮＩＲＡ政策研究』一九九七年一月号
96　ＮＩＲＡ・横田洋三共編『アフリカの国内紛争と予防外交』国際書院、二〇〇一
『ＮＩＲＡ政策研究』二〇〇〇年六月号
97-98　ＮＩＲＡ『国際機関の評価と日本の政策』（仮題・近刊）、日本経済評論社
99　『ＮＩＲＡ政策研究』二〇〇一年一〇月号
馬橋憲男「グローバル・ガバナンスとＮＧＯ参加」、『ＮＩＲＡ政策研究』二〇〇一年一〇月号
大橋正明「開発ＮＧＯと人間の安全保障―南アジアの現状から」、勝俣誠編著『グローバル化と人間の安全保障―行動する市民社会』ＮＩＲＡチャレンジブックス、日本経済評論社、二〇〇一
100　地域問題研究所『国際協力による地域活性化方策の整備』（ＮＩＲＡ助成研究）、一九九七
101　ＮＩＲＡ・シティズンシップ研究会編著『多文化社会の選択―「シティズンシップ」の視点から』ＮＩＲＡチャレンジブックス、日本経済評論社、二〇〇一
休憩室　その3　梅棹忠夫他、誌上シンポジウム「21世紀―知恵の時代へ」、『ＮＩＲＡ政策研究』二〇〇一年一月号

総合研究開発機構（略称NIRA）は総合研究開発機構法に基づく政策志向型の研究機関であり，独自の視点から研究，基礎情報を提供しています．NIRAは，世界平和と繁栄，人類の健康と幸福を求めて，現在の経済社会及び国民生活の諸問題の解明のため総合的な研究開発を行っています．
http://www.nira.go.jp

図解 日本をよくする101の政策提言

2003年11月15日 第1刷発行

定価（本体1800円＋税）

編著者 総合研究開発機構
発行者 栗原哲也
発行所 株式会社 日本経済評論社
〒101-0051 東京都千代田区神田神保町3-2
電話 03-3230-1661 FAX 03-3265-2993
振替 00130-3-157198

装丁＊鈴木弘 中央印刷・根本製本

落丁本・乱丁本はお取替えいたします Printed in Japan

ISBN4-8188-1565-9

# NIRA チャレンジ・ブックス（既刊分）

| | |
|---|---|
| 1　市民参加の国土デザイン<br>—豊かさは多様な価値観から—<br>日端康雄編著　2500 円 | 地域の文化や個性が息づく、多様な価値観に対応した市民主体の国土づくりのあり方を探り、現在の国土利用・開発の計画体系を長期的視点から見直す。 |
| 2　グローバル化と人間の安全保障<br>—行動する市民社会—<br>勝俣誠編著　2700 円 | 途上国で活動する市民社会のアクターが提起する今日の課題とは何か。「脅威と欠乏からの自由」を軸に一人ひとりの人間の視点から安全保障の見直しをせまる。 |
| 3　東アジア回廊の形成<br>—経済共生の追求—<br>NIRA・E-Asia 研究チーム編　2500 円 | 共通通貨誕生の実現可能性を視野に入れて、その中での日本のあり方を探り、日本の将来について長期的・広域的に方向付けを行う。 |
| 4　多文化社会の選択<br>—「シティズンシップ」の視点から—<br>NIRA・シティズンシップ研究会　2500 円 | 人の移動のグローバル化が進む中、国民と外国人を分ける境界がゆらいでいる。多文化共生の観点から、海外事例も参照しつつ、日本の現状を踏まえて課題と展望を探る。 |
| 5　流動化する日本の「文化」<br>—グローバル時代の自己認識—<br>園田英弘編著　2300 円 | 多様な諸「文化」との出会いが日常化しつつある時代の日本人のアイデンティティとは？　日本の社会や文化の姿を歴史的にも照射しつつ、今後のあり方を考える。 |
| 6　生殖革命と法<br>—生命科学の発展と倫理—<br>総合研究開発機構編　藤川忠宏著　2500 円 | 体外受精やクローン、生命科学の技術開発は親子関係や家族を根底から覆す怖れを持っている。西欧諸国の状況を分析し、日本の法体系整備を検討する。 |
| 7　パブリック・ガバナンス<br>—改革と戦略—<br>宮川公男・山本清編著　2300 円 | 行政改革、地方分権、規制改革、住民参加など政治と行政の改革を促す働き、すなわちガバナンス改革への要求が高まっている。諸外国の例等からあるべき姿を考える。 |
| 8　中国のWTO加盟と日中韓貿易の将来<br>—3 国シンクタンクの共同研究—<br>浦田秀次郎・阿部一知編著　2500 円 | 中国の WTO 加盟により、今後の経済（貿易投資）関係はどうなるか。北東アジアにおける共同開発のグランドデザインを如何につくるか。三国共同研究による政策提言。 |
| 9　次代の IT 戦略<br>—改革のためのサイバー・ガバナンス—<br>高橋徹・永田守男・安田浩編　2300 円 | IT 戦略の本質は「新たな文化の創造」にある。日本の IT 戦略はほんとうに大丈夫か？　e-JAPAN 戦略の次の一手をにらんだ NIRAプロジェクトチームによる改革の指針！ |
| 10　北東アジアのグランドデザイン<br>—発展と共生へのシナリオ—<br>北東アジア・グランドデザイン研究会編著　2300 円 | 近未来、成長センターへの可能性を秘めた北東アジア地域。自然・歴史・民族を踏まえ、持続可能な発展を支える共生のあり方を、開発と協力を軸に提示する。 |